中国与法国的
合宪性审查

主编　[法]费迪南德·梅兰-苏克拉马尼昂
　　　韩大元

知识产权出版社
全国百佳图书出版单位

图书在版编目（CIP）数据

中国与法国的合宪性审查／（法）费迪南德·梅兰－苏克拉马尼昂，韩大元主编．—北京：知识产权出版社，2018.6

ISBN 978－7－5130－5262－7

Ⅰ．①中… Ⅱ．①费… ②韩… Ⅲ．①宪法—研究—中国②宪法—研究—法国 Ⅳ．①D921.04②D956.51

中国版本图书馆 CIP 数据核字（2017）第 276359 号

责任编辑：雷春丽　　　　　　　　　责任校对：谷　洋

封面设计：SUN 工作室　韩建文　　　责任印制：刘译文

中国与法国的合宪性审查

［法］费迪南德·梅兰－苏克拉马尼昂　韩大元　主编

出版发行：**知识产权出版社** 有限责任公司		网　　址：http：//www.ipph.cn	
社　　址：北京市海淀区气象路 50 号院		邮　　编：100081	
责编电话：010－82000860 转 8004		责编邮箱：leichunli@ cnipr.com	
发行电话：010－82000860 转 8101/8102		发行传真：010－82000893/82005070/82000270	
印　　刷：北京嘉恒彩色印刷有限责任公司		经　　销：各大网上书店、新华书店及相关专业书店	
开　　本：720mm×1000mm　1/16		印　　张：14.75	
版　　次：2018 年 6 月第 1 版		印　　次：2018 年 6 月第 1 次印刷	
字　　数：200 千字		定　　价：59.00 元	

ISBN 978－7－5130－5262－7

《中国与法国的合宪性审查》
编委会

前　言

中法两国围绕宪法而展开的学术交流具有较为悠久的历史。早在公元 1681 年，即中国清朝康熙二十年和法国波旁王朝路易十四三十八年，法王路易十四即向中国派出了科学传教团，其成员都是在精挑细选的基础上确定的，包括洪若翰（Jean de Fontaney）、白晋（Joachim Bouvet）、张诚（Jean-François Gerbillon）和刘应（Claude de Visdelou）等人。他们在抵达中国之后受到了热烈欢迎，对中国的强烈好奇心使他们大多决定长期定居中国，为康熙皇帝和中国政府服务。此后，类似的访华活动一直持续到乾隆年间。一方面，传教士们获得了直接观察中国政制的机会，并将其评价反馈回国，使康熙皇帝和乾隆皇帝被称赞为世界上最伟大的君主，他们人格高尚、见识卓越、胸襟宽广、雄才大略，他们的政府和政府体制也被评价为善于主持正义、倡导道德、勤政爱民、服从真理和令人景仰。① 另一方面，法国传教士们也带来了关于法国及其他西方国家的政情介绍，并引起中国皇帝的浓厚兴趣，乾隆皇帝甚至决定派遣外交使团赴法回访法王路易十六，可惜因法国 1789 年（即乾隆五十四年）爆发大革命而最终未能成行。

法国大革命不仅直接决定了近代法国的宪法走向，也间接影响了中国政治发展的进程。"路易十六身死国亡的悲剧下场，在乾隆皇帝内心所激起的恐怕绝不仅仅是兔死狐悲的哀伤，更多的是对于民众反抗怒火的

---

① ［法］白晋、张诚、洪若翰、杜德美：《康熙大帝（外国人眼中的中国人）》，黄慧婷、卢浩译，东方出版社 2013 年版。

恐惧和警惕。当时大清朝已如落日余晖，暗流涌动。所谓的康乾盛世已进入绝唱的尾声。社会矛盾和危机越积越深……乾隆皇帝却没有从正面吸取路易十六的悲剧教训，而是从反面得到一个最大的启迪：用更加强硬的铁腕手段，加强对民众的控制，把任何胆敢反抗的隐患消灭在萌芽状态。"① 由此，中国自秦汉以来的专制官僚体制继续遵循着它的惯性，并且日甚一日，终致腐朽的大清王朝被革命的洪流所吞没，并给近现代中国带来长期的动荡。

1789 年大革命之后，法国逐渐发展出以民主、人权和法治为基调的宪法，而中国的宪法事业迟至百年之后即清末立宪改革才得以开启。这种时间先后的差别决定了，中法之间在这一时期的宪法交流只能是单向的，即以中方向法方学习和法方向中方输出为形式。1905 年，五大臣出洋考察宪政拉开了中国人参考和借鉴法国宪法的序幕，辛亥革命使中国政体由帝制改为共和，进一步激发了中国人学习法国宪法的热情。大量的中国留学生赴法学习宪法，他们多立足于中国问题，而借鉴法国的经验与方法，如钱泰以《中国之立法权》于 1914 年在巴黎大学取得法学博士学位，郑毓秀以《中国的宪政运动：比较法的研究》于 1925 年在巴黎大学取得法学博士学位。其中，郑毓秀可能是第一位在法国取得法学博士的中国女性。民国时期，关于法国宪法实践与学说的论著在中国大量传播，诸如狄骥（Léon Duguit）、奥里乌（Maurice Hauriou）等都曾闻名于中国宪法学界，其学说亦盛极一时。

近年以来，随着中国宪法事业的不断发展，以及宪法研究水平的不断提高，中国宪法的实践发展和学说演变越来越引起法国同行的关注，中法之间的宪法学交流逐渐从中方的单向输入转变为中法之间真正双向和对等的交流，甚至有法国教授开始学习中文。作为这一趋势的脚注，中国宪法学研究会与法国宪法学研究会在近几年合作开展了多次学术研

---

① 王龙："法国大革命与清王朝覆灭"，载《时代人物》2015 年第 5 期，第 109 页。

讨会。本次研讨会，即"中国与法国的合宪性审查"国际学术研讨会（Colloque International de Contrôle de Constitutionnalité en France et en Chine），也是在这种学术合作的背景下展开的。

本次研讨会在各个方面都进行了较为精心的学术准备。首先，中法双方基于之前的若干次学术交流，均在一定程度上了解对方的宪法实践，具备了相当分量的关于对方学术话语和知识体系的知识储量，这使本次学术交流更为充分和深入。其次，本次研讨会在最初规划时即确定了六个明确的子课题，中法双方各自邀请对相关问题素有研究的本国学者进行专门性论文准备和主题报告，以便使会议的研讨活动更为集中和有效。最后，本次研讨会在召开之前，会务组进行了充分的文献翻译工作，将法方论文提前翻译成中文并发给中方与会者，同时将中方论文提前翻译或者至少摘译为法文并提供给法方与会者，充分的文献准备进一步提高了会议研讨的学术质量。

由于以上几个方面的充分准备，当研讨会于 2013 年 11 月 5 日至 6 日在中国人民大学明德法学楼 601 会议室如期召开时，与会的中法双方学者都对会议的学术成果予以了较为充分的肯定，并且双方共同商定在会后各自出版会议论文集的中文版和法文版。在中法建交 50 周年之际即 2014 年年底，法文版已经在法国著名的法学出版机构——达鲁兹出版社付梓。① 如法文版封底所言，"当今中国正处在其宪法发展的关键时刻"，她不能忽略任何对其宪法发展具有参考价值的元素。照此说来，中法学术交流的成果更应该得到中国学术界的关注，而中文版付梓则会更好地提供这样的机会。

因此，我们怀着对中国宪法事业的温情与敬意，怀着对中法宪法学术交流之未来的美好憧憬，同时也是完成中方对法方的承诺，在中法关

---

① "Le Contrôle de Constitutionnalité en France et en Chine", sous la direction de Han Dayuan et Ferdinand Mélin-Soucramanien, Paris: Dalloz, 2014.

系迈入另一个50年的开端,将论文集中文版付梓出版。在内容编排上,12篇主题报告论文以议程中的发言先后排列,以便读者对会议结构一目了然,最终附以会议的研讨实录。在研讨会的联络和组织、会议材料的中法文翻译等方面,王蔚博士、王建学博士、周威博士、王芳蕾博士等作出了巨大贡献,王建学博士还进一步襄助论文集出版、编辑与校对等事宜,特此感谢他们高效的工作。当然,再精心准备的学术会议和论文集都不可能没有瑕疵,因此,我们期待着读者的批评、指正和建议,以便在未来更好地继续进行中法宪法学交流。

贵迪南德·梅兰-苏克拉马尼昂 韩大元
2017年5月

C 目　录
ontents

Sommaire

法律合宪性审查的产生与司法权的虚弱性

◎法布里斯·乌尔克比[*] 著

王建学 译

法国宪法不断地拒绝将审判权（pouvoir de juger）[①] 提高到真正的政治权力机关的序列，由此表明它对自由司法（justice libre）的怀疑和不信任。政治史和宪法史都可以证明审判权力对政治权力，特别是对立法者的从属性。正是在此意义上，1791 年宪法规定，"法庭不得干涉立法权的行使或停止法律的执行，不得侵犯行政职务，不得因行政官职务上的原因而将行政官传唤到庭"（第三编第五章第 3 条）。

事实上，导致这种司法边缘化状态的原因是"法国式的分权观念"，也正是这一原因导致了合宪性审查的引入一再推迟，而合宪性审查的推迟本身也是司法边缘化的表现之一。

法国宪法的建基性原则是对国民（la Nation）的高度信赖和对法官的不信任甚至怀疑，[②] 因此它从来也没有创建三个相互独立的权力中心，即

[*] 作者法布里斯·乌尔克比（Fabrice Hourquebie），法国孟德斯鸠–波尔多第四大学公法教授，法语高等教育发展机构主任。译者王建学，厦门大学法学院副教授，中法联合培养法学博士。原文以"如何在司法权虚弱的条件下确立合宪性审查？"为题发表于《现代法治研究》2017 年第 4 期。

[①] 作者在文中使用了三个相近的概念，pouvoir de juger, pouvoir judiciaire, pouvoir juridictionnel，译者将其依次译为审判权、司法权和裁判权，以示区分。——译者注

[②] Fabrice Hourquebie, Le pouvoir juridictionnel en France, LGDJ, 2010.

立法权、行政权和司法权，更没有美国式分权理论之下的三权分立与制衡。

这种观念导致的结果是，防范专制的保障性措施之所以可能和可行，并不是由于杰弗逊所设想的那种权力之间的隔离，而是由于将分权理论再解释为国家职能的分工以及履行这些职能的机构的独立性。

正是在这种"法国式"的分权框架内，法律合宪性审查——构成对国民和国家意志的挑战——的引入，其命运和前途是与裁判权（pouvoir juridictionnel）的建构联系在一起的，而裁判权本身因为潜在侵害政治权威而在传统上一直受到削弱。这第三种权力的地位上升将逐渐但却惊人地引入法律合宪性审查，继而促进合宪性审查的充分发展。

一、裁判权的不存在和合宪性审查的不可能

在法国宪法中存在两项非常重要的传统，一个是法律是公意之表达的神话，另一个是排斥和否定任何裁判权的传统倾向，这两者紧密交错，共同解释了将法律合宪性审查引入法国所面对的困难。

（一）法律主权的障碍

历史，是宪法司法在当代法国之发展的线索之一。然而，这一历史在最开始却是一种拒绝的历史：由于法律中心主义和议会主权占据着宪法上的一切考量，任何合宪性审查都遭到拒绝。因此，关于合宪性审查的争论，首先带来的问题是对代表制的限制，易言之，可以对议会所施加的这种审查本身，到底应具有何种性质。

由于合宪性审查会导致议会受到一个外在机关的审查，因而在1789年革命者的早期辩论中，议会主权就构成了审查的一个真正障碍，并最终导致审查的观念没有得到采纳。即使革命者承认，法律可能成为压迫的来源（人权和公民权宣言第5条、第6条、第8条和第16条），法律仍然首先是"公意的表达"（第6条），并因此是国民的全部神圣性和正

当性的化身。法国大革命创造了法律绝对主义的神话（Carré de Malberg[①]语），也就是创造了法律的绝对权威。由此带来了两个制度上的后果：（1）所有宪法机关均服从法律的权威（以及我们将从这一角度看到法官只能是"法律之嘴［la bouche de la loi］"，此外什么都不是）；（2）法律是不可取代的、不受挑战的，总而言之是不可审查的。法律主权因此成为阻止法律合宪性审查形成的最极端的堡垒。

只有在恐怖时期暴露了代表制的弱点之后，对代表者的审查这一问题才会真正地存在讨论的空间；两个立法院之间的分权，以及甚至督政府[②]的原则，这都是一种权力的划分，而权力划分产生了仲裁和仲裁者。西耶斯（Siéyès）因此提议设立一个具有特殊形式的宪法审查会（jury constitutionnaire），[③] 但却最终未能实行，法律中心主义的幽灵以一切方式笼罩着当时的政治体制。

法律的神圣化必然带来法官的边缘化，而对旧制度下的法院（Parlement）的抵抗态度又使这种边缘化加倍了。

（二）裁判权否定之原理（Jean Foyer[④] 语）

对司法的不信任，也变成了对法官的不信任。追本溯源，对司法的不信任来自旧制度时期的法院与国王的反复对峙。法院的定位曾经是极为模糊的：法院的地位之所以得到明确，是得益于谏议权利（droit de remontrance）的行使，法院据此成为国王的顾问。然而，法院通过越来越频繁地拒绝为国王法令进行注册的行为，而将谏议权转化成了真正的否

[①] 玛尔贝格（Carré de Malberg, 1861~1935 年），法国现代实证主义宪法学派的奠基人，代表作有《国家的一般理论》（1920~1922 年）和《法律：公意的表达》（1931 年）。

[②] 指法国自 1795 年至 1799 年存在的督政府。——译者注

[③] 关于西耶斯宪法审查会主张的来龙去脉，参见王建学："制宪权与人权关系探源——以西耶斯的宪法人生为线"，载《法学家》2014 年第 1 期。——译者注

[④] 富瓦耶（Jean Foyer, 1921~2008 年），法国法学家和政治家，曾在巴黎大学担任法学教授，参与现行 1958 年宪法之起草，并担任戴高乐总统的司法部部长。

定权，这与法院的任何权威在本源上存在矛盾和悖论。① 与王权的冲突会导致法院诉诸"再次谏议（itératives remontrances）"，这种再次谏议等于是二次否决，从而最终会导致由著名的"御临法院（lit de justice）"② 作出最终决定，这同时也在提醒着法院其并无最终决定权，相反，法院只是一种委托权力的行使者，最后的批准权只能属于国王。法院通过作出衡平判决来应对其与国王发生的冲突，这导致了国王对法院丧失信任，后来又培养了革命者对司法权（pouvoir judiciaire）的不信任，以及在更大程度上培养了后续制宪者对司法权的不信任。

这种历史原则又与孟德斯鸠的政治理论主张交叉在了一起。在《论法的精神》中，孟氏写道："在三权当中，审判权什么也不是。"③ 因为"人们会害怕"，审判权与其他两种权力合并将损害自由：如果它"与立法权合并，法官就会成为立法者，关于公民的生命和自由的权力将因此沦为专断权力。如果它与行政权合并，法官将具有压迫的力量。"革命者就因此认为，分权应当成为一个不可逾越的障碍，防止将司法树立为真正的权力。然而，孟氏本人在承认"国民的法官只是宣布法律之话语的一张嘴"的时候，提供了一个关键的解释。如果说司法权什么也不是，那完全是因为法官按照三段论的逻辑并没有以反对其他两种权力的方式增加法律的内容。因此，法律绝对主义的神话，以及革命者的法律为公意之表达的信条，才是司法职能"什么也不是"的原因。但我们在法国宪法史中经常过度忽视这一点，即孟氏曾在"权力"这个术语前加上司法这一定语。

---

① M. Hauriou, *Précis de droit constitutionnel*, Sirey, 1929, p. 279.
② 御临法院是指由国王亲自参加的巴黎高等法院会议，该术语直译为"正义之床（座）"，其中"床或座（lit）"在此处特指国王主持高等法院会议时的座位。国王常通过这一会议强制高等法院通过对国王法案的注册。——译者注
③ Montesquieu, *De l'esprit des Lois*, Livre XI chapitre VI, Folio, Essais, Gallimard, 1995, Tome 1, p. 333.

在 1958 年 10 月 4 日宪法的起草过程中，这种拒绝司法权的态度在制宪辩论阶段曾表现得非常具体。在提交宪法审议委员会的宪法草案中，第八章的拟议标题是"司法（De la Justice）"。后来，在德勃雷（Michel Debré）的倡议下，第八章成为"法官独立（De l'indépendance de la magistrature）"。然后是根据拉图内里（Roger Latournerie）主席的提议而又进行了修改。他解释说，"司法机关（l'autorité judiciaire）"的标题将更适当，因为法官是完全司法性的并且是一种公共机关。这种方案后来得到 9 月 3 日部长委员会批准，出现在 9 月 4 日宪法草案的文本末尾。最终在 1958 年 9 月 28 日的全民公决中获得批准。自此开始，制宪者再也没有重新考虑或改变这一标题。

（三）受排斥的合宪性审查

直到 1958 年以前，议会的正当权力一直是无限制的，法律为公意之表达和议会优位主义这些法国式观念导致了合宪性审查的主张受到完全的排斥。在"共和三年"以及在 1852 年设立的某种审查（更准确地说，是设立参议院进行的议会式合宪性审查）并不是波拿巴主义者的打算，在第三共和国和第四共和国设立的宪法委员会（Comité constitutionnel）——在本质上颠覆了历史过程——就更不是了。

在第三共和国（1875 年）之时，当时的辩论已经涉及法律的合宪性审查了。但人们将审查议员选举或议员职务的权限授予议会议院，而不打算将它赋予一个可能的宪法法官，不断孕育并在 20 世纪首次露面的欧洲式宪法司法（即凯尔森所设想的模式）在法国也并没有真正地成形。1903 年曾出现两个关于设立某种合宪性审查形式（由一个专门的裁判性法院或由最高司法法院的法庭进行审查）的提议，但这些提议从未进入议会的审议程序。它们未能进入审议程序的主要原因总是相同的，用玛尔贝格的话说就是，立法权具有"不受约束或无条件（inconditionné）"的性质。如果创立合宪性审查，无论其形式如何，都必然会导致议会固有权限的减少，尤其是议会关于公共自由的权限，而议会是自由的保证人（第二共和国是最卓越的"自由的共和国"）。必须指出的是，与这种政治争论类似的是，关于创立合宪性审查的理论争论自 20 世纪初以来也是极为激烈的，众多名家均参与其中。①

到了第四共和国（1946 年）之时，经历了破坏自由的维希体制而重新回到共和法制之后，创立合宪性审查的问题已经完全进入 1946 年宪法的制宪辩论。事实上，制宪辩论在涉及法律框架时，还延伸到了第三共和国曾实施的体制。合宪性的司法审查重新进入传统右派的发言中。在第一次制宪过程中（1946 年 4 月草案），曾有提案主张建立一个最高的司法式法院来负责法律的合宪性审查，但该草案本身遭到了绝大多数人的否决。否决的主要原因是 1946 年 4 月宪法建立了议会全能主义的议会制，而且否决这一草案的是法国人民。在第二次草案（1946 年 10 月）中，一种"柔性的（soft et souple）"合宪性审查模式获得了同意：合宪性审查的原则在得到承认的同时也受到严格的限制，其范围只限于公权力的组织（因此排除了基本自由）。最终通过的方案是设立由共和国总统主持的宪法委员会（Comité constitutionnel），负责审查国民议会通过的关于公权力组织的法律……是否应以修宪为条件!② 这是一种奇特的违宪审查观

① 至少下列著名学者都参与了这一争论：巴泰尔米和迪埃（Joseph-Barthélemy et Paul Duez, Traité de droit constitutionnel）、奥里乌（Maurice Hauriou, Précis de droit constitutionnel, 1929）、艾斯曼（Esmein, Eléments de droit constitutionnel）狄骥（Léon Duguit, Manuel de droit constitutionnel）和玛尔贝格（Raymond Carré de Malberg）等。

② 1946 年宪法将宪法委员会规定在"第十一章 宪法修改"中，作为修宪的一个程序设置。第 91 条规定，宪法委员会由共和国总统主持，组成如下：国民议会议长，共和国委员会会议会议长，国民议会在每年会期开始时按照党团比例选举的七名成员，共和国委员会按同样条件选举的三名成员。宪法委员会审查国民议会通过的法律是否以宪法修改为条件。第 92 条规定，在法律的颁布期之内，共和国总统和共和国委员会议长联合向宪法委员会提出审查申请，宪法委员会以其组成成员的绝对多数作出裁决。第 93 条规定，若宪法委员会认为法律构成对宪法的修改，则该法律必须返回国民议会重新审议。若议会维持其原始表决，则在修改宪法以前，该法律不得颁布。若宪法委员会认为法律符合宪法，方可予以颁布。——译者注

念，审查的机构居然由共和国总统来主持；若是法律与最高规范相冲突，居然意味着要修改基本规范以便使其符合下级规范，而不是停止下级规范的适用！

在这种法律中心主义和法官权力虚弱的背景之下，一种真正的合宪性审查是不可能出现的。然而，奥里乌（Hauriou）院长在其《宪法学精义》中还是预感到了些许"震颤"。他在1929年曾写道，我们不太"可能在宪法领域利用诉讼，因为我们太习惯于公共权力之间纯粹政治的游戏了"，但需要补充的是，"一点一点地，很缓慢地，极为致命的是，政制的游戏本身也会演变成诉讼上的冲突"。未来证明了他的先见之明。

二、肯定裁判权与认可合宪性审查

我们在此只能说，合宪性审查的产生，以及将真正裁判权的必要性植入制宪的精神，这两者是相互伴随的。因为，一方面，这种裁判权并没有总是被1958年10月4日宪法完全地承认；另一方面，宪法委员会按照宪法第七章的规定并非是一个最高法院。

但实践却是，裁判权在判例中得到默示的宪法化以及裁判权在实践中得到确认的事实，不仅逐渐地创立了一个支持法律合宪性审查有效开展的空间，并且提出了合宪性审查的法官必然与裁判权发生关系的问题。

（一）默示的裁判权

法国式的分权观念贬低了法官的地位。了无新意的是，司法也并不是一种权力，原因在于它不来于自国民。

司法只是一个机关（autorité），尽管是有自主性的，但在制宪者的本意中，却不得行使"反政权"（contre-pouvoire），① 亦不得挫败国民意志。这种定位在我们今天看来已经超出事实。

这种裁判权存在于法国式的法院双重架构（即司法法院和行政法院并存——译者注）之中，双重架构的法院代表了"职能专业化（spécialisation fonctionnelle）"的要求，而这种要求本身又来自一种法国式的分权和主权观念。由此，在裁判权中，司法职能分划给两个序列的法院（法院的双重性），这种法院设置模式的原因是，行使公共特权的行政机关作出的是公法行为，审判这种公法行为的权力不能交给私法法官。

然而，如果宪法委员会将掌管裁判权的宪法之锚，那就必然是贯通了法院双重性的宪法确认。这种关于裁判权的"否定"解读尤其存在于两项判决中，一个是 1980 年 7 月 22 日关于行政行为效力的法律的第80－119 DC 号判决，另一个是 1987 年 1 月 23 日关于竞争委员会②的第 86－224 DC 号判决。在前一个判决中，宪法委员会禁止议会和政府否定法院的判决，向法院发布命令，或者在涉及其权限的判决中代替法院的作用。在后一判决中，宪法委员会从关于最高行政法院的 1872 年 5 月 24 日法律中揭示出一项共和国法律所承认的基本原则——行政法院独立的原则，可以说这是一种大胆的解释，它将宪法第 64 条确认的司法法官的独立性原则扩展到了行政法官。通过保障裁判机关相对于立法和行政的独立性，宪法委员会承认了行政法官和司法法官的裁判权存在本身，并且使这种权力受到宪法的保护。

在 1987 年判决中，裁判权宪法化的成果进一步延续，宪法法官援引

---

① 反政权（contre-pouvoire，亦可译为"反权力"或"反制权"）是法国宪法学和政治学所使用的一个独特概念，可以指代旨在反对一个既存权威的权力，在此意义上可译为"反政权"，还可以指代政治、经济或社会意义上的权力或影响力，与法律意义上的权力相对，在此意义上可译为"软权力"。——译者注

② Conseil de la concurrence 亦可译为"反不正当竞争委员会"，曾是一个负责打击妨碍竞争活动的独立行政机构。——译者注

了"法国式的分权观"并在共和国法律所承认的基本原则——该原则通过事实上创立行政法官而实质上以特权的方式恢复了历史上遭到否定的司法法庭的权限——的基础上确立了一个新的观念,从而赋予行政法院一种特别权限的保留。上述变化还得到了 1989 年 7 月 28 日关于外国人入境与逗留条件法的第 89 – 261 DC 号判决的确认。这两个判决自此在两个意义上真正革新了普通司法的地位。一方面,因为在 1979 年 5 月 23 日关于修改新喀里多尼亚选举方式的法律的第 79 – 104 DC 号判决中,宪法法官以利于立法而限制行政的方式认可了分权原则,从而补充其对分权的理解,保障了裁判权相对于其他两权的独立性。另一方面,因为承认法院的独立性并确认了禁止其他权力对法院的干预,宪法法官也促进了每种权力行为界限的划定。由此,宪法委员会至少是在默示的意义上将裁判权的存在放在了其他两种更早形成的权力(即立法权和行政权)的对面。

将审判确立为一种真正的宪法上的权力,必定会打开一条通道,从而开展针对 1958 年引入法国的法律的合宪性审查。

(二)法律合宪性审查的引入

裁判权的地位上升,以及裁判调整的需要,都成为使法律合宪性审查得以完善的背景。

1958 年的两个理由导致了法律的合宪性审查得以成功引入。自 1962 年起出现了一种议会多数,它导致了政府权力和议会权力在行为上的统一,并因此引发了对"反政权"的需要,而这种"反政权"又在宪法委员会身上得到体现。① 随后,由于第三共和国和第四共和国之下的议会万能主义导致了偏颇,在 1958 年就产生了消除议会主权这一障碍和限制议会权力的意愿。

---

① L. Hamon, Les juges de la loi, naissance et rôle d'un contre-pouvoir, Fayard, 1987.

真正的改变开始于 1958 年，并于 1985 年伴随着宪法委员会 1985 年 8 月 23 日第 85 – 197 DC 号判决才最终成型。在该判决中，宪法委员会确认"法律只有在遵守宪法的前提下才是公意之表达"，反转了人权和公民权宣言第 6 条奉之为圭臬的著名原则，并由此证成了法律合宪性审查的正当性。

尽管如此，制宪者的意图还是不无疑问的，以欧洲模式的宪法司法为框架，设立一种完全和全面的合宪性审查也不是没有问题的。法国国情的特殊性在于："司法权在我国不同于美国，并且议会通过的法律一经颁布就不再轻易地允许由法官进行审查。此外，即使宪法，如 1875 年宪法，没有禁止审查，法官也会自我拒绝进行审查。"①

上述立场隐约显露在"用于服务于 1958 年 10 月 4 日宪法审议的各种文件"中：设立宪法委员会诚然显示了将法律，即议会的决定，屈从于宪法树立的最高规范的意愿。但将审查法律之权交给司法——在每个审判的个案中，这既不是议会制的精神，也不是法国的传统。（Th. Renoux）连贯的合宪性审查与裁判权正是人们最担心的，承认真正分散化的合宪性审查只能导致承认真正的裁判权力。

为了寻找一个中庸之道，一方面使法律的合宪性审查得到承认，司法权得到地位上的提升，且另一方面却不在宪法中正式承认这一权力，就必须布置一种完全特殊的合宪性审查措施（我的同事 Frédérique Rueda 教授将在她的论文中分析这一点）。并且这种措施必须在建构合宪性审查的每一步都尽可能尊重法律的统治性地位：

——一个首先是公权力之规范活动的调整者，后来才是基本自由的保护者的宪法委员会；它将是集中式而不是分散式的合宪性审查；如美国一样，它会给出一个支持司法权宪法化的强烈信号。

——只对未颁布的法律进行审查，而不审查已生效的法律（事前审

---

① R. Janot, Commentaires sur la constitution.

查，而非事后审查）。

——抽象审查，也就是脱离具体诉讼。

——由公权机关来提出审查申请（1974 年扩张至 60 名国民议员和/或 60 名参议员）。

——直到 2008 年 7 月 23 日修宪，申请宪法法官审查的资格才扩展至个人，并且仍然是间接性的。也就是在普通诉讼的过程中，经过两种法院过滤，并且基于宪法第 61 - 1 条规定的合宪性先决程序：它更多的是法官对法官的先决性问题，而不是真正的个人的违宪抗辩权利；已适用的法律可以经由合宪性先决程序受到挑战，但最终仍受到部分的维护，因为缺少公民向宪法法官申诉的直接通道。并且要经过两重过滤，每次都要由普通法院审查合宪性先决问题可受理的三个要件[①]，由此导致了议会主权的分量仍然过重，以及宪法仍然没有将审查法律的权力交给法官的连续性意图。相反，宪法要求法官将这一问题提交宪法委员会，而法官自身是不得触碰的，可见法官作为"法律之嘴"的神话从未走远。

在之前的 1989 年，共和国总统曾推动由案件当事人提请宪法法官审查的改革。时任司法部部长的巴丹泰（Robert Badinter）先生曾提出在处理普通诉讼过程中出现的法律违宪问题的主张（由最高行政法院和最高司法法院向宪法委员会移送），但议会的两个议院之间没有就修宪的内容达成共识。这一方案在 1992 年再次由韦德尔（Vedel）院长主持的修宪咨询委员会提出，并且修正了 1990 年宪法性法律草案的程序，它不是个人的直接申诉，而主要是法官的移送。但 1992 年的努力也以失败告终。

无论如何，允许合宪性审查会给行使审查权的法官提出最后一个问题：裁判权的性质以及宪法法官相对于裁判权的关系。

---

① 三个要件分别是案件相关性、新颖性和严重性，只有个人提出的违宪抗辩符合这三个条件，普通法院才会作出移送宪法委员会的决定。参见王建学："从'宪法委员会'到'宪法法院'——法国合宪性先决程序改革述评"，载《浙江社会科学》2010 年第 8 期，第111～116 页。——译者注

（三）宪法法院相对于裁判权的关系

无论激发法律合宪性审查的宪法司法模式的类型以及宪法裁判机关的类型为何，特设宪法法院这种欧洲式宪法司法模式，抑或是普通法司法组织的法院（以最高法院为顶点）这种美国式宪法司法模式，宪法裁判机关在司法序列和体系中的位置都值得特别的关注，因为它必然会与司法权存在一种同意其各自不同的妥协关系（modus videndi）。

由此挑战就来了：它们是合为一体的法院还是各自独立自主的法院？合为一体的程度将因模式的不同，以及宪法裁判机关专业化程度的不同而有所区别。① 由此就有可能出现不同的场景：如果合宪性审查是集中式的，那么宪法法院就处在裁判权以外，以及由此而具有区别于普通法的司法机关的权限；如果合宪性审查是分散式的，并且由普通法的法官在普通诉讼中进行，那么宪法裁判机关就属于裁判权的一部分。

从宪法裁判机关以及合宪性审查的独立自主程度中，可以揭示出两个要素：（1）审查的进行越抽象且越涉及冲突规范的调整，裁判机关的自主程度就越高，并且会赋予冲突规范的调整以更多的政治性；（2）合宪性决定的效力更普遍和更对世（erga omnes），判决的规范力就越拘束其他机关。

孟德斯鸠的观点按照字义来讲必然在本质上与这样的国家权力原则无法调和，即将所有权力合一为国民的权力，并在本质上排斥对主权决定的合宪性进行外在的司法审查，从而避免使国民主权受到挑战。然而人的意志总是会流传到历史的影响中。但人们能够摆脱这种影响吗？从来就没有……之所以法国总是在充满议会主权的历史背景中建立一种非常独特的法律合宪性审查机制，其原因正在于此。

---

① 合宪性审查的职能在本质上与普通司法的职能是不同的，参见 G. Drago, *Contentieux constitutionnel français*, *PUF*, 2011.

中国宪法的司法适用性与司法权能

◎胡锦光* 著

　　司法活动的主要内容为两项，即在运用证据查明案件事实的基础上，选择最恰当的法律规范作为裁判依据作出裁判。在选择最恰当的法律规范时，可能涉及是否适用宪法的问题。基于中国法院在现行宪政体制中的地位和权能，在审理案件过程中，能否直接适用宪法成为一个具有争议的问题。最高人民法院在关于案件审理依据中能否包括宪法的问题上，一共发布过三个文件：（1）1955 年关于法院不得引用宪法作为刑事案件的审理依据的司法解释；[①]（2）1986 年关于法院审理案件时能够适用的法律依据的肯定式规定中没有列举宪法；[②]（3）2008 年通知规定法院的

　　* 作者胡锦光，中国人民大学法学院教授、法学博士，中国宪法学研究会副会长。

　　① 1955 年 7 月 30 日最高人民法院研字第 11298 号对当时新疆省高级人民法院的请求作出批复：在刑事判决中，宪法不宜引为论罪科刑的依据。反对者认为，这一批复只是在说宪法不宜引为论罪科刑的依据，并没有说在民事、经济和行政等判决中不可以引用宪法，也没有说在刑事诉讼中不可以适用宪法。参见王振民："我国宪法可否进入诉讼"，载《法商研究》1999 年第 5 期，第 28 页。

　　② 1986 年 10 月 28 日最高人民法院法（研）复〔1986〕31 号对江苏省高级人民法院《关于制作法律文书应如何引用法律规范性文件的批复》中认为，法律、行政法规、地方性法规、自治条例和单行条例可以引用，而国务院各部委发布的命令、指示和规章，各县、市人大通过和发布的决定、决议，地方各级人民政府发布的决定、命令和规章以及最高人民法院的意见和批复等规范性文件不得引用。反对者认为，这一批复只罗列了各种"子法"，没有把"母法"包括进去。对人民法院是否可以引用宪法规定判案，该批复既没有肯定，也没有否定，采取了回避态度。参见王振民："我国宪法可否进入诉讼"，载《法商研究》1999 年第 5 期，第 29 页。

判决书中不得引用宪法。学者对于最高人民法院文件的含义及能否发布这些内容，均存在极大的争议。

实际上，法院在选择法律规范时涉及宪法的可能情形有以下四种：（1）选择一般法律规范作为判案依据；（2）选择宪法规范作为判断一般法律规范的依据；（3）选择宪法规范和法律规范共同作为判案依据；（4）直接选择宪法规范作为判案依据。本文依据中国法院的司法权能，分别对此四种情形下法院适用宪法的可能性进行分析。

一、选择一般法律规范作为裁判依据时能否适用宪法

假定一般法律规范符合宪法，亦即一般法律规范的合宪性未存在争议时，因法律依据宪法而制定，基于公权力的公定力原理，即立法机关通过法律以后虽然面临着合宪和违宪两种可能，在违宪审查机关撤销之前，必须假定或推定法律是合宪的，法院当然必须适用一般法律规范作为判案的依据。

中国绝大多数法律的第一条通常明确规定，"本法依据宪法而制定"。"依据宪法制定法律"的基本含义包括：（1）依据宪法的立法授权；（2）依据宪法的法律保留的规定；（3）依据宪法规定的立法程序；（4）依据宪法的理念和基本原则；（5）依据宪法的规范。

既然法律是依据宪法制定的，那么法官在选择适用法律时，有时就有必要从宪法层面理解法律，而不能仅从法律层面理解法律。否则，就无法全面地、完整地、透彻地理解法律的含义，而只能机械地理解法律的规定。特别是在法律的含义存在分歧时，就更需要从宪法的层面上理解法律。但是，最高人民法院向全国法院系统发出通知，法院在判决书中不得引用宪法。① 这一通知的直接后果可能是，法官认为没有必要学习

---

① 最高人民法院发布这一通知的背景是，广州市黄埔区法院在审理厂方禁止员工外宿的规定是否合法时引用宪法，这一引用被学者认为是中国法院"适用宪法保护自由权的第一案"。因此，受到高层的批评，这一引用被认为是"否定了民主集中制的人民代表大会制度"。对于在具体案件中适用宪法与否定人民代表大会制度之间的关系，高层未作阐述。

宪法。因此，这一通知的消极作用是非常明显的。

案例1：上海"孟母堂"案

2005 年 9 月，"孟母堂"在上海松江开设。记诵中国古代经典是最主要的教学方式，其教学内容包括：语文学科所读的是《易经》《论语》等中国古代传统典籍；英语以《仲夏夜之梦》起步；数学则由外聘老师根据读经教育的观念，重组教材，编排数理课程；体育课以瑜伽、太极之类修身养性的运动为主。在"孟母堂"求学的孩子来自全国各地，除部分短期补习的以外，还有一些接受全日制教育的学生。2006 年 7 月 24 日，"孟母堂"被上海市教育委员会定性为违法办学而取缔。这些孩子之监护人不服，认为自己有权利决定自己的孩子接受何种教育和在何处接受教育。

争议：关于上海市教育委员会的做法，存在两种截然相反的观点：一种观点认为，"孟母堂"违反了教育法律制度：（1）违反了教育收费的有关规定；（2）未获得办学许可证；（3）未按规定把子女送到经国家批准的教育机构接受义务教育；（4）"读经教育"的内容和方式与《义务教育法》相关规定不符。另一种观点认为，"孟母堂"并不违法："孟母堂"不是办学，只是现代在家学习或在家教育的一种方式；义务教育法的"义务"首先是指国家义务，至于儿童则有享受这种义务的权利。不是家长没有送孩子入学，而是入什么学。不入公学，是家长的权利。对于家长，这属于自由选择，他人无权干涉，国家也无权干涉。家长有权利不让自己的子女上公立学校，而去"孟母堂"求学，政府理应尊重。

案例2：王某诉侯某不充分履行监护权案

北京人侯某将 7 岁的儿子明明（化名）放在家里自己进行封闭教育，并使明明在英语和阅读方面表现出超过同龄儿童的能力，甚至能够看懂古典文学和英文报纸；但前妻王某认为，不接受正常的学校教育对明明今后的成长不利，于是诉至石景山法院要求取得明明的监护权。

法院认为，离婚后的子女抚养问题，应当从有利于子女身心健康，保障子女的合法权益，并结合父母双方的抚养能力及条件等方面予以综合考虑。本案中，明明自 2004 年 6 月至今在侯某的自行教育下，英语、汉语的阅读能力确实取得了有目共睹的、超越于同龄人的成绩，本人表示"以读书为乐"说明孩子与父亲感情关系的融洽，而明明在与外界的接触中，除表示"不愿意与王某共同生活"外，其天真、快乐之行为表现与同龄儿童无异。因此，无法证明王某关于明明身心健康受到侯某不良影响的主张成立。据此，法院对王某要求变更抚养关系的诉讼请求不予支持。

此两个案件均涉及宪法中关于受教育的规定，因此，对案件的法律规范的选择适用都必须从宪法层面上理解。我国宪法规定，中华人民共和国公民有受教育的权利和义务。[①] 即受教育既是公民的基本权利，又是公民的基本义务。从基本权利的意义出发，公民可以接受教育，也可以不接受教育；可以接受这样的教育，也可以接受那样的教育；可以在此地接受教育，也可以在彼地接受教育。在适龄儿童及监护人向国家提出受教育的请求时，国家必须举办学校，以满足其需要。但是，宪法同时规定，受教育是公民的基本义务，即每个公民都必须接受教育。据此，国家制定了义务教育法。根据义务教育法的规定，每个公民必须接受九年的义务教育、接受教育部规定的课程体系的教育、在每门课程中接受教育部规定的教材内容的教育、接受教育部门认可的具有教师资格的人的教育。

在上海"孟母堂"案中，参加"孟母堂"私塾学习的孩子监护人的做法符合宪法上规定的受教育作为基本权利的性质。但是，这些孩子在

---

① 《中华人民共和国义务教育法》（1986 年 4 月 12 日第六届全国人民代表大会第四次会议通过 2006 年 6 月 29 日第十届全国人民代表大会常务委员会第二十二次会议修订）第 4 条规定，凡具有中华人民共和国国籍的适龄儿童、少年，不分性别、民族、种族、家庭财产状况、宗教信仰等，依法享有平等接受义务教育的权利，并履行接受义务教育的义务。

"孟母堂"学习的内容、课程体系、教师等方面违反了宪法规定的受教育作为公民基本义务的性质。因此，上海市教育委员会的决定是符合宪法关于公民受教育的全面规定的。

在王某诉侯某不充分履行监护权案中，涉及能否在家接受教育的问题。受教育作为基本权利，在家接受教育当然是可以的。义务教育及义务教育基本要求的目的是使每一个公民都能够成为适应现代社会需要的现代人。因此，私立学校因是按照义务教育的基本要求实施的，故是合法的。但是，在家接受教育能否达到与在学校接受教育相同的效果，需要进行考察。换言之，如果在家接受教育也能够达到在学校接受教育的效果，当然是可以的。这就需要制定对于在家接受教育的考核制度，以检验在家接受教育的实际效果。而目前我国义务教育法中并没有设计对在家接受教育的考核制度，这是义务教育法的缺陷，需要等待未来修改时予以完善。在义务教育法完善之前，实际上无法具体考核在家接受教育的效果。因此，法院应当判决孩子的监护人即父亲必须送被监护人到学校去接受教育。

而在本案中，法院仅根据在侯某的自行教育下，英语、汉语的阅读能力确实取得了有目共睹的、超越于同龄人的成绩，本人表示"以读书为乐"说明孩子与父亲感情关系的融洽，而明明在与外界的接触中，除表示"不愿意与王某共同生活"外，其天真、快乐之行为表现与同龄儿童无异这些情况，即得出可以继续在家接受教育的结论。法院的这些判断是否属于司法权的范畴是值得商榷的。① 从最低层次上说，法院没有能够认识到司法权能的边界；从中层次上说，法院没有能够理解国家实行义务教育的本质特性，进而也就没有能够理解义务教育的基本内容；从最高层次上说，法院没有能够理解宪法关于公民受教育规定的两个方面的基本性质，特别是受教育作为公民基本义务的性质。如果法院在审理

---

① 对此判断的权力应当属于教育权的范畴，而非司法权的范畴。

本案过程中，能够直接引用宪法关于公民受教育的两个属性的规定，并且进行适当的分析，再结合义务教育法的规定，本案的判决就不是现在的状况。

我认为，在此种情形下，法院在判决书中应当直接引用宪法关于公民受教育权利和义务的规定，以理解受教育作为基本权利和基本义务的基本含义，并且理解义务教育法关于义务教育的基本含义。同时，法院判案的直接规范依据仍然是法律规范而非宪法规范。

案例3：广州市某工厂禁止员工外宿案

广州市黄埔区某工厂规定，禁止员工外宿，并为员工提供宿舍。某员工违反该规定外宿，从住地到工厂途中，遇车祸受伤，要求作工伤处理，遭厂方拒绝而引发诉讼。厂方认为，已经明确规定不允许员工外宿并为员工提供宿舍，而该员工违反该规定自行外宿，应自己承担责任而不应该由工厂负责。本案中涉及工厂关于禁止员工外宿的规定是否有效？黄埔区法院在判决中认为，厂方规定禁止员工外宿，违反了宪法关于公民人身自由不受侵犯的规定，因此是无效的，应按照工伤处理。但也有观点认为，在本案中，法院适用宪法的规定作出判决是错误的。

《宪法》第37条规定，中华人民共和国公民的人身自由不受侵犯。任何公民，非经人民检察院批准或者决定或者人民法院决定，并由公安机关执行，不受逮捕。禁止非法拘禁和以其他方法非法剥夺或者限制公民的人身自由，禁止非法搜查公民的身体。依据这一规定，在中国，只有人民检察院批准或者决定或者人民法院决定，并由公安机关（包括国家安全机关）执行，不受逮捕。同时，2000年由全国人大制定的立法法第8～9条将限制人身自由列入法律保留的范畴。即只有全国人大制定的基本法律和全国人大常委会制定的非基本法律才有权规定在何种情形下可以限制公民的人身自由，除此之外，其他国家机关不得规定限制公民的人身自由。社会组织包括企业组织和事业组织不得规定限制公民的人身自由，亦属当然之理。

依据宪法的规定，我国在法律层面规定了限制人身自由的情形，包括作为刑事处罚的刑罚制度、刑事强制措施、作为行政处罚的拘留和行政强制措施。这些规定都是在正面意义上规定何种国家机关可以在何种情形下限制公民的人身自由，而没有作出反面的列举式排除规定。只是在刑法上设定了非法拘禁罪。在本案中，厂方并未对员工实施非法拘禁的行为，因而不能考虑适用非法拘禁罪。本案的争议是在上班途中发生交通事故能否适用工伤的规定，而争议的焦点是厂方关于禁止员工外宿的规定是否有效。对这一规定的合法性进行判断可以说是法院解决案件争议的先决问题。

法院在作出判断时，如前所述，法律层面上没有直接的禁止性规定，因此，缺乏法律上判断的直接依据。在此情形下，法院只能依据宪法上关于公民人身自由保护的条款，以阐明人身自由的价值、对人身自由限制的目的、限制人身自由的法律保留原则等，分析判断厂方作出的禁止员工外宿规定的合法性。可以设想，法院如果不引用宪法上关于人身自由保护的规定作为判断厂方规定的合法性依据，在法律层面上又无法找到相应的依据，即不可能在案件审理过程中解决这一先决问题，也就无法对是否属于工伤这一案件争议作出判决。

二、宪法作为判断法律规范的依据时能否适用宪法

法院在选择适用法律规范作为裁判依据时，案件当事人或者法院自身认为，该法律规范与宪法相抵触，即无法直接依据受到质疑或者挑战的法律规范作为判决的依据，而必须先依据宪法审查判断法律规范的合宪性，再依据这一判断结论对案件作出裁判。换言之，在此种情形下，法律规范的合宪性已成为对案件争议作出裁判的先决问题，如果不首先解决这一先决问题，而直接依据受到质疑或者挑战的法律对具体案件作

出判决，则司法功能没有彻底发挥。

案例4：北京大学博士学位案

北京大学学位评定委员会作出不批准授予博士生刘燕文博士学位的决定，刘燕文不服向法院提起诉讼。根据1980年全国人大常委会制定的《学位条例》的规定，获得博士学位的程序包括：（1）在博士学习期限过半时参加综合考试，成绩必须及格；（2）论文写作完成后由导师推荐；（3）论文由同行进行评议；（4）通过论文答辩；（5）系学位评定委员会通过；（6）校学位评定委员会通过。刘燕文通过了前五项程序，但未通过第六项程序，即北京大学学位评定委员会未予批准。北京大学学位评定委员会由21名委员组成，该21名委员来自北京大学的不同学科，其中来自刘燕文攻读博士学位的学科的委员为一名。

在诉讼中，原告一方认为，前五个程序中都认定其博士论文已达到博士学位水平，认定者均为本学科的教授，即是能够读懂其论文的"内行"；北京大学学位评定委员会委员只有一人为本学科教授，绝大多数委员为读不懂其论文的"外行"。根据《学位条例》的规定，"内行"只具有建议权没有决定权，而"外行"却具有批准权。这一学位授予体制违反了宪法，故要求对《学位条例》中规定的学位授予体制的合宪性进行审查。

在本案中，如果不对《学位条例》规定的学位授予体制的合宪性进行审查，直接依据存在争议的《学位条例》作出判决，则该纠纷即无法得到彻底解决。

案例5：周某某案

生于1949年10月的周某某退休前任中国建设银行平顶山分行出纳部副经理。2005年1月，建行平顶山分行以周某某已达到法定退休年龄为由，通知其办理退休手续。周某某认为自己应和男职工同龄退休，单位要求自己55周岁退休的决定与我国宪法和法律的有关规定相抵触，应予以撤销，遂提起劳动仲裁，后于 2005 年 10 月 28 日向湛河区法院递交了民事起诉状。法院审理认为，周某某对已满 55 岁且参加工作年限满 10 年并无争议，依照国务院《关于安置老弱病残干部的暂行办法》的规定，符合办理退休手续的条件，被告建行平顶山分行以此为据为其申报退休的决定符合现行国家政策和法规，并无不当。周某某认为被告为其办理退休手续的决定违背了宪法关于男女平等的原则，要求予以撤销。

我国宪法规定，中华人民共和国公民在法律面前一律平等；宪法还特别规定了男女平等。国务院《关于安置老弱病残干部的暂行办法》规定，男性 60 岁退休，女性 55 岁退休。关于退休年龄的差别规定是否违反了宪法规定，成为本案争议的焦点问题和先决问题，有权机关必须首先就男女退休不同龄的规定是否符合宪法作出判断，才能对本案中的退休决定是否合法作出判决。

可见，法院在审理案件过程中可能遇到其选择的作为裁判依据的法律规范是否具有合宪性的争议。但是，法院在审理案件过程中可能遇到需要对裁判依据的合宪性进行审查的情形，不等于法院必然有权依据宪法对裁判依据的合宪性进行审查判断。法院依据宪法对裁判依据的合宪性进行附带性审查判断，需要具备以下两个基本条件。

（1）释宪权。宪法是由一系列基本原则和基本规范组成的，因此，与法律规范相对而言更为抽象。若要以这些比较抽象的宪法基本原则和宪法规范去判断法律规范是否违宪，则必须进行解释。换言之，审查判断法律规范违宪的机关必须以具有宪法解释权为前提。从法解释学的意义上说，在适用宪法时，其解释的必要性、空间比法律规范要大得多。如果说法学主要是解释学，那么宪法学就更是如此。

我国宪法明确规定，全国人大常委会有权解释宪法。宪法虽然没有明确规定全国人大具有宪法解释权，但宪法学界通说认为，依据中国宪法关于"全国人大有权改变全国人大常委会不适当的决定、决议"的规定，可以推定全国人大也具有宪法解释权。质言之，在中国，具有宪法解释权的机关仅为全国人大和全国人大常委会。可见，依据我国宪法的规定，法院并不具有宪法解释权。

（2）先例约束原则。中国属于大陆法系国家，在法院的审判制度上并不存在"先例约束原则"。即上级法院的裁判并不能成为下级法院作出裁判时的依据，或者说，下级法院在作出裁判时并不能且必须直接依据上级法院的类似裁判作为裁判依据。换言之，因缺乏先例约束原则，上级法院的裁判并不能成为判例而具有一般性的效力。上级法院的裁判对于下级法院作出裁判时只具有参考或者指导意义。

在这一制度背景下，如果我国法院像实行附带性违宪审查国家那样，在审理案件时直接依据宪法审查判断作为案件审理依据的法律规范是否符合宪法，就面临着此法院认为某法律违反宪法拒绝适用而彼法院认为同一法律符合宪法予以适用的局面，如此一来，在一国之内，即无法保证法律效力的统一性和宪法秩序的统一性。[①]

因缺乏上述两个基本条件，中国的法院在审理案件过程中不具有直接依据宪法审查判断作为案件审理依据的法律规范是否符合宪法的权力。也就是说，在我国法院的司法权能中，不具有违宪审查权。

正因为如此，我国宪法与欧洲大陆法系国家秉持着相同的理念，根据中国的具体情况，制宪者设计了另外一套违宪审查制度。根据我国宪法的规定，全国人大和全国人大常委会行使违宪审查权，有权对法律、行政法规、地方性法规、自治条例和单行条例、规章、授权法规、司法解释等的合宪性进行审查。依据2000年全国人大制定的《立法法》第90条的规定，法院在审理案件过程中如果认为这些法律文件有违反宪法的嫌疑，

---

① 欧洲国家中的意大利等曾经模仿美国实行附带性的司法审查制度，但因不具有基本条件，最后不得不选择采用德国模式。

有权向全国人大及其常委会提出审查请求或者建议。即法院有对这些法律文件是否合宪提出质疑的权力，但没有审查的权力。在上述案件审理过程中，法院应当依据立法法的规定，就案件裁判依据的法律文件的合宪性提请全国人大或者全国人大常委会进行审查，然后再依据全国人大或者全国人大常委会的审查结论对审理的具体案件作出裁判。如此，在案件的审理依据上才能做到正确、准确地适用法律，也才能真正发挥司法功能。

令人遗憾的是，迄今为止，我国法院虽然在审理案件过程中遇到此类问题，但并未向全国人大或者全国人大常委会提出审查请求或者建议，在裁判依据存在争议的背景下仍然作出法律裁判，致使其无法实际上彻底发挥司法功能，也使得宪法没有能够得到彻底的实施。

三、将宪法规范和法律规范共同作为裁判依据

案例 6：龙某某诉中州建筑公司、姜某某、永胜县交通局损害赔偿纠纷案

云南省永胜县人民法院认为，《宪法》第 42 条第 4 款规定："国家对就业前的公民进行必要的劳动就业训练。"《劳动法》第 4 条规定，用人单位应当依法建立和完善规章制度，保障劳动者享有劳动权利和履行劳动义务。《民法通则》第 106 条第 2 款规定，公民、法人由于过错侵害国家的、集体的财产，侵害他人财产、人身的，应当承担民事责任。被告中州公司是经国家批准有资格承包建设工程的企业，在用人时应当承担宪法和劳动法规定的提供劳动保护，对劳动者进行劳动就业训练等义务。中州公司通过签订《建设工程承包合同》，向被告交通局承包了过境线工程。作为该工程的直接承包者和劳动法规定的用人单位，中州公司在将该工程转交给被告姜某某具体负责施工后，没有履行宪法和劳动法规定的上述义务，也未对姜某某的工作情况进行监督管理，因而导致工伤事

中国与法国的合宪性审查

故的发生。对此，中州公司应当承担民事责任。中州公司在与被告姜某某签订的内部承包合同中约定："如发生一切大小工伤事故，应由姜某某负全部责任"，把只有企业才能承担的风险转给实力有限的自然人承担。该约定损害了劳动者合法权益，违反了宪法和劳动法的规定，是无效约定，不受法律保护。

案例7：刘某诉铁道部第20工程局二处第8工程公司、罗某某工伤赔偿案

四川省眉山县人民法院认为，《宪法》第42条第2款规定："国家通过各种途径，创造劳动就业条件，加强劳动保护，改善劳动条件，并在发展生产的基础上，提高劳动报酬和福利待遇。"《劳动法》第3条规定，劳动者有"获得劳动安全卫生保护的权利"。第4条规定："用人单位应当依法建立和完善规章制度，保障劳动者享有劳动权利和履行劳动义务。"被告罗某某作为工程承包人和雇主，依法对民工的劳动保护承担责任。被告第8公司在与被告罗某某签订的承包合同中约定"施工中一切发生伤、亡、残事故，由罗某某负责"，把只有企业才能承担的安全风险，推给能力有限的自然人承担，该条款损害了劳动者的合法权益，违反了我国宪法和劳动法前述规定。

上述两例法院裁判中，既不是以宪法规定理解法律规范的内涵，也不是以宪法规定判断法律规范是否违反宪法，而是将宪法规定与法律规范同时作为裁判的依据。实践中，法院多在审理名誉权和继承权案件中，既引用宪法规范，又引用法律规范，共同平行作为具体案件的判案依据。

笔者认为，法院的这一适用是不恰当的：第一，法院对宪法的适用是一种实体性适用，而如前所述，根据宪法规定，我国法院对宪法没有解释权。就上述两个案件而言，如果对宪法规定的基本内涵不作解释，难以将宪法作为案件裁判的直接依据。第二，混淆了宪法的功能与法律的功能。宪法的基本功能是针对国家权力而言，可以由其赋予国家权力、

保障国家权力有效运行及控制国家权力，而不是针对公民个人。宪法通过其基本功能，其中包括赋予立法权、保障立法权及控制立法权，达到保障人权的目的。宪法一方面赋予立法机关以立法权，另一方面保障立法权有效行使，更重要的意义在于防止立法权滥用而侵犯人权。而法律的基本功能在于调整基本的社会关系，平衡社会不同利益主体之间的利益关系，以作为社会主体的行为界限。换言之，宪法是法律的"法律"，法律是社会成员具体的行为规范。第三，混淆了宪法与法律在效力上存在的位阶之分。宪法的效力高于法律，而如果两者同时并用，将宪法的效力等同于法律，或者将法律的效力等同于宪法，都是不妥当的。

四、直接适用宪法作为裁判案件的依据

实践中可能存在这样一种情况，即宪法中有明确的规定，而法律并没有明确的具体化规定，在发生纠纷以后，在法律层面无法找到明确的裁判依据，那么，此时法院能否直接依据宪法的规定作出裁判？

案例8：王某某等诉北京民族饭店案

王某某等16人原系北京民族饭店员工。1998年下半年，北京市西城区人大代表换届。10月，北京民族饭店作为一个选区公布的选民名单中确定了该16名员工的选民资格。后因该16名员工与北京民族饭店的劳动合同届满，双方解除了劳动关系，该16名员工离开了北京民族饭店。北京民族饭店没有通知这些应在原单位选举的员工参加选举，也没有发给他们选民证，致使该16名员工未能参加选举。为此，王某某等16人向北京市西城区法院起诉，状告北京民族饭店侵犯其选举权，要求判令被告依法承担法律责任，并赔偿经济损失200万元。

西城区法院经审理认为，原告王某某等16人关于被告北京民族饭店对其未能参加选举承担法律责任并赔偿经济损失的请求，不属法院受案范围。对王某某等人的起诉，依法不予受理。王某某等其中的15人

不服一审裁定，向北京市第一中级人民法院提起上诉，请求撤销原裁定。法院经审理认为原审法院不予受理的裁定正确：驳回上诉，维持原裁定。

这一案件涉及公民的选举权保障问题。我国宪法规定，年满18周岁的中华人民共和国公民除被法院依法剥夺政治权利的以外，都有选举权和被选举权。依据宪法的规定，全国人大制定了选举法。在选举法中规定，对于破坏选举的行为，如果达到了违法和犯罪的，可以追究行政处罚责任和刑事责任；对于选举诉讼，选举法只规定了选民名单案件。相应地，民事诉讼法规定了选民名单案件的审查程序。但是，选举法及民事诉讼法没有规定选举权及被选举权在受到其他侵害时的救济途径和方式。本案即属于选举权受到其他侵害的情形。本案的两难在于，如果法院不能直接以宪法作为裁判案件的依据，在选举法及民事诉讼法层面找不到相应的受理和审理依据，选民的选举权虽在宪法上作出了规定但法律层面若没有作出规定，其在受到侵害时即无法获得司法救济。如果法院此时直接依据宪法的规定作为案件的裁判依据，则法院是否具备该基本条件有待探讨。

案例9：齐玉苓案

1990年，原告齐玉苓与被告之一陈晓琪都是山东省滕州市第八中学的初中学生，都参加了中等专科学校的预选考试。陈晓琪在预选考试中成绩不合格，失去继续参加统一招生考试的资格。而齐玉苓通过预选考试后，又在当年的统一招生考试中取得了超过委培生录取分数线的成绩。山东省济宁商业学校给齐玉苓发出录取通知书，由滕州八中转交。陈晓琪从滕州八中领取了齐玉苓的录取通知书，并在其父亲陈克政的策划下，运用各种手段，以齐玉苓的名义到济宁商校就读直至毕业。毕业后，陈晓琪仍然使用齐玉苓的姓名，在中国银行滕州支行工作。

山东省高级人民法院在审理中认为，这个案件存在适用法律方面的疑难问题，报请最高人民法院进行解释。最高人民法院经过研究后，作出了《关于以侵犯姓名权的手段侵犯宪法保护的公民受教育的基本权利是否应承担民事责任的批复》（以下简称《批复》）：根据本案事实，陈晓琪等以侵犯姓名权的手段，侵犯了齐玉苓依据宪法规定所享有的受教育的基本权利，并造成了具体的损害后果，应承担相应的民事责任。

山东省高级人民法院认为，陈晓琪、陈克政、滕州八中、滕州教委的故意和济宁商校的过失行为从形式上表现为侵犯齐玉苓的姓名权，其实质是侵犯齐玉苓依照宪法所享有的公民受教育的基本权利。各被上诉人对该侵权行为所造成的后果，应当承担民事责任。

法院在审理该案中主要遇到两个基本问题：（1）在本案中，齐玉苓的受教育权和姓名权都受到侵犯，两者是并行地受到侵犯，还是其中一个为手段一个为目的？（2）侵犯受教育权是否应当承担民事责任？目前的民事法律规范没有明确规定。第一个问题实际上为事实判断问题，审理案件的法院完全可以自行作出判断，而无须请求最高人民法院作出解释。第二个问题为裁判依据问题。在案件发生时，中国还未制定教育法，受教育权受到侵犯能否提起诉讼并没有明确规定；案件发生时，中国也没有制定侵权责任法，对于受教育权受到侵犯是否需要承担民事责任也没有规定；已经生效的民法通则中没有关于受教育权受到侵犯应当承担民事责任的规定。这样，在案件裁判的法律规范依据方面存在不足。因此，审理案件的法院需要请求具有法律解释权的最高人民法院作出解释。

最高人民法院在解释中引用了宪法关于受教育权的规定，但没有对这一宪法规定的具体内涵进行解释和说明，解释中也没有引用民法通则的规定。因此，最高人民法院的这一解释给人的感觉是对宪法的规定进行了解释，而不是对法律的解释。审理案件的山东省高级人民法院直接引用最高法院的这一解释作出了裁判，给人的感觉是直接将宪法规定作为裁判依据。

正因为如此，关于本案的裁判依据及本案的性质存在着完全不同的看法。依据最高人民法院及部分学者的看法，本案是我国法院适用宪法判决的第一案，即"宪法司法化的第一案"，因为最高人民法院通过解释宪法而将宪法适用于具体案件。另有大部分学者认为，本案并不属于法院裁判适用宪法的案件：（1）我国法院无权解释宪法，如果最高人民法院的批复属于宪法解释，则该解释为无效解释，依据该解释作出的判决为无效判决；（2）该解释实际上为法律解释，是对民法通则的解释，本案为民事案件，与适用宪法无关；（3）如果该案件的性质为宪法案件，则当事人应当承担的是宪法责任，而不是民事责任。

上述两个案件均涉及法院缺乏法律层面的裁判依据，或者法律层面的裁判依据不明确。在法律层面缺乏裁判依据时，法院能否直接依据宪法作出裁判，本文已经作出了阐述，因我国法院没有宪法解释权及缺乏"先例约束原则"，实际上法院无法直接依据宪法作出裁判，为当事人提供宪法救济。在此种情况下，当事人只能在穷尽法律救济或者在缺乏法律救济的前提下，直接请求具有宪法救济权的全国人大或者全国人大常委会提供救济。而在法律层面缺乏明确的裁判依据时，法院应当最大限度地通过解释法律，为当事人提供法律救济。只有在即使最宽泛地解释法律仍然无法为当事人提供法律救济的前提下，才能由当事人直接向全国人大或者全国人大常委会请求提供宪法救济。

五、余　论

（1）最高人民法院于 2008 年自行废止了齐玉苓案中的司法解释，笔者认为，这一司法解释的废止是没有必要的。如前所述，这一司法解释的性质属于法律解释而非宪法解释，同时，这一解释在当时情形下又是非常必要的。

（2）最高人民法院在齐玉苓案中适用宪法方面的努力是值得肯定的。但是，最高人民法院在这一案件上的做法是必须否定的。

（3）法院特别是最高人民法院在推进宪法实施和违宪审查方面仍有诸多值得改进之处，中国违宪审查制度的实效性不够，法院应当承担主要责任。

行政行为的合宪性审查：
中国的现状与展望

◎苗连营　王建学[*]　著

　　在现代法治国家，行政权是宪法所创设的权力之一，行政权之活动对于促进公益、保障人民权利具有重要意义，因此，行政权在国家权力中居于重要地位。然而，行政权又是极度危险的，若遭到滥用，背离其目的，将会贻害无穷，因此，通过宪法和法律对行政行为进行控制就成为必要。尤其是在中国的语境之下，官僚制传统导致了行政权的长期优势地位，如何控制行政权成为中国宪法与行政法所面临的一个极为艰巨的任务。本文主要描述和评价中国宪法和相关法律所设置的行政行为的合宪性审查制度，主要围绕审查对象、审查主体与审查程序三个问题进行阐述，即何种行政行为由何种机关进行何种审查，并对这一制度的内在机理、运行情况和未来发展进行分析。

一、审查的对象

　　作为审查对象的行政行为，表现为形式各异的具体类型。按照中国

---

　　* 作者苗连营，郑州大学法学院教授，法学博士，中国宪法学研究会副会长；王建学，厦门大学法学院副教授，中法联合培养法学博士。

行政法学界的通说，行政行为可分为抽象行政行为①与具体行政行为②两大类。前者是"针对不特定对象"作出的"能反复适用"③的规范行为，后者则是"针对特定对象"并"就具体事项"④作出的单方行为。抽象行政行为又分为制定行政法规与规章的行政立法行为，以及制定其他规范性文件的行为。

（一）行政立法行为

行政立法行为包括行政法规与行政规章两种形式。

行政法规的制定权属于国务院。《宪法》第89条授权国务院"根据宪法和法律"制定行政法规。该条规定实际上确立了国务院的两类行政立法权，即根据宪法制定行政法规的职权立法，以及根据法律制定行政法规的授权立法。⑤全国人大在2000年制定《立法法》，进一步将行政法规划分为三种类型：第一是前述的职权立法，《立法法》第56条表述为就"宪法第89条规定的国务院行政管理职权的事项"制定行政法规；第二是一般授权立法，《立法法》第56条表述为"为执行法律的规定需要制定行政法规的事项"；第三是特别授权立法，即《立法法》第8条和第

---

① "抽象行政行为"的概念来源于《行政诉讼法》（全国人大1989年通过）的第12条第2项，其中将"行政法规、规章或者行政机关制定、发布的具有普遍约束力的决定、命令"作为不可诉的范围。

② "具体行政行为"的概念来源于《行政诉讼法》（全国人大1989年通过）的第2条，其中将具体行政行为作为可诉的范围。

③ "针对不特定对象"和"能反复适用"这两项要素来源于《关于执行〈中华人民共和国行政诉讼法〉若干问题的解释》（最高人民法院1999年通过）第3条，该条是对前述《行政诉讼法》第12条第2项的"具有普遍约束力的决定、命令"进行解释。

④ 对象的特定性和事项的具体性这两项要素来源于《关于贯彻执行〈中华人民共和国行政诉讼法〉若干问题的意见（试行）》（最高人民法院1991年通过，2000年废止）第1条，该条是对前述《行政诉讼法》第2条的具体行政行为进行司法定义。

⑤ 国务院的行政法规制定权在历史上存在颇多争议，来龙去脉可参见王建学："国务院的立法权之争"，见韩大元主编：《共和国六十年法学论争实录》，厦门大学出版社2009年版，第305~324页。

9 条规定的相对法律保留，虽然第 8 条所列举的事项①只能由全国人大及其常委会制定法律，但若这些事项②尚未制定法律的，全国人大及其常委会可作出决定，授权国务院根据实际需要，对其中的部分事项先制定行政法规。行政法规具有低于宪法和法律，却高于地方性法规和规章的效力。③

行政规章又分为部门规章与地方政府规章。前者根据《宪法》和《立法法》的授权，由国务院各部、委员会、中国人民银行、审计署和具有行政管理职能的直属机构制定。其中国务院各部、委员会的规章制定权明文出现在宪法当中，其他主体的规章制定权则是由《立法法》等法律扩大授予的。地方政府规章在宪法中没有出现，最初由《地方各级人民代表大会和地方各级人民政府组织法》创立并授予省、自治区、直辖市的人民政府，以及省、自治区人民政府所在地的市和经国务院批准的较大的市的人民政府。后来经 2000 年《立法法》扩大授予较大的市④的人民政府，在 2015 年修改之后，地方政府规章的制定权进一步扩大，所有设区的市和自治州的人民政府均成为地方政府规章的制定主体，但限于城乡建设与管理、环境保护、历史文化保护等方面的事项，其行使规

---

① 即国家主权的事项；各级人民代表大会、人民政府、人民法院和人民检察院的产生、组织和职权；民族区域自治制度、特别行政区制度、基层群众自治制度；犯罪和刑罚；对公民政治权利的剥夺、限制人身自由的强制措施和处罚；对非国有财产的征收；民事基本制度；基本经济制度以及财政、税收、海关、金融和外贸的基本制度；诉讼和仲裁制度；必须由全国人民代表大会及其常务委员会制定法律的其他事项。

② 根据《立法法》第 9 条的排除性规定，犯罪和刑罚、对公民政治权利的剥夺和限制人身自由的强制措施和处罚、司法制度等事项，属于绝对法律保留，全国人大及其常委会不得授权国务院制定行政法规。

③ 行政法规与中央军事委员会的军事法规处于同一效力层次。本文限于主题不讨论军事法规的问题。

④ 2000 年《立法法》中的"较大的市"，既包括之前的省级人民政府所在地的市和经国务院批准的较大的市，也包括《立法法》新扩充的经济特区所在地的市。

章制定权的时间，将由本省、自治区人大常委会予以确定。[①] 在规范来源上看，地方政府规章在理论上并不像部门规章那样具有宪法价值，它可以由法律所任意取消。在权限和效力上，规章应当由制定主体在其行政权限范围内制定，并且不得与宪法、法律和行政法规抵触。

（二）其他规范性文件

行政法规和规章以外的其他规范性文件也是具有普遍约束力的行政决定或命令，可以成为具体行政决定的依据。但与行政立法的主体受到限定不同，其制定主体极为广泛，凡是承担行政职能的行政机关，均可在各自的行政职权范围内制定，上至国务院本身，以及国务院各部委及其所属局、司、办，下至不设区的市、县人民政府及其下属机关，以及乡、镇人民政府，都可以制定其他规范性文件。这些规范性文件不是法律的渊源，因此必须符合宪法、法律、行政法规和规章。但由于规范性文件形式多样、制定随意，因而产生了无数令人困扰的疑难问题。例如，国务院的其他规范性文件与规章的效力关系如何？大量的其他规范性文件存在混乱、冲突、违法、公开程度较低等问题，应当如何处理？尽管人们并不否认这些问题的存在，但却一直没有在法律上找到明确统一的解决方案。

（三）具体行政行为

具体行政行为是行政主体[②]针对特定对象并就特定事项所作出的一次性行为。此类行为的效力在全部公权行为中最低，它应当符合宪法、法律、行政法规与规章，以及其他规范性文件。从依法行政的角度出

---

① 参见《全国人民代表大会关于修改〈中华人民共和国立法法〉的决定》（2015 年 3 月 15 日第十二届全国人民代表大会第三次会议通过）第 36 条。为便于提示历史演变，本文所援引《立法法》的条文如无特别标注均按照 2000 年版的条文序号和内容，凡涉及 2015 年修改的，则标明《修改决定》的修正案序号。需要附带指出的是，全国人大及其常委会打乱条文序号的修法形式是极度令人困扰和不便的。

② 我国行政法中的"行政主体"主要包括行政机关和法律法规授权的组织。

发，任何缺少规范依据的具体行政行为都是具有合法性瑕疵的。此种行为的数量与种类极多，在具体的行政案件中直接决定和影响行政相对人的权利与利益，但它的效力也仅局限于特定行政事件中的特定行政相对人。

（四）行政行为的效力等级与数量

从总体上看，以上各种行政行为，一方面在效力上呈递减的分布，另一方面在数量上呈递增的分布。

从效力上看，递减的分布意味着，它们的效力等级距离宪法越来越远，即使是效力等级最高的行政法规，与宪法之间也隔着法律。法律介于宪法和行政法规之间的这种状况就产生了一个理论上的问题，行政行为的合法律性与合宪法性的关系。或者说，能否越过行政行为的合法律性而直接审查其合宪法性。在法国法中曾经存在着"法律—屏障"（loi-écran）理论，它源于法国行政法院判例，即行政法官拒绝审查某一可能违反宪法但却符合法律的行政行为的合宪性，从而，法律在行政行为和宪法之间竖起了屏障，阻碍了宪法对依法律作出的行政行为在司法领域的直接作用。但我国《宪法》在序言①和第 5 条②中明确排除了法律作为屏障的可能性，这使本文有可能宽泛地讨论各类行政行为的合宪性。

从数量上看，按照效力从高到低的顺序，这些行政行为在数量上是依次翻倍增长的。根据全国人大常委会的工作报告，行政法规至 2010 年年底约有 690 多件。至该年 4 月，根据国务院的规章清理情况，全国现行有效规章共 12262 部，其中部门规章 3067 部，地方政府规章 9195 部。其

---

① 其中规定："全国各族人民、一切国家机关和武装力量、各政党和各社会团体、各企业事业组织，都必须以宪法为根本的活动准则，并且负有维护宪法尊严、保证宪法实施的职责。"

② 其第 3 款和第 4 款分别规定："一切法律、行政法规和地方性法规都不得同宪法相抵触。""一切国家机关和武装力量、各政党和各社会团体、各企业事业组织都必须遵守宪法和法律。一切违反宪法和法律的行为，必须予以追究。"

他行政规范性文件和具体行政行为则由于数量巨大而不具有统计的可能性。由此导致的一个问题是，对所有种类的行政行为均进行合宪性审查几乎是不可能的，至少任何一种单一的审查机制或程序都不可能承担起如此庞大的审查任务。因此，行政行为的合宪性审查必定分散在多元并行的审查机制当中。

二、审查的主体与权力结构

在认识审查的主体以及整个审查体制之前，必须首先认识中国的宪法体制，尤其是宪法所设置的权力关系。我国宪法采取了人民代表大会制政体，它以民主集中制原则为指导，其中，全国人大以及地方各级人大作为宪法所设置的"国家权力机关"，具有高于同级和下级行政机关的地位，其中，国务院及其行政系统应当向全国人大及其常委会负责并受其监督，地方各级人民政府及其行政系统应当向同级地方人大及其常委会①负责并受其监督。由此，任何行政主体作出的任何行政行为，理论上都可以由其同级或上级国家权力机关进行监督甚至审查。就全国人大及其常委会而言，可以看到一种法律高于行政的法结构，因此，一切行政行为应当符合法律，以及在最终意义上符合宪法，在原理上是毋庸置疑的。就地方各级人大及其常委会而言，可以看到一种地方国家权力机关对本地方行政活动的监督。

除了国家权力机关对行政机关的监督以外，我国宪法还专门就上下级行政机关设置了监督与被监督、领导与被领导的关系，地方各级人民政府一方面要向本级人大负责并受其监督，另一方面也要向上级人民政

---

① 只有在县级及以上才存在地方人大的常务委员会。

府并最终向国务院负责并受其领导，① 由此形成了一种双重监督体制。后一方面显然具有保证行政有效性、促进行政合法性和维持国家单一性的目的，它决定了上级行政机关有权对任何下级行政机关的任何行政行为进行监督和审查，国务院作为《宪法》第85条规定的"最高国家行政机关"，有权对全国范围内的任何行政机关的任何行政行为进行监督和审查，并直接予以撤销。值得注意的是，这完全不同于很多国家的地方自治体制，其中国家与各级地方自治团体具有相互独立的法律地位，国家和上级团体不得肆意撤销下级团体的行政行为，如法国宪法完全禁止国家和上级地方自治团体对下级自治团体实施的监护（tutelle）。② 在各级人民政府内部，上下级行政机关的监督与领导关系还进一步体现在各级人民政府的组成部门身上，地方各级人民政府的组成部门除受本级人民政府的直接领导外，通常也要受上级人民政府的相应业务部门的监督和领导，这种体制在我国行政法上被称为"双重领导制"。

对行政行为的审查必然还涉及人民法院。全国人民代表大会在1989年制定了《行政诉讼法》，正式授权人民法院在行政诉讼中对具体行政行为是否合法进行审查，③ 因此，最高人民法院及其下级法院成为有权审查行政行为的审判主体。此种司法审查的存在当然具有一个宪法上的默认前提，即人民法院与人民政府均由同级人大产生并对其负责，分别列为审判机关和行政机关，具有平等或对等的地位。尽管没有按照大陆法系

---

① 现行《宪法》第108条规定："县级以上的地方各级人民政府领导所属各工作部门和下级人民政府的工作，有权改变或者撤销所属各工作部门和下级人民政府的不适当的决定。"第110条第2款规定："地方各级人民政府对上一级国家行政机关负责并报告工作。全国地方各级人民政府都是国务院统一领导下的国家行政机关，都服从国务院。"

② 参见法国宪法第72条第5款之规定。

③ 1989年《行政诉讼法》制定以前，人民法院已经在有限范围内审理行政案件。1982年《民事诉讼法（试行）》在第3条第2款规定："人民法院审理行政案件适用本法。"据此，人民法院可以借助民事诉讼程序来审查一些单行法律法规规定可诉的行政行为。据统计，1982～1988年，有130余部法律、法规规定了可以起诉的具体行政行为范围。数据来源胡锦光："我国行政行为司法审查的演进与问题"，载《华东政法大学学报》2009年第5期。

的传统，根据实体法的部门划分来分门别类地设置不同种类的法院，但人民法院内部却按照民法、刑法和行政法的类别分别设置了专门的审判庭。1989 年《行政诉讼法》正式在各级人民法院设立了行政审判庭，①由此，行政审判庭成为专门负责审查行政行为合法性的司法机构。

综上所述，中国的宪法和行政法中设置了对行政行为进行审查的三种机制，即来自国家权力机关的审查，来自行政机关的内部审查，以及来自审判机关的司法审查。以下结合前文所列举的行政行为的种类，分述三种审查体制。

三、国家权力机关的审查

从中国宪法所设置的权力结构出发，各级国家权力机关对行政行为的审查是终局性的，尤其是全国人大及其常委会，有权对任何行政活动进行监督和审查。

首先，就行政法规而言，只有全国人大及其常委会享有审查权，这是因为行政法规的效力仅次于法律，是正式的法源之一。根据《宪法》第 67 条的明文规定，全国人大常委会有权"撤销国务院制定的同宪法、法律相抵触的行政法规"，这一权力得到《立法法》第 88 条的再次确认。并且，《立法法》还具体地建立和确认了三种审查程序，即第 89 条规定的备案审查，以及第 90 条规定"要求"审查②程序和"建议"审查③程序，以确保行政法规的合法律性和合宪性。

---

① 在 1989 年《行政诉讼法》以前，行政案件通常由民事审判庭或经济审判庭审理，但最高人民法院在 1987 年 1 月 14 日发布了《关于建立行政审判庭的通知》，在全国范围内试点性地设立行政审判庭。

② 国务院、中央军事委员会、最高人民法院、最高人民检察院和各省、自治区、直辖市的人民代表大会常务委员会，可以向全国人民代表大会常务委员会书面提出进行审查的要求。

③ 前述以外的其他国家机关和社会团体、企业事业组织以及公民，可以向全国人民代表大会常务委员会书面提出进行审查的建议。

备案审查是指，行政法规应当在公布后的 30 日内报全国人大常委会备案。在备案过程中，全国人大常委会可以对行政法规是否符合宪法和法律进行审查。历史上，全国人大常委会曾尝试着完善备案审查程序，[①] 但由于种种原因，此种程序离充分发挥作用还极为遥远。

《立法法》建立的要求审查和建议审查的程序同样存在效用未彰的问题。要求审查的程序由于享有要求权的国家机关从未提出要求而遭到彻底闲置。而建议审查程序在实践中几乎被全国人大常委会自我冻结了，在 2003 年的"孙志刚案"[②] 和 2009 年的《城市房屋拆迁条例》案[③]等个案中，曾有公民向全国人大常委会提出审查建议，但全国人大常委会并未有效回应。[④]

全国人大及其常委会在理论上当然也有权对国务院及其组成部门，对地方各级人民政府的任何行政行为进行审查，但由于种种原因，这种期望值很低。[⑤]

其次，就行政规章而言，其中的地方政府规章应当报本级人民代表

[①] 主要表现是全国人大常委会在 2004 年 5 月设立了专门的"法规审查备案室"，隶属于全国人大常委会法制工作委员会。

[②] 在本案中，大学毕业生孙志刚受雇于广州某服装公司从事设计工作，因未随身携带暂住证和身份证而在 2003 年被广州市执法机关强制收容，在拘禁期间遭到殴打死亡，随后收容遣送制度受到广泛批评，同年 5 月三位青年法学博士和五位学者分两次以公民名义向全国人大常委会递交建议书，要求对国务院于 1982 年出台的《城市流浪乞讨人员收容遣送办法》有关条款进行审查。

[③] 在一系列极具争议性的强制拆迁事件（如自焚抗拆、群体性事件）之后，北京大学五位学者于 2009 年 12 月向全国人大常委会递交建议书，要求对国务院 2001 年出台的《城市房屋拆迁管理条例》有关条款进行审查。

[④] 《立法法》颁布后，全国人大常委会陆续收到公民、法人、其他国家机关针对法规（包括行政法规与地方性法规）提出的若干审查建议，如 2002 年收到 10 件，2003 年收到 10 件。参见宋锐："关于全国人大常委会法规备案审查工作的几个问题"，载《中国人大》2004 年第 3 期。

[⑤] 据称，全国人大常委会在 2003 年共收到 19 件对规章提出的审查建议，已转国务院有关部门办理。参见宋锐："关于全国人大常委会法规备案审查工作的几个问题"，载《中国人大》2004 年第 3 期。

大会常委会备案，如果地方政府规章是由较大的市的人民政府制定的，则应当同时报所在省或自治区的人大常委会备案。备案的过程当然也包括人大常委会的审查。但这种审查与全国人大常委会的审查一样，几乎未发挥作用。《立法法》并未建立针对规章的要求审查或建议审查程序，但考虑到人大作为国家权力机关的地位，这一程序在理论上是可行的。然而，地方各级人大常委会与全国人大常委会一样在事实上缺少实行这两种程序的有利条件，至少目前的情况如此。

最后，就其他规范性文件和具体行政行为而言，由于法律并未提出备案的要求，因此它们基本上游离在备案审查之外。并且由于这两类行政行为数量巨大，也不可能要求由同级或上级人大进行备案或审查。

从总体上看，国家权力机关的审查一直滞涩而行，理由是多方面，人大的实际政治地位不高，会期过短而缺少审查的精力，此外，也缺少专门有效的程序和专门的机构与人员，等等。

四、行政机关的内部审查

行政机关的内部审查是指国务院作为最高国家行政机关对自身及各级行政机关的行政行为，上级行政机关对下级行政机关的行政行为，进行行政系统内部的自我审查。

首先，就行政法规而言，显然除了全国人大及其常委会的监督以外，只有国务院自身才有监督与审查的资格。但这种自我审查在逻辑上存在悖论，在程序上也缺少正当性，况且国务院很少有自我审查的动力。在实践中，除了国务院法制机构在法规起草过程中实施的内部、不开放的审查之外，国务院对行政法规的自我审查很少发生。当然，这不排除特定的政治压力在偶然的情况下迫使国务院进行法规的修改或废止，例如，在前述的"孙志刚案"中，国务院迫于公众压力，自动废止了《城市流浪乞讨人员收容遣送办法》。但国务院并未以一个正式的公开决定承认该办法违法或违宪，更没有公开地对其违法性或违宪性进行法律论证，而只是以一个新的《城市生活无着的流浪乞讨人员救助管理办法》来代替旧的规定。① 由此，自我审查的随意性和政治色彩可见一斑。

其次，就行政规章而言，合宪性审查主要有两种程序。一种是《立法法》正式建立的专门的备案审查程序。规章应当在公布后的 30 日内提交备案：部门规章报国务院备案；地方政府规章除应当报相关的国家权力机关备案外，还要报国务院备案，其中的较大的市的人民政府制定的规章应同时报所在省、自治区的人民政府备案。国务院专门在 2001 年通过了《法规规章备案条例》，授权国务院法制机构、省级人民政府的法制机构负责规章的备案工作，并要求其"审查"规章是否存在下位法违反上位法的内容，以及规章的规定是否适当等。同时，该条例还在备案审查的程序中，另行开辟出一种申请审查的程序，即国家机关、社会团体、企业事业组织、公民认为规章以及国务院各部门、省自治区直辖市和较大的市的人民政府发布的其他具有普遍约束力的行政决定、命令同法律、行政法规相抵触的，可以向国务院书面提出审查建议，由国务院法制机构研究并提出处理意见，按照规定程序处理。就内容而言，其中所谓的违反"上位法"主要是指违反法律和行政法规，虽然也可以理解为包括违反宪法，但合宪性显然不是规章审查的重点。实践中，这种审查的有效性仍然没有显现。

另一种是规章起草过程中的内部、不开放的审查，它来源于国务院 2001 年通过的《规章制定程序条例》。该条例第 3 条规定，规章的制定应当遵循立法法确定的立法原则，符合宪法、法律、行政法规和其他上位法的规定。同时，该条例规定规章经起草后的审送稿应由法制机构负责统一审查，审查的内容包括前述第 3 条的合宪性、合法律性与合法规性。

---

① 类似地，前述存在违宪嫌疑的《城市房屋拆迁管理条例》于 2011 年由《国有土地上房屋征收与补偿条例》取代。

实践中，此种审查的有效性也没有显现。

除前述两种审查程序外，国务院会定期开展全国范围内的规章清理工作。最新一次清理工作开始于 2010 年。在上一次的规章清理工作（2007 年启动）中，共有 12695 部规章列入清理，1898 部规章被废止与宣布失效，330 部规章进行了修改，① 但这种清理过程中的审查只涉及规章的合法规性和合法律性，而不涉及合宪性。②

最后，行政规范性文件和具体行政行为当然也可以由同级或上级行政机关进行监督和审查。但由于数量巨大，不可能要求逐一备案审查。此外，值得注意的是，1999 年的《行政复议法》允许行政相对人在对具体行政行为的合法性与合理性申请复议的同时，对国务院部门、县级以上地方各级人民政府及其工作部门以及乡镇人民政府的行政规定（即其他规范文件）提出附带复议。此处的行政规定指的是效力低于规章的其他行政规范性文件。然而，这种附带复议只涉及此类规定是否合法，并不涉及其合宪性问题。

五、人民法院的司法审查

人民法院是宪法所设置的审判机关，根据《行政诉讼法》承担着在诉讼过程中对行政相对人的权利进行保护和对行政行为进行监督的职能。人民法院进行的是一种适用法律的活动，是解决行政法争诉的司法审查活动，因此在所有审查活动中，必定是最为专业也是法律色彩最浓的审查形式。也正因为如此，人们普遍明示或默示地对人民法院的司法审查寄予较高期望。然而，限于其宪法地位，人民法院的司法审查却是极为

---

① 李立："规章清理推进法制统一"，载法制网，http：//www. legaldaily. com. cn/bm/content/2010 - 05/07/content - 2134294. htm? node = 20734，访问日期：2010 年 5 月 8 日。

② 《国务院办公厅关于开展行政法规规章清理工作的通知》（国办发〔2007〕12 号）在"清理原则"部分规定，规章主要内容与法律、行政法规相抵触的，或者已被新的法律、行政法规、规章所代替的，要明令废止。至于合宪性问题，该通知则没有涉及。

有限的。现行宪法将监督宪法实施和解释宪法的权力赋予全国人民代表大会（最高国家权力机关）及其常委会，人民法院是否有权解释宪法和适用宪法，一直存在争议，但无论争论的结果如何，都可以肯定人民法院无权对任何国家机关的公权行为进行违宪宣告，这就几乎等于阻止了人民法院对行政行为的合宪性审查。

首先，行政法规是一种正式的全国性法律渊源，在民法和行政法领域具有完全的法律拘束力。尤其就行政诉讼而言，《行政诉讼法》第51条将行政法规作为人民法院审理行政案件的"依据"。最高人民法院在司法解释中进一步规定，人民法院在裁判文书中可援引行政法规作为依据：民事裁判文书"对于应当适用的行政法规……可以直接引用"；在行政裁判文书"应当引用……行政法规"。① 所以，人民法院在理论上无权对行政法规进行任何审查。

但对于人民法院而言，在法律适用中却存在一项疑难问题：如果人民法院在审判过程中发现行政法规与法律或宪法发生冲突，应当如何选择法律适用以及如何判决？《立法法》的意图显然是由人民法院将行政法规的合法律性和合宪性问题提交全国人大常委会裁决，并由全国人大常委会予以撤销。亦言之，此时的司法审查应当转入国家权力机关的审查。但这样的情形在实践从未发生，原因是程序设计极不便利。因此，审判实践中，人民法院或者将有违法嫌疑的行政法规作为裁判依据，② 或者在

---

① 参见《最高人民法院关于裁判文书引用法律、法规等规范性法律文件的规定》（法释〔2009〕14号），第4条、第5条，最高人民法院审判委员会第1470次会议2009年7月13日通过。

② 例如，国务院制定的《劳动教养试行办法》等文件显与宪法和立法法相冲突，亦曾有受到劳动教养处罚的相对人质疑其合法性与合宪性，但人民法院一直以国务院的相关规定为依据审查具体劳动教养措施的合法规性。

回避行政法规及其违法性的同时径自按照效力更高的法律作出判决。①

其次，行政规章与其他行政规范性文件②的司法审查是一个极为有趣的问题。《行政诉讼法》规定了规章的"参照"适用的地位。③ 所谓"参照"，按照立法原意是指，"对符合法律、行政法规规定的规章，法院要参照审理，对不符合或不完全符合法律、行政法规原则精神的规章，法院可以有灵活处理的余地"。④ 至于这种"灵活处理"的空间，传统上一直存在不同争论，主流观点认为，人民法院有权对规章是否符合上位法进行一定程度的监督和审查，只有在认为其符合上位法时方可予以适用，即人民法院视规章的合法性而享有"选择适用权"。2000 年《最高人民法院关于执行〈中华人民共和国行政诉讼法〉若干问题的解释》在第 62

---

① 这种情形是较为少见的，尤其是在 2000 年《立法法》颁布以前极为罕见。例如，在某土产公司诉某市工商局的一起行政诉讼中，工商局对土产公司的银行账户实施了冻结，该冻结措施的依据是国务院于 1987 年制定的《投机倒把行政处罚暂行条例》，但这明显违反全国人大常委会于 1995 年制定的《商业银行法》。最终，人民法院直接依据《商业银行法》撤销了工商局的冻结决定。参见姜明安、李洪雷主编：《行政法与行政诉讼法教学案例》，法律出版社 2004 年版，第 244～245 页。在《立法法》实施以后，开始偶尔有法院选择不适用违法行政法规而依照法律作出判决，例如，在上海东兆化工有限公司诉上海市工商行政管理局静安分局行政处罚案中，法院认为，"此《安全生产法》与《危险化学品安全管理条例》规定的处以罚款的幅度不相一致，静安工商分局在作出处罚时，应适用高位阶的法律规范。"参见上海市第二中级人民法院〔2004〕沪二中行终字第 169 号行政判决书。章剑生教授提出，"《行政诉讼法》第 52 条第 1 句应当被置于《立法法》的适用规则体系中予以重新解释"，据此，"法院无权宣布与上位法相抵触的行政法规或者其中某一条款无效，而只是以默示性方式宣布它在某案中不适用"，参见章剑生："依法审判中的'行政法规'——以《行政诉讼法》第 52 条第 1 句为分析对象"，载《华东政法大学学报》2012 年第 2 期，第 129、130 页。

② 其他行政规范性文件在审判实践中一般被人民法院视同为规章。因此，本文将其与规章并列在一起进行讨论。

③ 《行政诉讼法》第 53 条第 1 款和第 2 款分别规定："人民法院审理行政案件，参照国务院部、委根据法律和国务院的行政法规、决定、命令制定、发布的规章以及省、自治区、直辖市和省、自治区的人民政府所在地的市和经国务院批准的较大的市的人民政府根据法律和国务院的行政法规制定、发布的规章。""人民法院认为地方人民政府制定、发布的规章与国务院部、委制定、发布的规章不一致的，以及国务院部、委制定、发布的规章之间不一致的，由最高人民法院送请国务院作出解释或者裁决。"

④ 王汉斌："关于《中华人民共和国行政诉讼法》（草案）的说明"，载《最高人民法院公报全集（1985～1994）》，人民法院出版社 1995 年版，第 42 页。

条第 2 款规定："人民法院审理行政案件，可以在裁判文书中引用合法有效的规章及其他规范性文件。"在 2012 年，最高人民法院在其发布的第 5 号指导案例中，进一步明确"地方政府规章违反法律规定设定许可、处罚的，人民法院在行政审判中不予适用"。① 因此可以认为，人民法院对行政规章和其他行政规范性文件进行合法性审查，但并不宣告违法的规章和规范性文件无效，只是不予适用。

不过，在全国人大常委会于 2014 年 11 月 1 日通过《关于修改〈中华人民共和国行政诉讼法〉的决定》（2015 年 5 月 1 日起实施）后，其他规范性文件的司法审查程序得到了一定程度的完善。2015 年修订的《行政诉讼法》第 53 条规定，"公民、法人或者其他组织认为行政行为所依据的国务院部门和地方人民政府及其部门制定的规范性文件不合法，在对行政行为提起诉讼时，可以一并请求对该规范性文件进行审查。前款规定的规范性文件不含规章"。同时，其第 64 条规定："人民法院在审理行政案件中，经审查认为本法第五十三条规定的规范性文件不合法的，不作为认定行政行为合法的依据，并向制定机关提出处理建议。"可见，公民、法人和其他组织已经能够在行政诉讼中直接要求法院对其他规范性文件进行审查，只是人民法院还没有取得直接的撤销权，而只能向制定机关提出处理建议。由此可以看出，2015 年《行政诉讼法》虽然有一定进步，但其主要考虑显然仍然是尊重行政的自主性，而不是强调法院在维持法制统一方面的作用，因此比较保守，但它至少已经完善处理法律冲突的程序。

最后，对于具体行政行为的司法审查，按照《行政诉讼法》的规定，人民法院进行的主要是合法律性审查，即具体行政行为是否符合法律、行政法规等，但不包括其是否符合宪法。然而，值得注意的是，在行政

---

① 鲁潍（福建）盐业进出口有限公司苏州分公司诉江苏省苏州市盐务管理局盐业行政处罚案，裁判要点 3。

诉讼的实践中存在相当数量的案件，其中原告在诉讼理由中提出被诉的具体行政行为违反宪法，侵害受宪法所保障的基本权利，原告甚至将这种违宪控诉扩大到具体行政行为所依据的规章与其他规范性文件甚至行政法规。但这种违宪的请求大多被人民法院所忽视（即法院对合宪性问题不予回应），①也有少量的案件最终不了了之。②

六、总结与展望

以上分析和评价了三种审查机制的设置、基本主旨与运行情况。当然，本文的论述也可以按照另一种顺序展开，即根据行政行为的种类，依次分析每种行政行为所受到的审查。若采用这种标准，则会发现两个特点。一方面，随着行政行为的效力递减，实际上法律就越是在行政行为与宪法之间竖起一道屏障，合法性审查替代了合宪性审查。享有审查权的主体总是看到或只看到那些与受审查的行政行为效力最接近的上级规范，而忽视那些效力最高但距离更远的根本规范；另一方面，每一种行政行为都对应着多种审查机制和程序。除行政法规只能由全国人大及其常委会和国务院进行审查外，其他各种行政行为均受到来自国家权力机关的审查、行政机关的内部审查以及人民法院的司法审查。并且，国家权力机关审查与行政机关内部审查都有不止一种审查程序可以利用。按照审查的类型学来划分，这些审查既有事前审查也有事后审查，既有

---

① 如在 2005 年的"刘家海不服广西区人事厅不准报考公务员行政决定案"中，原告在诉讼理由中提出报考公务员是宪法赋予公民的平等权利和政治权利，而人事部的规章《考试录用国家公务员暂行规定》将报考年龄限制在 35 周岁以下则侵害了上述权利。但南宁市青秀区人民法院和南宁市中级人民法院在一审和二审中则没有对基本权利受限制的问题进行回应。这代表了人民法院的通常做法。

② 如在 2001 年的栾倩、姜妍、张天珠（青岛的三位高考考生）诉教育部一案中，原告认为教育部所作出的关于 2001 年全国普通高校高等教育招生计划的行政行为违反宪法和教育法，侵害宪法赋予公民平等接受教育包括高等教育的基本权利。最高人民法院裁定驳回原告的起诉，理由是本案应向北京市第一中级人民法院起诉。此后三原告认为诉讼本身已经产生足够的社会影响，因而未再次起诉。

抽象审查也有具体审查。如此看来，我国宪法和法律对行政行为设置了形式多样的审查机制，然而这似乎也正应了那句古话："过犹不及。"如此多元化的审查机制和程序闲置着，等待人们的激活，它们看上去就像一个内部空空如也的容器。

因此，最近出现了一种学术上的主张，建议人们把对审查主体的关注转移到对审查对象的关注，通过审查"行政惯例"启动中国的违宪审查制度，即首先通过各级人大、常委会对行政惯例的违宪审查循序渐进的启动中国违宪审查制度：从授权组织的行政惯例到行政机关的行政惯例；从基层地方的行政惯例到高层的行政惯例；从不成文的行政惯例到成文的行政惯例；从行政惯例到法律、法规、规章，最终实现中国违宪审查的正常化。① 按照前文的比喻，这种主张的策略其实是，暂且不要讨论如何完善和改进这个容器本身，而是寻找那些最容易被放进容器的东西。但从本文对各种行政行为的各种审查机制的综述来看，似乎说明违宪审查的激活远不在于选择一个合适的审查对象那样简单，它甚至更取决于审查程序的自身设计，审查机制背后的国家权力结构及其变化，审查机制之所以运行的政治生态与历史机遇等。因此，如何激活和完善中国的合宪性审查制度，注定是一个漫长的过程。

回到文首的问题，"行政权是由宪法所创设的"这一命题只有在宪法文本的意义上才是成立的，而宪法文本自身却制定于一种行政长期占优势的国家背景下。在此意义上，所谓审查，其实是行政权所自我施加于其自身的。1982 年现行宪法和各种法律及其附属的各种合宪性与合法性审查，其实都是行政权在经历了极度膨胀和极度肆意所造成的苦果之后，进行制度性自省的产物。行政行为的合宪性审查，以及整个合宪性审查机制的有效生成，在最根本上取决于权力打算如何处理它与法的关系。

---

① 翟翌："通过审查'行政惯例'启动中国违宪审查制度———一条渐进的路径"，载《西南政法大学学报》2010 年第 1 期。

法律合宪性审查的起源：
行政行为的宪法争诉

◎让·迪布瓦·德·戈迪颂* 著

肖琼露 译

　　在法国公法中，人们曾在相当长的时期内想当然地认为合宪性审查只是对"法律"的合宪性审查，而忽视了法律并不是唯一的审查对象。尤其是在当今，各种规则和原则确保着法律符合宪法，随着这种机制的确立和发展，上述这种对合宪性审查的狭隘理解已经难以成立。

　　另一种合宪性审查早已有之，而且越来越多，这种审查所针对的是行政行为，也即对于包括最高行政机关在内的公共行政机构和行政机关所作出的抽象行政行为和具体行政行为的审查。在性质上讲，它们既不是立法行为也不是司法行为。这种审查有一个重要的特点：与其他国家的情形不同，它不属于宪法委员会①的权限，而属于普通法官的权限。在一般规则下，普通法官是指行政法官，他们在法国是行政机构"自然"

　　* 作者让·迪布瓦·德·戈迪颂（Jean du Bois de Gaudusson），法国孟德斯鸠－波尔多第四大学荣休教授。译者肖琼露，厦门大学法学院 2015 级宪法学与行政法学专业博士研究生。

　　① 我们认为宪法委员会没有权限审查行政行为的合法性，但在一些例外的情形下，如果某一行为深深触及了宪法权力，结果就会有所不同。比如解散议会后召集选民的政令。

的法官，而较少有司法法官①的情形。人们把它与这种情形联想到一起，即只有行政行为才能涉及这样的审查，法律的合宪性审查一直是免于普通法官之审查的。根据自大革命以来形成的法律中心主义的传统法理与判例，行政法官（以及司法法官在他们有权限的情况下）不得采取质疑立法行为②之效力的任何措施。这一立场受到部分理论的批评，但它却没有受到直接的挑战。

合宪性审查逐渐地发展着和完善着，但它也处在一个急剧变化的背景下。直到 1958 年，由于缺少行使这一权限的专门法院，行政法官才逐渐地成了唯一的宪法法官，但有些细节是基础性的，即这种角色只限于对行政行为的争诉。宪法委员会的设立并没有消灭法国行政法官的宪法权限，但它显著地改变了其职务的实现方式。

一、行政法官是宪法争诉的唯一裁判者

对行政行为合宪性审查的历史追溯是很有意义的：它显示来自宪法价值的法律和理论在规范上的演变，以及行政法官在这一领域的裁判政策的变化。

（一）在很长时期内，有很多理由使人们认为没有必要为了撤销一个行政行为而把宪法提交给法官

一方面，法律条文，更准确地说是宪法条文几乎未曾包含任何关于行政以及关于行政机关或行政活动的规定，第三共和国的 1875 年宪法性法律虽在本质上是程序性的法律，但也未提出专有原则。不过上述情况因 1946 年宪法和 1958 年宪法而有所改变，即使其中关于行政和行政相对人的条款仍然很少——这与我们观察的其他国家的情形不同，但它还是

---

① 例如，司法法官曾援引 1946 年宪法序言来评判私法契约条款的效力，又如宪法在私人之间关系中直接适用的情形，还有将宪法的命令运用到个人关系的情形。

② CE 6 nov. 1936, Arrighi.

客观存在的，并且真正的重要性在于它承认了权利。①

另一方面，宪法一直没有被承认为法的渊源，并且也没有成为"法律团"（le bloc de la légalité）②（这一称呼至今沿用）的一部分，"法律团"指的是行政必须遵守的规范整体，不遵守这些规范的行政行为将受到撤销。行政法官逐渐地修改了判例，并且将宪法渊源纳入"法律团"；或者更准确地讲，行政法官认为自此以后存在一个"宪法团"，来补充一直要求行政必须遵守的"法律团"。

（二）在行政法官的影响下，这些法源被认为在相当大的程度上增加了数量，当然同时增长的还有撤销行政行为的案件数量

这些法源中包含了宪法文本自身的规定，但同时也有宪法的序言，以及《1789年人权和公民权宣言》。后两者的法律效力和强制力曾经受到长期的辩论和质疑：这些文本是否为实定法的规则？或者像 Esmein 和 Carré de Malberg 所主张地那样被限定为旨在指引立法者的原则？

对判例的考察会显示：最高行政法院因行政决定违反人权和公民权宣言或宪法序言而毫不犹豫地撤销了行政决定。③ 问题在于，序言的规则有些是十分宏观的原则，有一些宣告的权利在内容上并不明确，这样的规则是否对行政机关具有强制力？根据一则长期得到承认的判例所述，序言中原则的强制力只限于它们之中能够直接适用的那些部分，由此并不需要一项特别法来确定实践中适用的方法。这种阐述使序言的法律效力取决于其可适用的程度，但它的说服力并不强，并已经被另一种更符合法律逻辑的判例解释所废止。这种解释认为序言应当在整体上具有法

---

① 例如，1958年《宪法》的前言和第1条所规定的原则，规定了所有公民在法律面前的平等权、共和国的单一性、选举的公平和秘密、结社自由和政党活动的自由。以及第34条和第72条规定的地方团体的自治自由。

② 法国行政法术语，包括组织法、一般法律、行政命令和行政法规。——译者注

③ V. Par ex. CE juin 1957，判决所依据的是由于对人权和公民权宣言第8、9、10条的违反。

律效力——宪法规范的效力。① 尽管如此，如果序言的规定不能直接适用，就不得由法官予以认可；对这些规定的违反就无法诉诸司法救济来解决，比如主张撤销一个行政行为就不能援引这样的规定。应当增加某种程度上是间接的渊源，这种间接渊源体现在：判例承认撤销违反"法的一般原则"的行政行为的可能性，这些一般原则也就是行政法官提炼的具有强制效力的原则，它即使不成文也能够约束行政。这些原则大多数是从宪法和宪法序言中引申而来的，并证明了法官的规范权（立法权）。

按这种方式逐渐发展的宪法渊源对所有行政机关都有拘束力，从最高机关（共和国总统、部长作为行政机关和行政行为的主体）到地方行政机关均不例外，并且它们适用于这些机关的所有单方行为，以及在特定条件下还适用于其合同行为。行政相对人因此有权来请求行政法官来认定和撤销不符合宪法的行为，并在必要情况下追究行政机关的责任。

（三）如果行政法官通过审查行政行为来确保宪法条款得到遵守，那么这种审查的行使就会遭遇因法国公法的法律保留条款而产生的限制

法官只能因行政行为本身直接违反宪法而将行政行为撤销，因此，对于那些根据违宪的法律所作出的行政行为，法官不得评判其合宪性。在此情况下，法律是一道不可逾越的"屏障"（écran），行政法官只能根据法律评价行政行为的合法性，而不能审查法律是否违宪。这一理论被称为"法律屏障理论"（théorie de la loi écran），它受到了许多批评，并且在现代裁判实践中，人们认为法官应当限制这一原则的范围并中和其效果。例如，法官应毫不犹豫地将法律解释得尽可能符合宪法，或者在解释法律时应当认定构成行政行为和宪法之间屏障的法律条款具有足够

---

① V. Dans ce sens CE 7 juill. 1950, Dehaene；CE 28 mai 1954, Barel.

的普遍性，以便不妨碍法官的审查。①

（四）行政法官扮演着重要角色

无论如何，在保证宪法得到遵守的过程中，在保证依法行政的过程中，以及在保护公民权利的过程中，行政法官都扮演着重要角色。其判例也会对宪法体制产生影响，如此一来就界定了宪法体制的范围和性质。在对行政行为进行审查和对宪法规范进行解释的过程中，行政法官作出判决，廓清规则并采取对宪法机关的权限具有影响的措施。其判例不仅对行政法规范作出解释，也对宪法机关造成影响。② 在没有宪法委员会的条件下，最高行政法院有效地进行了审查并铸造了宪法上的功绩。

二、宪法诉讼中法官之间的对话

随着第五共和国的到来，行政法官（和司法法官）在宪法中的角色并没有消失，行政法官仍然是审查行政行为合宪性唯一的法官；通过在下文中审视判例可以看出，随着作为审查依据的宪法规范的多样化、审查程度的深入和审查对象的扩张，对行政行为的合宪性审查也增加了。

（一）对行政行为进行合宪性审查的条件却发生了变化

自从宪法委员会存在以来，尤其是它开始实施有效审查活动以来

---

① 近来发生这样一个案例：V. CE 12 juill. 2013，法官国家渔业协会颁发的命令所适用的法律在宪法意义上违反了环境宪章。

② 因此行政法官在很大程度上能有助于决定制定行政法规的权限，尤其是在行政机关与立法机关的关系层面。比如在考虑到有关执行总统的法律和政令的行政法规（如 CE. Déc. 1907，Chemins de fer de L'Est）作为行政行为时，在认定一个并没有通过文本（CE 1919，Labonne）明示的警察权是行政权时，在根据多数意见对于同居行为作出解释的时候，所依据的命令应当在总统签署之前递交部长会议（CE 10 sept. 1992，Meyet）。在另一个领域，一部分学者认为，宪法委员会高于一个宣称一点地方分权论并不承认地方自治团体有立法自治权的宪法文本。另一个重要的例子是关于规范的位阶，尤其是有关宪法和国际问题的：在一个纠纷中，宪法委员会认为，国家的法官不需要审查宪法的规范是否符合一个条约，在它看来，国际条约在国内法秩序内并没有高于宪法的权威（CE 30 oct. 1998，M. Sarran，M. Levacher et autres）。

（1971 年之后），它对宪法正文、宪法序言以及其他转致文本①进行实质审查，各级行政法院在履行自身职能的过程中就得直接或间接处在宪法委员会的拘束之下。在行政法院解释法律文本时，必须考虑到宪法委员会的决定和解决方案以及它们被缩小了的裁量范围。宪法法官在履职过程中不仅仅解释宪法，为了审查被诉法律的合宪性，也会对被诉法律进行解释，这种情形下的演变也显得更加敏锐。自此，作为"法律团"组成部分的法律规范的内容再也不只是由行政法官来界定了。宪法委员会拥有一种可变的自由裁量权，在某些情况下，宪法委员会的判决根据1958 年《宪法》第 62 条的规定具有既判力和强制效力，在其他一些情形下，宪法委员会的判决仅具有解释力，即强制力略小但也具有事实上的说服力。即使宪法委员会不是一个最高法院，各级行政法院也应依一般规则遵从宪法委员会的解释，在没有宪法委员会判例做指导的情况下，行政法官在事实上拥有裁判的自由。

（二）法国合宪性审查的一个特点是法官的多数决

我们认为，现今行政法官（正如司法法官一样）在他的管辖权范围内通过审查行政行为是否符合宪法价值的规定来形成宪法判例。这种实践明示地或默示地参照了宪法委员会的判决，也可以在宪法委员会的判决下——无论是来源于宪法所明确规定的规则或是原则的直接适用，还是来自发现未由宪法明确规定也未得到宪法委员会预先承认的原则——通过独立、自主的行政判例自身来实现。

（三）宪法规范生产者的多元化使得对它的审查形式也是多元的

一种理论认为，这对法律秩序和宪法秩序的统一性并非没有威胁，

---

① 指 1958 年宪法在序言中提到的 1789 年的人权和公民权宣言和 1946 年宪法序言。——译者注

它会引起一些困难，例如我们在之后所见的判例①中遇到的障碍，学者们从中也可以得出这样一种结论：将制定法律和条例行为的合宪性审查排他地保留于宪法委员会是更适宜的做法。②作为多数意见的实证主义学说并不赞同前述观点，也不承认宪法委员会是唯一的释宪机构。行政法官有权审查行政行为的合宪性并解释宪法，当然，这必须在服从宪法委员会判例的范围以内，并且无论如何，宪法委员会在涉及宪法规范的认可和解释方面具有最后发言权。最近在法国法中引入的合宪性先决程序（我们将在研讨的其他对话中回到这个议题）是克服可能困难的措施之一，这一程序不仅认可了宪法委员会的地位，也认可了普通法院、行政法院、司法法院及其最高法院③的地位，这是由上述法院在先决程序中扮演的角色所决定的。后者在某种程度上成为行政行为及相关法律实际上（de facto）合宪性审查的裁判者，因为这些法院尽量避免诉至宪法委员会，如此一来，他们也就默认了争诉法律条款的合宪性。④

（四）归根结底，法国的合宪性审查是在若干司法机关之间的复杂关系中完成的

这种关系从宪法委员会到行政法官既不是单向的也不是分层级的。在许多方面，宪法委员会也在最高行政法院的判例中汲取了相当多的原则、规则和分析推理的方法。在实践中更多发生的是宪法争诉中法官之间的对话，法官的对话得益于规范的层级区分，并且法国文本认可的最高规范是法治国原则和公民的基本权利，这才是整部法国行政法历史所贡献的内容。

---

① V. par ex. Cons. const. 26 juin 1969 et CE 27 févr. 1970，关于一个原则（现今已废止）的法律价值，根据这一原则行政部门对于申请的沉默即为拒绝。

② V. par ex. 对于案例 CE, ass., 3 juill. 1996, Moussa Koné 的评述使用了共和国法律承认的基本原则，但是这一基本原则并没有事先被宪法委员会承认，V. Aussi CE 6 avr. 2001, Syndicat national des enseignants du second degré.

③ 指最高行政法院和最高司法法院。——译者注

④ V. Dans ce sens M. Verpeaux, Droit constitutionnel français, PUF, coll. Droit fondamental.

1958 年宪法中最初的
法律合宪性审查

◎弗雷德里克·吕埃达* 　著

王　蔚　译

宪法司法乃现代国家重大特点之一，这在当今已经形成基本的共识。现代国家实际上即为法治国，要求所有公共机构都需尊重统治者不能任意修改之法律规范。[①] 正是在实现法治国理念的背景下，西方民主国家创设了一定数量的制度旨在监督权力的行使。例如，在 19 世纪缓慢成型的行政司法（Justice administrative），及随后产生的宪法司法（Justice constitutionnelle）。

宪法司法的概念由于标准运用之不同而出现定义差异。首先，在最为简单的组织性标准之下，宪法司法的概念可以定义为"在法律层面保障宪法至上性的机构"；[②] 其次，在具体层面的标准下，宪法司法概念指对所有宪法之下规范进行合宪性审查的活动，在这一意义上，审查机构不再是重要关注点；最后，第三个标准则是从程序和功能主义立场定义

---

* 作者弗雷德里克·吕埃达（Frédérique Rueda），法国孟德斯鸠－波尔多第四大学公法教授。译者王蔚，中国政法大学法学院副教授，法国埃克斯·马赛大学公法博士。原文以"法式合宪性审查与国家机构平衡"为题发表于《现代法治研究》2017 年第 4 期。

① 这一概念出现于 19 世纪末的德国，随后由宪法学家玛尔贝格传入法国。此概念尤其区别于"法律国"理念——法律至上主义，即法律作为国家管治公民的手段。

② 通常与特别法庭或普通法官相关，其管辖权得到扩大。

宪法司法，此标准实际上对前述两个标准进行了补充，认为宪法司法乃是保障法律秩序内宪法至上性的程序或技术总和。在我们看来，这一目的论的定义最具说服力，因为其不但超越了宪法司法形式上的诸多差异，也协调了不同国家对宪法司法职能的认识分歧，从而厘清了此概念核心要素——具有处理宪法问题的诉讼功能。①

换言之，宪法司法旨在既定的法律秩序中保障最高规范，即为凯尔森代表作品中所提及的"宪法的司法保障"。② 保障功能表现为以下两种方式：首先，捍卫规范位阶，保障最高规范免受其他等级规范制定者的侵害。因此，宪法司法制度具有审查规范制定权的主体之权限。其次，宪法司法的功能体现为保护最高位阶规范确认的权利，使其免受公权力机构的侵犯（特别是行政机关）。③

在 19 世纪，虽然世界各国都作出了建立宪法司法的多次尝试，但仍归于失败，只有美国是例外。直到 20 世纪，宪法司法才真正得以发展。究其原因，以下几点可谓众所周知：欧洲政治体制性质在 19 世纪一直摇摆不定，在权力无制衡的专制体制④与崇尚立法至上，而将宪法仅作为政

---

① 可参考埃森曼提出的"宪法司法"及"宪法审判"之区别。他指出，宪法司法的特点在于其职责：确保普通立法及宪法性法律立法权限的分配，且保证对规则体系或国家秩序最高机关之权限的遵守。那么当司法机关承担此项职责时，则可被称为"宪法法院"。

② Hans Kelsen, La garantie juridictionnelle de la Constitution (la justice constitutionnelle), *RDP* 1928, pp. 198 – 257.

③ 这些理念产生于现代国家建立之前的假设：司法机关的建立是为保证这两种功能之一得以实现。例如，在古希腊时期，人们便已区分"律法（nomos）"（类似于现代宪法）及"一般法（psephisma）"（类似于现代规章）这两种不同的准则。希腊人遵从一种原则，即不论在形式上抑或实质上，法令均不得有违约定。若两者出现冲突，法令无任何效力，法官也无须执行。此外，当立法机构成员之立法提议可能有违反"律法"时，可能面临被起诉风险。参见 Gagik Harutyunyan et Arne Mavčič, *The Constitutional Review and its Development in the Modern World. A Comparative Constitutional Analysis*, Yerevan & Ljubljana: Hayagitak, 1999. 但是，"宪法司法"并未能呈现出人们设想的模样。"宪法司法"理念的进展并不明显，国家角色及组织概念必须得到变迁。

④ 在法兰西第一、第二帝国时期，虽然理论上参议院保守派具备萌芽阶段合宪性审查之职权，但其权力受到严格的限制。

治哲学文本的议会制①之间游走。

打破这一窘况的首次尝试即为 1920 年奥地利宪法。此宪法采纳凯尔森的建议，首次创设了由专门法官进行的规范之抽象审查制度。然而，法律的合宪性审查制度真正普遍化还是到第二次世界大战之后的事情，这得益于此时民主转型的大背景。具体而言，以下诸国，奥地利（1945年起）②、意大利（1948 年起）、德国（1949 年起）纷纷通过宪法强调民主价值、人权与公共自由，且设立了规制立法机关、行政机关等各部门行为的一系列规则，以保障个人免受公权力滥用之侵害。在这一框架下，宪法司法成了保障宪法至上性的必要工具。

然而，法国却游离于欧洲背景之外，成为例外。虽然法国也认可不受限制的权力是十分危险的，而且需要有外部机构监督权力行使以便保障公民自由，但其认为法官不具备如同议员一般的普选正当性，因此不能由法官监督其他公权力。这一推理对行政权的监督也适用，这也是为什么最高行政法院在最初设立时是行政机关的附属机构，直到 19 世纪末才成为独立的司法机构、负责行政行为的合法性审查的原因。由于立法主权的理念已在法国成为一种信条，论证宪法法官对立法权的监督之正当性则更为困难。第一次尝试③是 1946 年 10 月 27 日宪法创设了宪法理事会（Comité constitutionnel，亦可译为"宪法委员会"，但需与第五共和国宪法中的宪法委员会"Conseil constitutionnel"相区别），由于未实效化而失败。究其原因，不仅在于该机制的运作条件过于严苛，④也在于审查没有产生具体后果。在此机制下，当一部法律被认定为违宪时，法律不

---

① 如法兰西第三、第四共和国，且与英国情况大多相符。

② 1945 年，奥地利恢复实施因德奥合并而中断的 1920 年宪法。

③ 如果将西耶斯于 18 世纪末提出的"宪法审查会"设想及拿破仑帝制时期参议院保守派的角色排除在外（他们应保障宪法获得遵守，但却从未好好履行这一任务）（cf. Michel TROPER, Siéyès et le jury constitutionnaire, in col., *La République-Mélanges Pierre Avril*, Paris：LGDJ, 2001, p. 265 s.）。

④ 请求法院审查的条件极为严格，审查仅能依照宪法前十编。

受影响，反而是宪法应当予以修改，以便符合法律。然而，由于修宪程序复杂，违宪问题难以得到解决。

法律秩序概念的真正演变发生在 1958 年宪法颁布之后，制宪者以"理性议会制"为依托，创设了负责对议会立法进行合宪性审查的机构——宪法委员会（Conseil Constitutionnel），其职权范围也逐渐得到扩张。然而，这一法国模式的合宪性审查完全处于"欧洲模式"之外，主要致力于维持第五共和国各机构间的平衡，并以此证明其特殊的组织形式。

一、一种不同于"欧洲式"宪法司法的合宪性审查观

按照 1958 年宪法制宪者原意所设立的合宪性审查制度具有诸多特点，此类特点很大程度上根源于法国原则性对此类审查制度的不信任。

（一）关于合宪性审查的原则性不信任

回顾 1958 年宪法起草工作细节，创设宪法委员会的原则未遭遇艰难的阻碍。宪法学界部分学人和法国政界人士却对此持保守态度，他们认为法官不具有民主正当性，若由法官审查立法，则意味着在审查经民主选举出的代表之工作，违背了民主的基本原则。

事实上，自从 1789 年大革命以降，对于民主原则的适用范围问题就一直在法国宪法学界争论不休。一些学者认为，宪法司法与民主存在悖论，这种观点一直持续至今，成为质疑宪法司法正当性的主要声音。此种质疑中也存在多种分论点，时而有关宪法在规范体系内的地位问题，时而有关宪法法官的身份正当性问题。

对宪法在规范体系内之地位进行质疑的分论点最为传统。早在 18 世纪末期，这一论点就成型，用于抵制西耶斯提出的关于"宪法审查会（Jury Constitutionnaire）"的设想。这一论点的核心推理在于从词源学角度将民主定义为"人民的权力"。一旦确定通过人民代表来行使"人民的权力"且不能背叛，则由人民代表表达人民的意愿。因此得出结论，法

律就是公意的表达。① 在这一推断下，立法是至上的、神圣的，而宪法则仅是政治层面的文本，仅表达"社会契约"，而不能作为规范予以适用。整个规范体系应当以且仅仅以立法为最高层级规范。若将这一推理推向极端，则可以得出这样一个论断：任何机构若审查议会立法的合宪性，则是拥有了可以弹劾公意的权力。

因此，法国在整个 19 世纪和 20 世纪的上半叶摒弃了创设法律合宪性审查的可能性，认为其与民主相悖。

究其根源，上述的"立法至上"的推论可从两种存在重大差别，却在此问题上具有共识的政治哲学和法律哲学流派中找到根基。第一大流派即为让－雅克·卢梭所持有的"社会契约"观点。他认为法律是公意的最高表达，因此应当受到最大程度的尊重。同时，卢梭未将宪法视为规范的一种。第二大流派即为玛尔贝格的"国家实证主义"观点。他认为法律整体都是因国家而产生，议会立法之目的在于满足社会管理秩序的需要。因此，由于国家具有至高的权力，其衍生物——法律——就不能受到审查。将这一推论推至极致，我们可以发现人民之行为不受限制，甚至可以违反宪法。这一论断与随后在 20 世纪得到重大发展的法治国理念完全相悖。

我们认为，这一推理过于简单化，忽略了宪法亦是人民意志表达的事实，也未考虑到宪法在政治属性之外也具有法律属性。② 宪法作为人民意志的最高表达，理应得到不低于立法的尊重。宪法具有的事前属性不得成为排除其适用其事后立法的理由。若真存在宪法有违人民意志的情

---

① 1789 年《人权宣言》第 6 条第 1 句。
② 现代宪政的新实证论思潮就宪法的法律属性提出了一个深入细致的论据：现代宪法包含保护个人权利及自由的条款要么通过《人权宣言》直接表现出来，要么通过为政治制度及权力所有者建立的"强制性的游戏规则"而间接表达。因此，为使这种保障措施持续有效，必须通过审查那些违反宪法的下位法规范来实现。

形，也可以通过修宪程序对其进行修改以契合人民意志的现实。①

一言以蔽之，1958 年宪法的制定者创制此种颇具特色的宪法委员会，可以从此种对合宪性审查的不信任中得到解释。

（二）1958 年 10 月 4 日宪法起草者所提出的框架

在宪法制定的过程中，围绕宪法委员会的争论在很大程度上集中于应赋予其何种职责。

在争论中，在法国确立真正意义上的宪法司法（凯尔森意义上的宪法司法）的意见受到广泛而激烈的批评。因此，在第五共和国制宪者试图建立宪法委员会时，自宪法的预备工作启动起，观点便十分明确：法国的宪法委员会不能遵循欧洲的宪法司法模式，也不能遵循美国的模式。

在预备工作中，戴高乐将军本人多次坚定澄清媒体所传播的流言，即法国将设立"宪法法官"，② 并向制宪者保证，宪法委员会仅负责对国家机构间的法律纠纷作出裁决，而绝不可能是具有一般管辖权的宪法捍卫者。

故制宪者的理念更多是赋予宪法委员会对宪法所规定的管辖权及程序规则进行监督这一简单职能，而不是对法律进行真正"实质性"的合宪性审查。

就根本而论，这是扩大第四共和国宪法理事会（le Comité constitutionnel）的职能，而不是吸收欧洲其他国家的违宪审查经验。事实上，制宪者试图建立一个机构，可敦促议会遵守其职权界限，促使法国议会制的有效理性化，③ 谨慎地避免进入传统的宪法司法模式。制宪者们认为其不符合

---

① 然而，这里必须假设修宪在实际中是可能发生的，且修宪程序也是有可能付诸实践的。

② 因此，宪法咨询委员会预备工作启动之初，戴高乐将军否认政府希望设立此类法官。cf. par exemple une réponse donnée le 13 juin au Président René Cassin, in*Documents pour servir à l'histoire de l'élaboration de la Constitution du 4 octobre* 1958, 1987, t. 1, p. 249.

③ Cf. Michel Debré：La Constitution crée ainsi une arme contre la déviation du régime parlementaire., in La nouvelle Constitution, *RFSP* 1959, vol. 9 n°1, p. 16.

法国的国情。

因此，我们可以认为，1958 年制宪者的目的根本不是确立对公权力行为合宪性的一般审查，也不是保障宪法所捍卫的权利和自由得到尊重。[①] 制宪者的意图十分明显，即不希望在法国建立美国式或欧洲式的"宪法司法"。我们可在贾诺特政府委员会（Commissaire du Gouvernement Raymond Janot）回答宪法序言效力问题时得到简明但坚定的例证。贾诺特政府委员会在与戴高乐将军及德勃雷（Michel Debré）商谈后回答道，这一文本（宪法序言）"肯定"不具有宪法效力。这一深思熟虑的回答目的在于避免宪法委员会可依宪法序言关于权利和自由的规定对法律进行合宪性审查，以杜绝法国依欧洲模式建立真正宪法司法的可能。因此，艾斯曼（Charles Eisenmann），这位凯尔森的法国门生、作品翻译者以及欧洲宪法司法模式的专家，其所抛出的残酷判断似乎可得到佐证：宪法委员会应是"无足轻重的机构"。[②]

在第五共和国初期，法国之于宪法委员会职能的特殊主导理念，为在法国设立极为特别的违宪审查机构提供了正当性依据。

二、违宪审查的特殊机构

宪法委员会的结构和组成均可表明 1958 年制宪者所最初赋予的职责相当有限，宪法委员会的职权亦相当受限。我们可以看到一种非常特殊的违宪审查模式。

（一）与其他公权力机构之间的紧密关系

在特殊的机构和政治背景下，宪法委员会与国家的其他公权力机构保持紧密的联系。制宪者的目的并非创设最高法院，也非依既存模式创

---

① 在这一时期，其法律价值也未能得以证实。

② Cf. Palindromes ou stupeur? une lettre adressée au *Monde* et publiée le 5 mars 1959.

设宪法法院。这种模糊的定位还体现在机构名称的选择上：它既不称为"法庭"或"法院"，这一名称将使机构具有明显的司法要素，享有无可争议的司法权；也不称为"理事会"①或"参事会"（Commission），这一名称过于平庸，且或多或少具有附属的行政职权。最后采用"委员会"的称呼，既因为这一表述具有模糊性，还因为该称呼可同时适用于政治背景或司法背景。

一个机构通常依赖且体现为其组成成员。因此，我们可从宪法委员会成员选举的规则了解其在第五共和国初期政治与司法交会处的真实地位及特殊位置。宪法委员会的人员组成规定于宪法第 56 条，②后为 1958 年 11 月 7 日的法令第 1 条所补充。③依这些条款之规定，宪法委员会包括两类成员，将其与国家最高权力机构直接联系起来：任命成员和法定成员。

任命成员共 9 名，共和国总统和议会两院议长各任命三名。④

对此存在一种比较常见的批评意见，即三个任命机构均是政治机构，可能导致宪法委员会政治化，背离了其司法性。而这一观点为机构成员任命的裁量性所强化：每个任命机构均拥有裁量权，不受任何候选实质条件的限制，包括年龄、职权⑤、以往职业⑥。此外，任命程序完全不具

---

① 尽管戴高乐将军似乎倾向于称其为"宪法理事会"，但随后在 1958 年宪法中定为"宪法委员会"。

② 1958 年宪法第 56 条规定：宪法委员会应包括 9 名成员，其职务任期 9 年，不可再任。成员的 1/3 应每 3 年更新一次。共和国总统、众议院和参议院议长应各任命 3 名成员。

③ 这一法令明确指出宪法委员会主席应从受任命的委员或法定的委员中选出。

④ 一个疑问可能被提出：为什么总理作为国家重要人物有权将法律提交宪法委员会审查，但却不具备任命资格。对这一问题的解释主要与最广泛的民主正当性相关，即三个任命机构均通过直接或间接的普选产生，更具民主正当性。而总理的合法性地位并不能得到体现，信用不及议会。

⑤ 尽管宪法委员会中仍存在大量的法律人。参见 Fabrice Hourquebie：Les nominations au Conseil constitutionnel, *LPA* 2001, n°108, p. 9.

⑥ 1958 年 11 月 7 日法令第 10 条仅规定公民权及政治权，但此处指个人担任公职的普通要求。

对抗性，与其他国家的做法背道而驰①：宪法未规定任何事先咨询的形式要件，也未规定议会批准任命的程序。此外，对任命的决定未设任何救济程序。② 这种任命模式受到极大的批评，既因为它反映了宪法委员会之于政治机构的附庸性，后者掌握了任命权，还因为宪法委员会预定的政治特质。③

此外，比较法表明，法国宪法委员会的处境系西方国家宪法法院的一个例外。事实上，大部分西方国家的基本法中均规定了履行宪法法官职责的标准，通常享有最高级别的司法权。在一些情况下，宪法法官还源于另行的法院系统，司法权的至上性得到进一步强化。④ 不管何种任命方式均追求三重目的：保障宪法法院内法官的多元化、代表性以及互补性，以保障宪法法院之于任命机构的独立性。⑤

但四十多年的实践经验表明，宪法委员会的法官虽然与政治权力机构有着千丝万缕的联系，也时刻为机构的正当性而抗争，但更多体现了独立精神，而非附庸性。这里我们可以援引巴丹泰（Robert Badinter）的名言，"我们之于任命我们的机构有叛逆的义务"（Nous avons un devoir d'ingratitude envers ceux qui nous ont nommés）。⑥这是"白克特综合征"

---

① 例如，西班牙、德国、奥地利和意大利的宪法法院。

② 尽管没有任何法律禁止对宪法委员会成员任命越权的救济程序，但若认为行政法院将任命决定定义为"政府行为"也为时过早。若将其视为公权力之间关系相关的行为，也不可能通过诉讼途径救济。这一推理在1999年4月9日判决Madame Ba中被终结：最高行政法院否认其管辖总统任命宪法委员会成员决定相关诉讼的权限，政府行为理论并未用来论证拒绝之原因。

③ 自宪法委员会成立后，几乎每轮任命都会招致批评。2010年，这些争论再次被激发。Pierre Joxe卸任了其在宪法委员会的职务，并对议会记者协会表示，委员会成员的任命体系已经"过于陈旧"。这一论调在宪法学界引发旗鼓相当的争论。

④ 几年前，路易·法沃赫也曾提出一些在其他国家成为宪法法院法官的一般条件。例如，年龄、性别、专业资格或法律教育背景，是否操同种语言或有同样宗教信仰、有种族情谊的群体……

⑤ Louis FAVOREU, La légitimité du juge constitutionnel, *RIDC* 1994, n°2, p. 570.

⑥ Dans un entretien accordé au journal *Le Monde* en 1982.

(syndrome de Becket) 的新表现形式。①

　　宪法委员会与其他公权力机构紧密联系的另一个要素是其设有其他种类的成员：法定成员。这是宪法委员会备受争议的一个特质：法国历任国家元首终生为宪法委员会成员。② 但这些法定成员如果在议会任期内便不得参与宪法委员会所举行的会议。这一禁令在整个任期内有效，且扩及重要的政治岗位，这就是为何德斯坦（Giscard d'Estaing）总统长期未获得宪法委员会席位的原因。

　　这样一条规定系第五共和国的特色所在。它等同于 19 世纪所设的"终身议员"（sénateuràvie）职位。该条款列入宪法委员会的相关规定纯属机缘巧合：事实上它仅是为了科蒂（René Coty）这位第四共和国最后一个总统设立一个闲职（无实际职责，因为宪法委员会一开始系无足轻重的机构），因为第五共和国设立后，科蒂总统的任期缩减了。

　　这一荒诞的宪法设置被普遍认为是十分糟糕的，从一开始便有人多次呼吁废除这一类型的成员。事实上从第五共和国早期开始，这一观点便具有代表性，如前所述，宪法委员会的职能在第五共和国早期游离于政治和司法之间。③

　　宪法委员会的特殊性不仅反映在其成员组成上，还反映在其权限的设定上。

　　（二）严格受限的权限

　　立宪者给宪法委员会所设定的目标是简单的：监督议会，使其遵守

---

　　① 托马斯·白克特是英格兰都铎王朝国王亨利八世的朋友，被国王任命为英国教会首领，以更好地推行其政策。然而，托马斯·白克特却以保护教会利益为由毫不犹豫地反对君主。随后，亨利八世命人将其杀害，死于坎特伯雷教堂。

　　② 在自愿辞职、强制离职或由其他成员替代其职位的可能性方面，1958 年 11 月 7 日法令的第 9、10 及 11 条并未涉及国家元首。他们仅能行使其"自愿退出"的权利，例如 1960 年的樊尚·奥里奥尔及 2013 年的尼古拉·萨科齐。

　　③ 如今，一部分学说认为这一设置不再合理，因为其存在之弊端似乎已经超过了优势：事实上，它可能造成委员会大多数成员突然且不可控的变动，并且引入可能对其公正性造成危害的政治因素。

宪法所设定的界限。从一开始，宪法委员会便仅仅是宪法所设定之复杂机制的一个要素，为确保法国议会制的有效理性化，① 避免第五共和国的议会走向第三及第四共和国下的"绝对议会制"（parlementarisme absolu），强化行政权，削弱议会或者确切而言是国民议会的权力。

事实上，这里涉及避免产生第四共和国所发生的议会制畸变：1946年10月27日的宪法已规定了议会制理性化的条款，但议会却找到了规避的方式，而对此却缺乏司法处罚措施。因此，1958年10月4日的宪法为确保此一情况不再发生，便设立专门的机构以负责监督议会遵守宪法的相关规定。德勃雷（Michel Debré）十分精辟地阐释了这一设想，"创设宪法委员会的目的在于使议会的决定即所颁布的法律遵守宪法所确立的上层规则。宪法因此创设了一种可避免议会制畸变的武器"。② 因此，我们可以看到立宪者在创设宪法委员会时的理念十分狭隘和集中，即要求其监督议会。

因此，宪法要求宪法委员会阻止国民议会以组织法的形式对其进行补充而曲解宪法③，而依议会出台的层级较低的条例创设对政府进行监督的程序，④ 以及超出宪法所确定的权限框架。⑤ 自1959年起，宪法委员会

---

① 1958年10月4日的宪法极大地推动了议会理性化进程，主要包括四个系列的措施：首先，对议会会议制度的严格安排，使政府控制议会的工作，尤其是议事日程（第28~30条）。其次，在宪法规定的范围内使用限制性列举技术对议会立法范畴进行严格定义（第34条和第37条）。这是宪法委员会应当介入的领域。例如，对议会立法进行审查，防止其超出宪法规定的范围从而侵犯规章制定权（第37条第2款、第41条、第61条）。再次，深入重组立法和预算程序，保障政府居于其中的主导权，预防大多数议员拒绝采用与其行为不可分离的立法及预算手段。实践中，长期以来议会多数派未能摆脱政府的控制，政府很少通过议会少数派施政（第49条第3款）或是弹劾程序，弹劾程序令这些立法及获得通过。

② 最后，法律机制的建立对政治职能的平衡及良好行使是必不可少的：议员的个人投票义务（第27条），政府公职和议员权责间的不可兼任——可以避免政府成为议员间争吵的人质（第23条第1款），承认参议院是真正意义上的第二个议院，"其主要角色在于必要时帮助政府对抗因分立而具侵略性的议院"。

③ Articles 46 et 61 al. 1° de la Constitution de 1958.

④ Article 61 al. 1° de la Constitution de 1958.

⑤ Articles 37 al. 2, 41, et 61 al. 2 de la Constitution de 1958.

便通过第一批判决履行此一职责：通过 1959 年 6 月 17 日、6 月 18 日及 6 月 24 日的判决对"国民议会进行规制"（Règlement de l'Assemblée nationale）以及 1959 年 6 月 24 日及 6 月 25 日的判决对"参议院"进行规制（Règlement du Sénat）。宪法委员会通过判例对涉及议会监督的宪法条款及组织法进行最严格的解释，使议员们碰到了真正的监督者。

直至 1971 年，宪法委员会依然是"审慎且遵守法律的机构……还是温顺服从行政权力的机构"。[1] 宪法委员会的判例集中于保护政府的权力，削弱议会的权力，尤其是通过对议会条例内容的监督[2]、议会动议财政不予接受（l'irrecevabilité financière）的监督以及所有涉及立法程序进行或者行政权和立法权分配的所有特权的监督。[3]

同样，宪法委员会通过严格解释自身权限以保证不损及行政权。因此，宪法委员会宣布其无权对戴高乐总统拒绝在其额外任期内召集议会的决定进行审查，也无权对戴高乐总统以国家元首身份使用第 11 条对宪法进行修改的决定进行审查，甚至无权在宪法第 16 条适用期限之内对所提交的不信任投票动议的可接受性进行审查。这些颇受争议的裁决，或多或少建立于司法框架之上（尽管事实上是有正当依据的），却为政治时机所主导。正如里韦罗（Jean Rivero）所评论的，"这一新设的、颇受质疑的机构要获得认可，则必须摆脱恐惧"。[4] 但这些判决已给宪法委员会蒙上依附于行政机构意志的懦弱形象。

自 1964 年起，宪法委员会的判例鲜有发展，基本上未改变这一状态。但在主要权限的分配上，我们注意到，宪法委员会完全支持行政机

---

① Bénédicte DELAUNAY, Le Conseil constitutionnel protecteur de l'Exécutif? in Pascal JAN et Jean-Philippe ROY（dir.），*Le Conseil constitutionnel vu du Parlement*, Ellipses, 1997, p. 172.

② 因此，即使现在这一限制已较为灵活，但它仍涉及政府在宪法程序之外的政治责任及规定议事日程的特权。

③ 在其建立最初的几年中，宪法委员会实际上以狭义的方式解释了立法领域中的相关条款。

④ Jean RIVERO, *Le Conseil constitutionnel et les libertés*, Economica-PUAM, 1984, p. 135.

构：它对一些政府削弱议会的决定进行了审查，① 保障了议员们的权利，尤其是少数派议员。② 宪法委员会同样重构了议会的立法权，使宪法第34条及第37条的效力相对化。③ 但在所有的判决中，包括在规范制定权的分配中，宪法委员会从未损及行政权：它仅限于审查最明显的权力滥用。故它依然停留于1958年所设定的框架，直至1971年才彻底摆脱。

① 例如，特别会议闭会有关的细则，或者甚至是行政机关尊重国民议会对其之知情权、决议权及审查权。

② 例如，投票授权、口头提问权、议会党团的宪法规定。

③ 关于此点，可以参考艾克斯（Aix-en-Provence）会议的论文：Louis FAVOREU (dir.), *Le domaine de la loi et du règlement*, Economica, 2° éd. 1982.

中国式的"违宪审查"制度：
中国式的"鸡肋"

一、引 言

在现代中国语文中，"鸡肋"指的不是一种单纯的食品，而带有一种特殊的典故含义，指的是某种"弃之如可惜，食之无所得"的东西。如果可以运用比喻的话，那么我们也可以说，当今中国所建立的"违宪审查制度"恰似一块"鸡肋"。全面分析中国目前所拥有的违宪审查制度的结构、运行现况以及特色，最终将会印证这一点。

首先我们会发现，自20世纪70年代末中国学者开始研究违宪审查制度以来，①用于指称"违宪审查"的相关用语，颇有一种"乱花渐欲迷人

---

* 作者林来梵，清华大学法学院教授，法学博士，中国宪法学研究会副会长。

① 这居然与法国违宪审查制度的活性化在时间上是颇为一致的。有关的标志性研究主要自20世纪80年代初开始出现，仅从中国期刊网显示的1979～2006年的论文数据来看，以"违宪审查""合宪性审查""宪法审查"或"宪政审查"为主题的文章就近达千篇，其中，"孙志刚事件"后的2003～2006年，所发表的论文数量就达700篇左右。此外，有关此类主题的专著也有可观的数量，有代表性的可举：莫纪宏：《宪法审判制度概要》，中国人民公安大学1998年版；李忠：《宪法监督论》，社科文献出版社2002年版；胡肖华：《宪法诉讼原论》，法律出版社2002年版；王振民：《中国违宪审查制度》，中国政法大学出版社2004年版；林广华：《违宪审查制度比较研究》，社科文献出版社2004年版；陈力铭：《违宪审查与权力制衡》，人民法院出版社2005年版；胡锦光主编：《违宪审查比较研究》，中国人民大学出版社2006年版等。

眼"的况味。举凡这类用语，至少有如下 10 个，即"宪法实施监督""宪法监督""宪法审判""宪法诉讼""司法审查""违宪审查""宪法司法化""合宪（性）审查""宪政审查"与"宪法审查"。时至今日，这些用语的很大部分还在不同学者的研究之间交替使用，甚至在同一学者的研究之中互换性地使用，呈现出了某种被指责为"混乱"的状况。①

其实，作为宪法学上的一个重要概念，在一个国度里存在多种用语，也是不足为怪的。无独有偶，在已经完全确立了违宪审查制度的当今日本，其宪法学界中亦存在类似的状况。当代日本宪法学者户松秀典教授就曾指出：日本的违宪审查制度取之于美国的"judicial review"，为此本来可称之为"司法审查"制度，但实际上人们向来沿用"违宪立法审查""违宪审查""法规审查"等术语，而在这种以多样性的用语指称同一个制度的情形中，正存在着该制度的日本特色及其生成的实态。②

但反观中国，有关"违宪审查"这一用语的多样性，则远甚于日本宪法学界的情形，而几乎达到了高度多歧化的状态。乃至早在数年之前，当时的青年学者李忠就曾指摘：在中国宪法学界，关于"宪法监督"的概念，并无一致的看法，"而且往往与宪法保障、违宪审查、宪法诉讼、

---

① 以致此前至少有两篇学者的专题论文，先后对"违宪审查"的种种不同的相关用语进行了辨析。其中，第一篇论文指出："有些人对违宪审查及其相关概念的运用不够严谨，往往将违宪审查与宪法保障、宪法监督、宪法诉讼、司法审查、宪法解释等概念交替使用，使其内涵与外延混乱不堪。'几乎被活用和诠释到令人如堕五里雾中的程度。'概念使用的混乱在一定程度上影响了我们对问题把握的准确度和研究的深入，因此有必要对与'违宪审查'相关的概念做一梳理，对有关关系予以澄清。"参见马岭："'违宪审查'相关概念之分析"，载《法学杂志》1906 年第 3 期；胡锦光："违宪审查与相关概念辨析"，载《法学杂志》1906 年第 4 期。

② ［日］户松秀典："司法审查与民主制"，载（日本）《法律时报》第 68 卷第 6 期。另外，根据笔者阅读的范围，日本宪法学界除了户松秀典教授所列举的"违宪立法审查""违宪审查""法规审查"三个术语之外，还有"宪法诉讼""宪法裁判"等用语。

司法审查、宪法解释等概念交替使用，使宪法监督的内涵与外延混乱不堪"。① 综观当下，这种状况则进一步深化。

之所以如此，可能是由于不同的研究者基于不同的实践动机和学术期待，甚至也由于他们采用了不同的话语策略，但同时也是因为该制度本身正在中国成长，尚未定型且在不断变迁之中。为此，不同阶段就有不同的倾向性。质言之，有关"违宪审查"这一用语的多样性，在一定程度上正是对应了这个制度的艰难发展过程。

以下我们将通过分析这些用语的分歧与变化，来观察这一制度在中国的演化过程。

我们首先可以确定，在前文所列举的 10 个有关"违宪审查"的称谓用语中，大致只有 4 个用语具有，或曾经具有重要的分量。这 4 个用语分别是"宪法监督""违宪审查""合宪性审查"和"宪法司法化"，而至于其他 6 个，尽管其中也不乏剀切的用语，但迄今为止只有少量的学者或著述予以采用。②

而这 4 个用语之间也存在多歧并存，但在一定程度上此消彼长的现象，其大致情形是："宪法监督"一语较早出现，并曾一度居于主流地位，但自 2001 年因"齐玉苓案"所引发的"宪法司法化"潮流一度兴起

① 李忠：《宪法监督论》，社科文献出版社 2002 年版，第 1 页。
② 如"宪法审判"是莫纪宏教授在《宪法审判制度概要》一书（中国人民公安大学出版社 1998 年版）中较早采用的，"宪政审查"是张千帆教授在《西方宪政体系》（下册）一书（中国政法大学出版社 2005 年版）等著述中采用的，"宪法审查"是笔者及研究合作团队在新近出版的《宪法审查的原理与技术》一书（法律出版社 2009 年版）中采用的，三者均鲜有其他学者采用。"宪法实施监督""宪法诉讼"以及"司法审查"这三个用语的出现频率较高，但迄今也未被较广采用。

中国与法国的合宪性审查

之后，①这种主流地位则让位于"违宪审查"这一用语，然而迄今仍具有一定的重要性；"违宪审查"一语在早期就已居于较为重要的地位，自2001年以降，迄今仍稳定居于主流地位；而"合宪性审查"一语在早期也已被部分采用，但其重要性迄今仍不如"违宪审查"和"宪法监督"这两个用语，然而值得重视的是，其逐步重要化的趋势则相对较为明显；至于"宪法司法化"这一用语，是在2000年才开始"横空出世"的，但此后迅速"蹿红"，其势头曾一度超过"合宪性审查"一语，然而，在总体上仍未超过"违宪审查"和"宪法监督"这两个用语的重要性程度，而且考虑到"宪法司法化"的理论探索和实践动向在新近的政法领域中受到了严厉的批判，以及2008年年底最高人民法院已公开废止了2001年"齐玉苓案"司法解释等因素，该用语的重要性，已倏然趋于式微。

在余下的三个重要用语之中，如果根据上述资料，并结合某些官方言论的分析，那么按照其各自被"重要化"的阶段顺序考察，依次应是

---

① 在中国，司法机关被认为没有得到宪法上的相应授权，为此不能对宪法问题作出判断。但也有一些人不同意这个制度及主流见解，对此作出温和的挑战。1999年1月29日，山东省一位普通的年轻女性齐玉苓，因其早年被另一位公民陈晓琪冒名顶替上了高等学校，为此以其及相关的学校和当地教育行政机关侵犯了其姓名权以及宪法上的受教育权为由诉至法院；二审中，山东省高级人民法院以本案存在法律适用问题而报请解释。最高人民法院《关于以侵犯姓名权的手段侵犯宪法保护的公民受教育的基本权利是否应承担民事责任的批复》称："经研究，我们认为，根据本案事实，陈晓琪等以侵犯姓名权的手段，侵犯了齐玉苓依据宪法规定所享有的受教育的基本权利，并造成了具体的损害后果，应承担相应的民事责任。"该批复实际上是认可：在普通法律存在明确规定的情况下，宪法规定的基本权利条款在民事审判中的直接适用，并肯定其他公民、社会组织和国家机关违反宪法、侵犯公民基本权利的行为应当承担民事责任。该省高级人民法院遂判决陈晓琪停止对齐玉苓姓名权的侵害，各被告向齐赔礼道歉并支付赔偿费若干。本案被认为是我国"宪法司法化"的先声，在此后引领了众多的类似案例在中国各地法院出现，获得各界的持续关注，也招致重大争议，乃至全国人大常委会及其下属工作机构方面的强烈抵制。2008年12月8日，最高人民法院以"已停止适用"为由废止了这一司法解释。参见《最高人民法院关于废止2007年年底以前发布的有关司法解释（第七批）的决定》（2008年12月8日最高人民法院审判委员会第1457次会议通过，法释〔2008〕15号）。

70

"宪法监督""违宪审查"和"合宪（性）审查"。其中，较为明显的是，以 2001 年为分界点，前后明显可分为两个不同的阶段，第一个阶段"宪法监督"一语居于主流地位，第二阶段则是"违宪审查"一语取而代之，而这两个阶段主流用语的嬗变，也恰好大致对应了现行宪法下该制度的艰难发展过程。此外，值得玩味的倒是如下一个现象：如果说"宪法司法化"一语的"其兴也勃焉，其亡也忽焉"是不可避免的，那么"合宪性审查"这个术语则以相对微弱却颇为强韧的态势存活了下来，虽然目前还难以料定，其有可能成为第三个阶段的主流用语，但这个概念的出现及其逐步重要化的趋势，以及其同样所可能蕴含着的某种话语策略及其实践动机，则也值得瞩目。

二、一种非典型性的违宪审查制度

如前所述，"宪法监督"和"违宪审查"两个用语在不同阶段的地位变迁，恰好对应这个制度内部变迁。只是这种变迁，并没有完全回应了迄今为止学术界以及社会公众的强烈期待，为此即使在中国也受到了人们的忽视。然而，结合"宪法监督"和"违宪审查"之间话语策略的巧妙变化，对这一制度有限的变革及其仍然存在的问题加以剖析，则至少也具有当下的意义。

众所周知，从比较宪法的角度来看，当今的中国已然不可谓不存在"违宪审查"制度，只是这种制度显然属于一种独特的、非典型性的制度而已。根据国际上一份颇为系统的专题比较研究成果显示，在其所统计和研究的 179 个国家和地区之中，没有拥有该种制度的仅有 5 个，而已经建立了具有典型性违宪审查制度的国家至少已高达 152 个，另外以其他方式实行违宪审查的国家和地区则有 22 个。目前中国的"违宪审查"制度，正被列入这类"其他制度模式"（other institutional forms）

之中。①

中国目前的这种违宪审查制度，其实就是由"最高国家权力机关"以及"国家立法机关"（全国人民代表大会）及其"常设机关"（全国人民代表大会常务委员会）所实行的部分性的违宪立法审查制。正如下文所述，其内容发展到今日已颇为繁杂，但作为一种独特的制度，正是从早期较为单纯的所谓"宪法监督"制度开始出发的。

"宪法监督"这个用语，本来即源自中国学者早期对现行宪法中有关条文（第 62 条第 2 项、第 67 条第 1 项）的解读。根据这两个条款的明文规定，全国人大及其常委会均拥有"监督宪法实施"的职权，由此，中国学者最初概括出了"宪法实施监督"的用语，并进一步采用了更为概括性的"宪法监督"这一概念，认为中国存在了一种由最高代表机关所实行的"宪法监督"制度（或体制）。

其实在中国，一个广为人知的事实是，早在 1954 年宪法和 1978 年宪法中，即已有类似的规定，②现行的 1982 年宪法基本上只不过是大致蹈袭了这些规定而已。也就是说，它原本就是一个并没有实效性的、庶几处于怠滞状态的"制度"，表现在法定的"监督主体"对违宪审查活动始终保持着一种消极不作为的立场，但现行的 1982 年宪法却在经历了 1954 年宪法在政治生活曾被无情践踏、但"十年动乱"最终已得到了"拨乱

---

① See Gagik Harutyunyan, Arne Macic, The Constitutional Review and its *Development in the Modern World*: a comparative constitutional analysis. Ljubljana; Yerevan: Hayagitak, 1999. 444 str., graf. Prikazi. 具体可参见 http://www.concourts.net/tab/tab1.php? lng = en&stat = 0&prt = 0&srt = 0; 与该书相关的网络链接为 http://www.concourt.am/Books/harutyunyan/monogr3/。另外值得交代的是，与国际上许多学者的共识一样，这份研究所认可的典型性违宪审查制度主要为美国式普通法院审查制、德国式宪法法院制和法国式宪法委员会制，在 152 个国家中，分别有 81 个、58 个和 12 个国家采用了这三种模式，另还有新英联邦式的 1 个；而被作者列入没有宪法审查制度的 5 个国家分别为：荷兰、大不列颠联合王国、莱索托（南非国家）、利比里亚（西非国家）、利比亚（北非国家）。另外，据统计目前世界上共有 224 个国家和地区（其中有 193 个国家和 31 个地区）。

② "文革"期间的 1975 年宪法曾一度予以废止。

反正"。这段曲折的历史之后，仍然延续了这一空洞化的制度，尽管在现行宪法制定之际，就已有一批当时便处于主流地位的宪法学者强烈呼吁采行更具有实效性和可行性的"宪法监督"制度。①

"宪法监督"这一用语就是这样确立了主流地位的。它大致对应了中国违宪审查研究的第一阶段，时间大致是自 1982 年现行宪法制定时期起，直至 20 世纪末期。

在这一阶段，尽管由于引入了"宪法监督"这一具有概括性的用语之后，对于如何界定这一概念的内涵曾存在狭义和广义两方面的争议，②但主流见解则还是忠实地依据宪法中有关全国人大有权"改变或者撤销全国人大常务委员会不适当的决定"，③而全国人大常委会则有权"撤销国务院制定的同宪法、法律相抵触的行政法规、决定和命令"④ 以及"撤销省、自治区、直辖市国家权力机关制定的同宪法、法律和行政法规相抵触的地方性法规和决议"⑤等条文的理解，主张中国存在了一种可与西方成熟法治国家的各种违宪审查模式相并立的、由最高国家权力（代表）机关实行的"宪法监督"的制度。

也就是说，当时中国宪法学界的主流学说，不仅直接用"宪法监督"这一用语去界定自己国家的制度，而且还以这一概念作为一种视座，去囊括各个西方国家所采用的各种模式的违宪审查制度，即认为后者也属于其他不同类型的"宪法监督"制度而已。这种用语的内在逻辑构成，起初可能是肇始于"社会主义制度的优越性"这样一种在当时相当普遍的惯性思维，或是一种透过中国式的概念去理解其他国家相

---

① 包括多种建议，但主要是主张在全国人大之下设立"宪法委员会"，持类似主张的主要有张友渔、许崇德、何华辉等老一辈主流宪法学者。有关整理，可参见胡锦光主编：《违宪审查比较研究》，中国人民大学出版社 2006 年版，第 197 页。
② 胡锦光："违宪审查与相关概念辨析"，载《法学杂志》1906 年第 4 期。
③ 《宪法》第 62 条第 11 项。
④ 《宪法》第 67 条第 7 项。
⑤ 《宪法》第 76 条第 8 项。

关制度的话语策略，并在某种隐喻的意义上补强该制度的正当性，但也在不经意之间，为如下所言的第二阶段的用语策略的改变，埋下了论理上的伏笔。

进入 20 世纪 90 年代以后，随着国外相关制度的介绍和比较研究的活泼化，指称"违宪审查"的用语开始发生了微妙的变化：受到国外，尤其是日本以及周边部分国家或地区（如韩国、中国台湾地区）的影响，原本在日本形成的"违宪审查"一词，逐渐在中国的学术著述中高频出现，最终在 2001 年之后取代了"宪法监督"一词，而确立了稳固的主流地位，此后还为数部具有影响力的主流教科书所采纳。①其中尤为值得注意的现象是：许多学者不仅将它用以直接替代"宪法监督"这一用语，甚至反过来用以囊括中国式的"宪法监督"这一用语，换言之，就是将中国现下所实行的相关制度，看作与西方各国的不同模式相并列的一种"违宪审查"模式加以把握。

较之于"宪法监督"这一用语的话语策略而言，这当然是一种"反其道而行之"的话语策略，但同时也是一种更具有强烈实践动机的话语策略，其动机可能就在于："先将它套上外国的'违宪审查制度'这一名分，然后再根据外国的经验推动它发展成为与世界各国的违宪审查制度具有同样功能的制度。"②

这种用语策略的巧妙变化，在 20 世纪 90 年代初就曾开始出现端倪，

① 如胡锦光、韩大元的《中国宪法》（21 世纪法学规划教材）较早地采用了这一做法，参见胡锦光、韩大元：《中国宪法》，法律出版社 2004 年版；许崇德先生主编的《宪法》（"21 世纪法学系列教材"）在 1999 年的第一版和 2004 年的第二版，仍采用"宪法监督"的概念及理论构成，但自 2007 年的第三版开始，也采用"违宪审查"的概念，参见许崇德主编：《宪法》，中国人民大学出版社 1999 年、2004 年、2007 年版；周叶中教授主编的《宪法》（全国高等学校法学专业核心课程教材）第二版，也采用"宪法审查"的概念，但没有采纳新的理论构成，参见周叶中主编：《宪法》，高等教育出版社和北京大学出版社 2005 年版；唯同年出版的张千帆主编的《宪法学》（普通高校教育"十五"国家级规划教材）仍坚持过去的体例，参见张千帆主编：《宪法学》，法律出版社 2004 年版。
② 林来梵"宪法不能全然没牙"，载《法学》2005 年第 6 期。

如当时还在立法辅助机关从事实务和研究的一位学者就曾指出："宪法监督也叫违宪审查制度，是现代民主制国家为保障宪法实施所确立的一种监督制度。"但他还是沿用"宪法监督"这一概念去展开论述。① 然而，在 20 世纪 90 年代末，明确地采用"违宪审查"这一概念去直接替代并概括"宪法监督"的学者渐多，并趋壮大。②在这个过程中，对"宪法监督"一词的反思也随之兴起，其中有代表性的批评见之于当时青年学者李忠，他在一本仍然谨慎地题为《宪法监督论》的专题性著作中指出："宪法监督"这一概念，"从字面上看，由谁监督、监督谁、监督范围有多大，这些内容无从判定"。③但饶有趣味的是，这种批评，其实同时也可适用于当时逐步盛行的"违宪审查"这一概念。

作为从"宪法监督"到"违宪审查"之用语策略变化的背景，这个阶段国外违宪审查制度研究的繁兴是不可忽视的。其间，论者们众说纷纭，莫衷一是，包括美国式的司法审查制度、德国式的宪法法院制度以及法国式的宪法委员会制度在内，几乎每一种国外的模式均有人倡言"拿来"，④在此基础上甚至还出现了一种同样理想化或者说更为理想化的主张，即倡议吸收各国制度之优长以建构"复合审查制"或"复合宪法监督制度"模式，⑤ 作为"完善我国违宪审查制度的另一种思路"。⑥

当然，2000 年《立法法》的公布与施行，2001 年有关"齐玉苓案"

① 蔡定剑：《国家监督制度》，中国法制出版社 1991 年版，第 24 页、第 114 页。

② 马岭："违宪审查——实现法治的必由之路"，载《法学》1997 年第 12 期；正文："完善我国的违宪审查制度"，载《探索》1998 年第 1 期；包万超："完善我国违宪审查制度的另一种思路"，载《法学》1998 年第 4 期。

③ 李忠：《宪法监督论》，社科文献出版社 2002 年版，第 1 页。

④ 有关综合考察可参见胡锦光主编：《违宪审查比较研究》，中国人民大学出版社 2006 年版，第 196 页；另可参见包万超："完善我国违宪审查制度的另一种思路"，载《法学》1998 年第 4 期。

⑤ 包万超："完善我国违宪审查制度的另一种思路"，载《法学》1998 年第 4 期；李忠：《宪法监督论》，社科文献出版社 2002 年版，第 242 页。

⑥ 此处的表述，借用了包万超前引文的标题。

司法解释的出台及其争议，以及 2003 年的"孙志刚案"①和"河南种子案"（"李慧娟法官事件"）② 的结局等，也都大大地刺激了这个时期"违宪审查"的话题。尤其是如何打开"违宪审查"制度实践的闷局，使之形成一项具有实效性的制度，成为长期备受关注的主题。

至于在这个阶段，"违宪审查"这个主流用语所对应的制度实践，则颇为曲折。最初的一段插曲是，学术界和高端实务界突然提出了"宪法司法化"的概念，实际上是力图仿效美国式的司法审查制度，由法院分享适用宪法对宪法权利进行救济的功能。以 2001 年"齐玉苓案"为嚆矢，这种动向倏然之间形成了声势，但在学术界也存有激烈争议，并由于受到现实中"政治力学"关系的影响，最终遭受到了严厉批判和肃清，意味着在中国当下采行类似于美国式的司法审查制度之"梦幻和雄心"的全面挫败。另外，与此相应，原本的规范性制度本身也似乎

---

① 该案因受害人孙志刚而得名。孙志刚为大学毕业生，作为一位被收容人员在收容所里被殴致死，由于死者个人身世等较为特殊等原因，事件发生后，举国舆论鼎沸，三位被媒体强调拥有博士学位的普通公民依据《立法法》第 90 条，直接"上书"全国人大常委会，建议审查《城市流浪乞讨人员收容遣送办法》是否违宪，力图启动违宪审查的机制，但这个程序没有在受理机关那里得到完成，一个多月之后，国务院则主动宣布废止 20 多年前所制定的该办法。

② 这也曾是一个备受关注的案件。2003 年年初，河南省汝阳县种子公司因合同纠纷将伊川县种子公司诉至洛阳市中级人民法院。庭审中，原告主张赔偿数额适用《种子法》，按"市场价"共计 70 万余元，被告则主张以该省《农作物种子管理条例》为据，按"政府指导价"计赔 2 万余元。5 月 27 日，由李慧娟法官主审的判决支持原告的主张，指出："《种子法》实施后，玉米种子的价格已由市场调节，《农作物种子管理条例》作为法律阶位较低的地方性法规，其与《种子法》相冲突的条款自然无效……"10 月 18 日，该省人大常委会称判决"实质是对省人大常委会通过的地方性法规的违法审查，违背了我国人民代表大会制度，侵犯了权力机关的职权……是严重违法的行为"，据此分别向省高级人民法院和洛阳市人民代表大会常委会发出通报，要求对洛阳中院的"严重违法行为做出认真严肃的处理"，"对直接责任人员和主管领导依法作出处理"。11 月 7 日，洛阳市中级人民法院党组决定，拟撤销李慧娟的审判长职务，并免去助理审判员资格；但后未提请批准。2004 年 3 月 30 日，最高人民法院就此案作出答复，指出依据《立法法》第 79 条和《合同法解释（一）》第 4 条的规定，人民法院在审理案件过程中认为地方性法规与法律、行政法规的规定不一致，应当适用法律、行政法规的相关规定。4 月 1 日，河南省人大常委会通过该省《〈种子法〉实施办法》，《农作物种子管理条例》同时废止。随后，洛阳市中级人民法院正式通知李慧娟回去上班。

是在某种危机感中竞逐发展，最终的结果虽然基本上还是在"违宪审查"这种"新瓶"中装着"最高代表机关审查制"的"旧酒"，但通过多年的艰难演进，在制度的具体内容上，的确也出现了一些不大不小的改变。

首先是 2000 年全国人大通过并实施的《立法法》对违宪审查制度作出了诸多新的具体规定，使得这一制度得到了重要的发展；2004 年，在全国人大常委会法工委的麾下，一个冠名为"法规审查备案室"的专门机构被设立，一时被寄予了很大企望；2005 年，全国人大常委会修改了《行政法规、地方性法规、自治条例和单行条例、经济特区法规备案审查工作程序》，并于同年制定了《司法解释备案审查工作程序》，进一步完善了审查制度的运作机制。

通过以上的举措，当今中国的"违宪审查"制度已经发展出如下的具体内容。

（1）审查主体方面：在名义上依然是全国人大及其常委会，但作为具体的承担者，全国人大常委会办公厅秘书长及下属的有关部门、全国人大常委会法制工作委员会及其他专门委员会起着重要的作用，其中，法规审查备案室的存在也不可忽略不计。在此要特别指出的是，当今，随着法国的宪法委员会制度得到不断改革，尤其是法国于 2008 年修宪之后在普通司法诉讼中引入了法律违宪异议的审查机制，这使得违宪审查的司法化在某种意义上已进一步成为国际性的一种趋势，但迄今为止，中国则仍然独立于这个潮流之外，而继续严守由全国人民代表大会及其常务委员会来行使违宪审查权的制度,①并将这一制度看成一项多少有些神圣的政治制度。2001 年出现的"宪法司法化"动向，曾企图突破这个

---

① 中国现行宪法甚至将宪法解释权也授予全国人大常委会，即固守一种由立法机关行使宪法解释权的体制，而这种体制，只能追溯到比利时 1831 年宪法以及法国 1875 年第三共和宪法的有关规定中才能看到其早已过时的成例。

藩篱，而由普通法院在有限的范围之内谨慎地参与分享宪法问题的判断权，但被视为一种值得警惕的动向，甚至被看成一种挑战人民代表大会制度的禁忌行为，最终遭受挫败。

（2）审查对象方面：《立法法》第90条已将行政法规、地方性法规、自行条例和单行条例列为全国人大常委会进行审查的对象，而《行政法规、地方性法规、自治条例和单行条例、经济特区法规备案审查工作程序》则将范围扩大到特区经济法规，《司法解释备案审查工作程序》还将范围进一步扩大到在司法实务中极具实效性的"两院"（最高人民法院和最高人民检察院）的司法解释。目前，只有全国人大及其常委会制定的法律以及各个行政部门制定的规章没有被明确列入具体的审查对象，但由于宪法中规定全国人大有权"改变或者撤销全国人大常务委员会不适当的决定"，[①] 为此在解释学上，可理解为其中全国人大常委会所制定的法律，也已在可审查的范围之列，而根据《立法法》第88条的规定，行政规章则由国务院进行内部性的自行审查。[②]

（3）审查方式方面：中国长期以来一直存在一种对法律法规的"备案审查制"，这其实是一种对部分的法律法规进行事前性的，也是例行性的登记备案、选择审查制度。但除了这种事前性的审查之外，目前，事后性审查方式也随着《立法法》等立法的诞生而获得重要性。但无论是事前性还是事后性的审查，在中国，所有的违宪审查一般都未必依附于具体的特定案件而进行具体审查，其主要是抽象审查。而这种审查又可分为所谓的"被动审查"和"主动审查"两种方式，前者是根据特定主体提请的要求或建议所进行的审查，后者是根据自己内部的决定而展开的审查。审查的具体方式也是颇为特别的。一般而言，当认定某个立法

---

① 《宪法》第62条第11项。
② 《立法法》第88条第3项规定："国务院有权改变或者撤销不适当的部门规章和地方政府规章。"

存在"违宪"等抵触上位法现象之虞时，大致会采取以下三个步骤：第一步是以内部斡旋的方式，与制定机关进行沟通协商，让其主动纠正立法；如果无果，第二步则是通过有关专门委员会提出书面审查意见，要求制定机关纠正；经过上述工作，制定机关仍不纠正的，第三步则是通过常委会审议决定，撤销同宪法或者法律相抵触的法规。

（4）审查程序方面：从目前的情形来看，其审查程序颇为繁杂。以下分述之。

第一，关于提请违宪审查的主体：根据《立法法》第90条的规定，国务院、中央军事委员会、最高人民法院、最高人民检察院和各省、自治区、直辖市的人民代表大会常务委员会（以下合称"五大提请主体"）如果认为行政法规、地方性法规、自治条例和单行条例同宪法或法律相抵触的，可以向全国人大常委会以书面的方式"提出进行审查的要求"；不仅如此，同条还规定，其他国家机关和社会团体、企业事业组织以及公民认为行政法规、地方性法规、自治条例和单行条例同宪法或法律相抵触的，可以向全国人大常委会以书面的方式"提出进行审查的建议"。尽管这两种情形所启动的违宪审查对审查主体的约束力似乎略有不同，前者被称之为"依要求的审查"，而后者被称之为"依建议的审查"，但提请审查主体的广泛性则令人称奇。

第二，关于审查流程。根据《司法解释备案审查工作程序》等文件的规定，这套程序颇为繁杂。总的来说，被动审查与主动审查的流程是不同的，其中被动审查之中的两种情况，即"依要求的审查"与"依建议的审查"的流程又各不相同，如图1所示。①

---

① 林来梵编：《宪法审查的原理与技术》，法律出版社2009年版，第468页；王振民："中国违宪审查的主体与程序"，载《中国法律》2006年第2期。

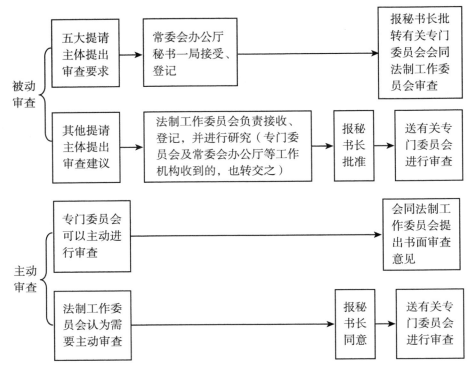

图1　被动审查与主动审查的流程

从以上所整理的制度概况中，我们可以看到：较之于早期"宪法监督"这个说法所对应的制度，"违宪审查"这一用语所对应的制度内容，已经具有一些微妙的演进，甚至可以说是某种进步。这种进步，归根结底是由中国转型时代的政治、经济等各方面的因素促成的，但不能否定的是，作为反映了这个时代某种声音的"违宪审查"这个用语的策略，也可能发挥了一些微妙的功效。

但是，在面对当下这个制度仍然存在的诸多弱点时，"违宪审查"的用语策略，则显然没有达到自身所向往的最终目标。这些现行制度上的主要弱点包括以下几个方面。

（1）在审查主体方面上，由于没有专门的审查机关，审查作业分散于各专门委员会及其他辅助机构，难以充分发挥"违宪审查"应有的

"法制统合"之功能；基于各专门委员会的非常设性质、内部人员的非专职化身份以及非专业化背景，其总体的审查能力也可能受到质疑。加之如前所述，与当今国际上具有代表性的违宪审查模式相比，中国所采用的以最高立法机关本身进行立法审查的方式，毕竟乃属于"其他制度模式"（other institutional forms），尽管属于"另类"的模式也可能并不是问题，但问题在于它毕竟在其他各个方面直接或间接地导致了一些另外的问题。

（2）在审查对象方面上，作为在目前所有立法类型中为数最巨，问题也可能最多的规章，没有被纳入审查范围，只能交由国务院进行内部性的自行审查。同时，由于采用了以国家立法机关本身进行立法审查的方式，为此，全国人大及其常委会所制定的法律，就难以被明确地列入审查对象之中。如前所述，虽然根据现行宪法的规定，全国人大有权"改变或者撤销全国人大常务委员会不适当的决定"，[①] 为此在解释学上也可理解为全国人大常委会所制定的法律亦在可审查范围之列，但全国人大本身所制定的法律，则仍然被排除在外，而即使全国人大常委会所制定的法律，也因为存在所谓"自己审自己""左手打右手"之类的"悖论"，而难以得到真正的审查。

（3）在审查方式方面上，由于全国人大及其常委会虽然在宪法上居于"最高国家权力机关"的尊崇地位，但在现实政治生活中则并没有发挥应有的作用，乃至被描述为"橡皮图章"。为此，其对其他国家机关，尤其是行政机关，就往往可能不得不采行自我"谦抑主义"的立场，反映在审查方式上，虽然说结合了所谓"被动审查"和"主动审查"两种方式，但在实际运作中，其实是采行了相当柔性的、没有应有制约力的审查方式。而由于主要乃属于脱离具体诉讼的抽象审查，又根本不存在对诉结构，可想而知，其审查的强度也是十分有限的，估计大多只是字

---

① 《宪法》第 62 条第 11 项。

面上的作业，即类似于非精细化的"文面审查"，而且主要也只是通过字义解释的方法，发现一些"肉眼"看得出的明显违宪之处，根本难以期待其审查深层次的违宪问题。

（4）在审查程序方面上，主动审查与被动审查的程序自然有所不同，但在被动审查方式中，由于其提请审查的主体范围具有"超广泛性"，这一提请程序实际上缺少必要的过滤机制，尤其是在一个处于社会转型期各种矛盾纷繁复杂的大国，这根本就难以克服某种类似于"滥诉"的风险。为此，对于那些纷至沓来的审查要求或建议（尤其是公民提请的审查建议），审查机关只好采取不予答复、内部消化的方式，这导致《立法法》刚实施不久，公民提请审查的建议案数量一度急剧攀升，但随后则大幅度下降，迄今仍是如此；而由于不存在专门的审查机关（如学者所构想的"宪法委员会"），全国人大及其常委会的内部机构（包括辅助立法机关）又相当庞大复杂，加之审查需求大量存在，为此，出于分工等各方面的需要，审查程序也相应颇为繁杂。而可能是鉴于审查程序高度繁杂化，但审查方式却相对柔性，审查绩效也未必良好等各种现实因素的考虑，目前，审查过程并未公开，甚至连2005年修改的《行政法规、地方性法规、自治条例和单行条例、经济特区法规备案审查工作程序》以及新制定的《司法解释备案审查工作程序》，也曾在一段时间内未对外界公开。从严格意义上而言，这或许可谓是采行了一种程序上的"秘密主义"方式。而其不仅与人民代表大会制度本身所揭橥的民主监督原则存在一定的紧张关系，而且也不利于其工作绩效的公开，削弱了审查工作的应有威力。

三、结　语

通过上文的分析，我们可以看到：当今中国存在一种非典型性的"违宪审查制度"，但这个制度在功能上的实效性非常之低，可谓"食之无所得"；然而，对于拥有违宪审查权的全国人大常委会而言，这毕竟是一项从属于其作为国家立法机关这样一种在宪法上具有尊崇地位的职权，可谓"弃之如可惜"，为此不容他人染指。此即本文开头的"鸡肋"之谓也。

针对现行制度所存在的诸种问题，各种改革的构想一向不绝如缕，前述的所谓"宪法司法化"动向，就是一种力图仿效美国式司法审查模式的努力，结果已招致失败。其实，迄今为止，如果仅限于学术界，真正居于主流地位的改革方案，应首推自 20 世纪 80 年代初在讨论现行宪法的修改之际就已由一批深受为政者尊重的老一代宪法学家们所提出的见解，即在全国人大或全国人大常委会之下设立一个"宪法委员会"（或"宪法实施监督委员会"），作为专门的违宪审查机关。这一构想中的制度，虽然颇为类似于法国的宪法委员会制度，但与中国现行宪政体制最为契合，被认为是最具有现实性的构想。①

即使这样，时至今日，这一观点也不见得在可预测的未来有将被付诸实行的希望。在终极意义上，这可能归因于中国的宪政实践尚未彻底完成近代立宪主义的历史课题。近代立宪主义的一个重要特点就是议会中心主义，而现代西方大部分国家正是在这种议会中心主义客观上趋于式微之后才有可能确立违宪审查制度的，否则，就会遇到观念上的困扰。

当今中国违宪审查制度的发展所面临的问题也是如此。依笔者陋见，其中至少包括两个现实的问题和一个理论的问题。

第一个现实问题是：在全国人大内设立宪法委员会，并强化违宪审查制度之后，是否有可能冲突或打破迄今在现实中形成的政治权力分配格局。第二个现实问题是：中国现行宪法的规范并不完美，而在许多人看来，自 20 世纪 70 年代末以来的改革开放以及当今的"社会主义市场

---

① 有关讨论的出现和展开过程，可参见胡锦光主编：《违宪审查比较研究》，中国人民大学出版社 2006 年版，第 197 页。

经济"的实践，在很大程度上都是在冲破某些宪法规范的前提下进行的，即是通过"良性违宪"的方式进行的，而一旦确立"动真格"的违宪审查制度，则可能将"捆绑改革的手脚"。而一个理论问题则是：无论在全国人大之内设立宪法委员会还是在全国人大之外设立违宪审查机关来实现违宪审查，其结果均必然涉及审查全国人大的立法，从而产生一个疑问，这是否与当今中国将人民代表大会制度视为整个宪政体制核心的根本制度构成了逻辑上的悖论？

然而在实际上，这些问题并非不可破解的，而且有些问题也仅仅是囿于某种观念上的误解。[1]就笔者的看法而言，即使在中国现行的宪政体制下，其实在违宪审查制度的改善措施上也可以做得更为彻底，在此方面，的确不妨审慎地借鉴一下法国的部分经验。在目前至少做到以下两点：第一点，与其在全国人大之下设立一个专门委员会性质的宪法委员会（或"宪法实施监督委员会"），或在全国人大常委会之下设立一个地位更低的，倒不如在全国人大之下设立一个与全国人大常委会相并立的宪法委员会（或"宪法实施监督委员会"），作为全国人大的另一个常设机关，专门行使违宪审查权。第二点，既然《立法法》第 90 条已经将最高人民法院也列为可以向违宪审查机关（目前是全国人大常委会）以书面的方式"提出进行审查的要求"的五大机关之一，就可以根据这一点，像法国 2008 年修宪之后那样，在普通诉讼中引入法律违宪异议的审查机制，最终由最高人民法院将这种异议转呈给专门的违宪审查机关。[2]

然而，鉴于前述的那些问题，如何进一步推动中国"违宪审查"制度的实效化与活性化，仍然是一个悬而未决的重大课题。

---

① 笔者早年就曾对破解这些问题作出一些尝试性的论述。参见林来梵：《从宪法规范到规范宪法：规范宪法学的一种前言》，法律出版社 2001 年版，第 340 页。

② 有关观点，可参见林来梵编：《宪法审查的原理与技术》，法律出版社 2009 年版，第 452 页。

法律的合宪性审查与
共和国单一性的维持

◎安德烈·鲁[*] 著

王建学 译

　　法国现行 1958 年《宪法》第 1 条规定，"法兰西是一个不可分割的共和国"，这显然继承了 1791 年以来的宪法连续性。

　　作为旧的君主制传统，单一性与不可分割性是法兰西王国的本质属性（1791 年 9 月 3 日宪法第 2 篇的首条①），而到 1792 年 9 月 25 日，国民公会又宣布"法兰西共和国②是不可分割的整体（une et indivisible）"。若是忽视 19 世纪的各种宪法文本，则单一性和不可分割性这两项原则将构成共和三年宪法组织的基础性原则，然后在 1946 年再次得到明确的承认。③

---

　　* 作者安德烈·鲁（André Roux），法国艾克斯政治学院教授、《法国宪法学杂志》主编，曾任马赛大学路易·法沃赫研究所（宪法司法研究所）主任。译者王建学，厦门大学法学院副教授，中法联合培养法学博士。原文曾发表于《厦门大学法律评论》2015 年上半年卷（总第 25 辑），厦门大学出版社 2015 年版，第 245～254 页。

　　① 1791 年宪法第二篇（王国的区划及公民的资格）的第 1 条规定："王国是统一而不可分割的；其领土划分为 83 个郡，郡再分为县，县再分为区。"——译者注

　　② 即法兰西第一共和国。国民公会为其最高立法机构，自 1792 年 9 月 20 日开幕，至 1795 年 10 月 26 日解散。——译者注

　　③ 1946 年 10 月 27 日宪法第 85 条规定："法兰西共和国，作为一个不可分割的整体，承认地方自治团体的存在。"

虽然现行宪法的文本没有明确提及"单一性"（l'unité）这一概念，[1]但这并不意味着 1958 年宪法意图放弃这一原则。

即使"共和国、整体和不可分割"这些术语组成的三口之家的传统从来没有被打断，并且它在制宪者的疏忽中甚至是微小得难以觉察的，"整体和不可分割"这两个表示性质的定语还是继续经常被人联系和混淆在一起，包括议会[2]也混淆这两者。

单一且不可分割原则作为最初被肯定为针对吉伦特派"联邦主义"的解毒剂，到第五共和国已经具有了一种本质性的政治和观念功能。作为服务于一种特定国家观念的斗争工具，这些原则因此证明着集中化和单一性的立法权，同质的行政结构，适用于整个国土的法律的一致性，国土的完整性和不可触犯性，甚至法兰西民族的社会和社会学的单一性等。

在第五共和国的 55 年变迁（自 1958 年至 2013 年）中，这些原则的最初含义是否得以延续？自 20 世纪 80 年代开始强化地方自治团体（市镇、省和大区）的权限和自治，以及自 2003 年 3 月修宪明确承认共和国的地方分权属性（修改后的宪法第 1 条[3]），改革已然发生了。

地方分权方面的立法改革始于一个丰富的宪法判例。宪法委员会（Conseil Constitutionnel）努力在共和国的单一性与不可分割性以及地方自治团体的自治原则（规定于《宪法》第 72 条）这两方面之间进行协调。

单一性是共和国的一项奠基性原则，目前在维持这一原则的同时，也要承认有限的自治和地方自治团体地位特定的多样性。此外，承认一种特定的地方多样性似乎又反过来对这个单一制共和国的永久性构成了一种保障。

---

① 可以通过纯粹编辑性的理由来解释这一疏忽。通过宣告不可分割性原则来替代 1946 年宪法第 1 条的格式以后，人们就认为没有必要再次且多余地在关于地方自治团体的篇章中昭示"整体且不可分割的共和国"（la République une et indivisible）这一内容。

② 例如可参见 art. 59 §6 de la loi du 2 mars 1982。

③ 其中增加了以下内容："共和国的组织是地方分权的。"——译者注

一、维持单一性是共和国的奠基性原则

在其最初产生时，或者说在大革命时期，单一制原则无论被人们作何理解，它显然是国民主权之不可分割性的必然结果。共和国的单一性也是作为民族或人民之单一性的一种制度化摹本而出现的。

单一性原则以上述两个方面为形式一直维持至今，并且在第五共和国之下，宪法判例赋予了它一种在之前的体制中远未存在的法律意义。

（一）主权的不可分割性

单一制国家之内只能存在一个单一的主权来源。"主权本身是单一性的"，比尔多（Georges Burdeau）曾写道，"因为它存在于一个被视为整体的集体当中，而不考虑地方意愿的多元性或一个政治社会所含有的次要的多元集团的意向差异"。①

共和国的单一性和不可分割性阻止了"从内在内容和领土层次两方面对国民主权进行任何分割"。②

在此意义上，不可分割的原则反对立法者赋予地方自治团体过分的内部自治地位，从而打开在共和国内部通往联邦制模式的道路。

宪法委员会正是在这种框架内来发展其宪法判例的：如果缺少议会的事前授权，地方分权即使推进到极限也无法赋予地方自治团体一种制定规则的自治立法权，这几乎是不证自明的。③

正如法沃赫（Louis Favoreu）教授指出的，单一制国家之中在事实上

———————————

① Traité de science politique, t. 2, LGDJ 1967, 2e éd., p. 352.

② M.-H. Fabre, L'Unité et l'indivisibilité de la République, réalité? fiction? RDP, 1982, p. 607.

③ V. not. déc. 85-195 DC du 8 août 1985; 90-274 DC du 29 mai 1990, 454 DC du 17 janvier 2002. Dans cette dernière décision il est jugé en ce sens que le pouvoir réglementaire local ne peut s'exercer en dehors du cadre des compétences attribuées par la loi aux collectivités locales et qu'il ne doit avoir ni pour objet ni pour effet de mettre en cause le pouvoir réglementaire d'exécution des lois que l'article 21 de la Constitution attribue au Premier ministre…

不能在国家的机关以外存在任何自治规范法源,① 这与大区制国家不同,与联邦制国家的差异就更毋庸赘言了。

虽然 2003 年 3 月 28 日宪法性法律明确承认了地方的条例权(修改后的《宪法》第 72 条第 3 款②),但这并没有改变之前的状况。

地方自治团体在原则上仍然没有资格直接以《宪法》第 72 条为基础而行使条例权。如果缺少法律的事先明确规定或者没有法律赋予自治团体必须包含的权限,条例权就不能展开。

原生性立法权的单一性尤其体现在国家代表③对地方自治团体之活动的监督受到保障,这种监督构成了议会必须予以落实的一种宪法要求。④

唯一名副其实的、值得指出的例外发生在新喀里多尼亚,由新喀里多尼亚的过渡地位导致了新喀里多尼亚这一地方团体具有某些方面的固有立法权,它采取了"地方的法律"(lois du pays)这一表述,并且此种地方的法律能够提交宪法委员会进行审查(1998 年 7 月 20 日宪法性法律和 1999 年 3 月 19 日组织法)。⑤

主权的不可分割性显然还意味着,地方自治团体不得享有国际性的权限。其所能缔结的地方合作条约必须处于法国国家的国际条约的遵守框架之内。宪法委员会已经致力于这一点,以便通过无数个保留解释来规范法律赋予海外省的机关与相邻国家商订和缔结国际协定的权限,从

---

① V. not. Décentralisation et Constitution, RDP 1982, p. 1259.

② 该款的内容是:"地方自治团体由民选议会依据法律规定实施自治,并为履行其职责享有条例权。"——译者注

③ 国家代表即代表国家在各地方自治团体内实现国家职能的外派机构,它来源于宪法第 72 条第 6 款的规定(在共和国的各地方自治团体内,国家代表代表政府各成员,负责国家利益、行政监督与法律之遵守)。大区、省、市镇均存在国家代表,值得注意的是,我国学术界传统上将省的国家代表译为省长,此译法不够妥当。相关概念之区别可参见王建学:"法国公法中地方公共团体的概念",载《东南学术》2010 年第 1 期。——译者注

④ CC, déc. 82 - 137 DC du 25 février 1982; déc. 96 - 373 DC du 9 avril 1996; déc. 94 - 335 DC du 21 janvier 1994.

⑤ V. not. J. - Y. Faberon et G. Agniel, dir., La souveraineté partagée en Nouvelle Calédonie et en droit comparé, Les études de la documentation française, 2000.

而巩固地方机关在此情况下作为共和国代表和处于国家监督之下活动的事实。①

此外通过涉及赋予波利尼西亚（2004 年组织法确定其地位）在法兰西共和国所承认的国家和领土享有"代表权"的可能性，或者甚至在特定国际组织中的代表权，宪法委员会关注于明确此种"代表权"在任何情况下均不得具有外交的性质。（第 2004 - 490 DC 号判决）

因此，国家在上述所有情况下均保持了国际关系领域的垄断地位。

总之，主权的不可分割性在此与共和国的单一原则紧密相连，可以将它理解为任何分解国土之行为或任何地方自治团体走向独立的障碍。

然而，我们无奈地看到，自 1958 年以来，好些领土走向了独立，这或者是在宪法原则以外实现的（如阿尔及利亚在 1962 年独立，法属索马里兰在 1967 年独立），或者是根据宪法法官对宪法原则（以及尤其是宪法第 53 条第 3 款②）的稍显扩张的解释实现的。③

共和国的单一性因此并不是国土的不可触犯性的同义语，海外之地方团体的分离权利在任何情况下都得到了承认。④ 即使这一权利的实现仍然需要符合若干条件：必须由"共和国的有权机关"启动；整个过程必须在宪法的框架内，这趋向于排除国际法规则的适用；程序中必须包含征求相关人民同意的环节，且所征求之问题必须合法、明确且不含歧义；最终必须由议会批准分离并决定其适用条件；等等。

（二）法兰西人民的独一性（unicité）

法国自大革命以来就一直严禁以任何形式基于出身、种族或宗教的

---

① Déc. 2000 - 435 DC du 7 décembre 2000.

② 第 53 条第 3 款规定："领土之让与、交换及添附，非经当地人民之同意，不生效力。"——译者注

③ Déc. 75 - 59 DC du 30 décembre 1975, Autodétermination des Comores；déc. 87 - 226 DC du 2 juin 1987, Consultation des populations calédoniennes.

④ V. not. déc. 2000 - 428 DC du 4 mai 2000, Consultation de la population de Mayotte.

原因而对个人实行差别对待。法国人民是由"可互换的公民（citoyens interchangeables）"构成的，至少在理论上是如此，公民的本质极为明确，即旨在消除民族之各个构成者之间的差异。这种观念在 1789 年以来就由西耶斯（Sieyès）所表达。① 到了现代，宪法委员会首先把这一观念适用到了 1991 年 5 月 9 日关于科西嘉地位的判决中，该判决确认，宪法"只承认法兰西人民由无出身、种族或宗教之别的法兰西公民所构成"，并且该判决宣布将"科西嘉人民"确认为"法兰西人民的构成部分"的条款为无效。"法兰西人民"的概念具有了宪法效力，立法者无权规定其构成部分，这一权限乃是保留给制宪者的。②

在 1999 年 6 月 15 日关于《欧洲区域或少数民族语言宪章》的第 99 - 412 DC 号判决中，宪法委员会判定"法兰西人民独一性的原则具有宪法效力，人民的任何部分不得行使国民主权"，由此，宪法委员会再次明确确认前段所述的立场。

法兰西人民的独一性原则并不排除承认海外人民属于共和国。事实上，这一内容在 2003 年修宪中得到新第 72 - 3 条第 1 款的宣告，即"共和国承认自由、平等和博爱为包括海外人民在内的法兰西人民的共同理想"。因此，在不违反共和国的不可分割性原则和法兰西人民的独一性原则的前提下，就有可能以个别的方式来征求海外人民关于其地方自治团体的地位演变的意见，正如马约特、瓜德罗普、马提尼克已经发生的情形那样。

从法兰西人民的独一性观念中产生了若干结果，其中尤其包括禁止议会在共和国以内承认任何在文化、宗教或语言等领域具有特定集体权利的少数团体。由此，地区性语言的教育无论是对于学生还是对于教员

---

① "代表权之所以属于公民，唯一的原因只在于公民具有共同的本质，而非由于他们具有不同的本质。"（《第三等级是什么？》第 4、5 章。）

② Ainsi la révision constitutionnelle de 1998 relative à la Nouvelle Calédonie a-t-elle permis la reconnaissance du peuple kanak ainsi d'ailleurs qu'une citoyenneté néo-calédonienne.

都不得具有义务性质。①

对公民的政治体进行任何划分都是同样受到禁止的，除非有明确的宪法授权，比如 1999 年 6 月 28 日宪法性法律（第 3 条第 3 款）允许就主要政治选举中的男/女候选人的"均等"制定法律，这种做法也因此改变了宪法委员会 1982 年 11 月 19 日的判决，其中宪法委员会反对为市镇选举设置"配额"，理由是公民的性质是源于宪法的，它反对"对选民进行的一切类型划分"。②

法兰西人民的独一性同样导致了人民之代表的统一性得到尊重和保障。由此，公民有权按照国民主权的原则而获得平等和无差异的代表。③

关于法国在欧洲议会的代表性，宪法委员会也有类似的裁决，或者即便是在 1991 年 5 月 9 日的判决中，在涉及科西嘉法规时，宪法委员会也反对法律"因特定议员在既定选区而当选，在法律审议程序中具有特定特权，而对特定议员予以优待"。

按照国民主权的原理，每个议员显然都是在代表着整个国民，而不是其选区的人民。④

政治体的同质性和其代表制的单一性因此显然是统一性和不可分割性原则的两种额外表达，正如这两者在大革命时期就被承认为有助于永久地奠定共和国的基础。宪法连续性在这方面是极为明显的。然而，只要不断深入讨论真正的断裂，涉及 1789 年却被认为根本的单一性的其他方面，宪法连续性就没有那么明显了。

二、承认多样性是维持单一制国家的保障

如果说单一性曾经长期是一致性（uniformité）的同义语，那么今天

---

① Déc. 454 DC du 17 janvier 2002.
② V. aussi déc. 98 – 407 DC du 14 janvier 1999.
③ L. Favoreu, RFDC no 61991, p. 309.
④ V. not. déc. 2007 – 457 DC du 15 février 2007.

的单一性已经容纳多样性了。国家对地方主义以及本土和海外①之特殊要求的承认与考虑，甚至能够对单一制国家的永久性构成一种保障，单一制国家成功接纳了地方自治并且通过地方自治防止了冲突和排斥的主要风险。多样性远没有对单一性构成威胁，它因此能够表现为维持单一性的一种条件。

在此意义上，晚近的宪法演变已经导致地方制度多样性得到越来越多的认可，并且允许法律在领土功能方面的多样性日益增加。

（一）地方组织的多样性

长期以来人们都肯定共和国的单一性意味着任何类型的地方自治团体（市镇、省和大区）都按照相同的框架来进行组织和管理。② 易言之，它们中的每一类都必须包含特定数量的基本属性，从而缔造出其"制度同一性"（identité institutionnelle），宪法委员会曾在其 1982 年 12 月 28 日第 138 DC 号判决中提及一种"适用于全体大区的共同法"，在其 1982 年 12 月 28 日第 149 DC 号判决中提及一种"市镇组织的共同法"。在相同的意义上，1982 年 12 月 2 日关于海外省的第 82 - 147 DC 号判决，曾宣告一项为海外省和海外大区建立独特议会的法律为无效，因为它没有遵守省的制度同一性原则。不过，1984 年 7 月 25 日第 84 - 174 DC 号判决认可海外大区和海外省可以减损省和大区权限的共同法，但它必须具有受限制的范围并且不得导致本土团体关系间的过度差异。

然而，由于宪法第 72 条第 1 款允许议会设立"其他地方自治团体"，宪法委员会因此以这一规定为基础允许议会赋予特定团体以一种特殊的地位，从而使此类团体成为同一性样本以外的特殊类型（前述 1982 年

---

① 所谓"本土"和"海外"是指，法国的大区和省分为本土大区、本土省以及海外大区、海外省。——译者注
② 宪法的旧第 74 条对海外团体规定了一个例外，它承认具有一种"特殊组织"的可能性。

2 月 25 日第 82 – 138 DC 号判决）。巴黎（1964 年法规）、马约特（1976 年 12 月 24 日法律）、圣皮埃尔和密克隆（1985 年 6 月 11 日法律）就都属于这种情形。同样，宪法委员会在 1991 年 5 月 9 日的一项判决中承认，科西嘉可以视作为特殊的地方自治团体，具有原生性的制度框架，这已经接近一种政治组织而不是行政组织。

　　宪法委员会同样判定有限的差异可以发生在同一种地方自治团体内部相互之间，以便使地方特殊性得到考虑。1982 年，宪法委员会也承认了地方自治团体的制度框架的调整，首先是以大区为基础的调整如科西嘉（1982 年 2 月 25 日第 82 – 137 DC 号判决），然后，是以市镇为基础的调整如巴黎、里昂和马赛（1982 年 12 月 28 日第 82 – 149 DC 号判决）。

　　然而，这一判例仍然是不够明确的，地方自治团体的"类别统一性"仍然在过多的领域继续存在。因此，在关于海外规划法的 2000 年 12 月 7 日判决中，宪法委员会对允许任何海外省"将来具有自身的制度性组织"的规定进行了一种中性解释，认为这种可能性"不能超出宪法第 73 条所确定的限度"，该条不允许海外省具有一种与本土省差异过大的组织形式。①

　　2003 年发生了一个显著的变化。

---

　　① 第 73 条规定如下：

　　法律和条例应在海外省和海外大区当然适用之。法律和条例得考虑到此类团体之特殊性质和制约而加以变通。

　　此类变通得由此类团体在其权限范围内为之，或者由其根据法律或条例授权而为之。

　　通过减损第一款之规定并考虑到特殊性之目的，本条规定的团体得由法律或条例授权，在属于法律或条例领域的限定事项内，自主决定于本团体范围内适用之规则。

　　上述规则不得涉及国籍、公民权、公共自由之保障、个人的地位和能力、司法组织、刑法、刑事程序、对外政策、国防、公共安全和公共秩序、通货、信贷和汇兑以及选举法。上述列举由组织法予以细化和补充。

　　前述两款规定不适用于留尼旺之省和大区。

　　第 2 款和第 3 款规定之授权，应基于相关地方自治团体之请求按照组织法所规定之条件和保留加以决定。上述授权不得涉及宪法所保障的自由与权利之行使的实质条件。

　　非经根据第 72 – 4 条第 2 款征得相关团体之注册选民的事先同意，不得以法律创立替代海外省或海外大区的团体，亦不得为两个团体设置单一的审议会议。

　　——以上条文为译者注

2003 年 3 月的修宪在事实上消除了地方自治团体尤其是海外团体之间地位过度多样化的障碍。因此，宪法第 74 条规定的海外团体应具有能反映其在共和国内之自身特殊利益的地位。易言之，也就是一种"量身定做"（sur mesure）的地位，这能够赋予它们一种更高度的"自治"，正与波利尼西亚的情形类似。而且，新的第 72 – 4 条①允许海外地方自治团体的体制和地位之变通（第 73 条和第 74 条规定的体制的相互转变），当然，这样的变通必须以当地人民予以同意为条件。②

此外，2003 年修宪还扩大了议会的权力，即有权设立新的地方自治团体以及对它们实施合并（第 72 条第 1 款）。但地方自治团体的合并在实践中显得较为困难：因为科西嘉的选民在 2003 年 7 月 6 日的公决中拒绝通过合并科西嘉已有的两个省来设立一个单一的地方自治团体。而且，阿萨斯大区的两个省的合并也在 2013 年 4 月 7 日的公决中遭到了否决。

修宪为地方组织的多样化打开了方便之门，但这道门在实践中还没有被穿过。适用于国土不同部分的法律制度的差异化，就多样性而言却已经显得更加清晰了。

（二）法律的地方化（territorialisation）

对于 1789 年的革命者而言，共和国的单一性曾经必须建立在适用于整个国家的法律的单一性之上。那么，公民在法律面前的平等是否不再

---

① 第 72 – 4 条规定如下：

非经按照下款规定之方式取得相关团体之选民或相关团体之部分的选民事先同意，不得对第 72 – 3 条第 2 款规定的团体的全部或部分作任何变更，亦不得实施第 73 条和第 74 条规定的体制的相互转变。此类体制变化应以组织法决定之。

共和国总统基于政府在议会会期内所提建议或基于议会两院所提联合建议而刊载于政府官报者，得决定在海外地方自治团体内就该团体之组织、权力或立法体制问题征询选民之意见。若基于政府之建议举行涉及前款规定之体制变化的全民公决，则政府应向议院各院进行声明，并由议会辩论之。

——以上条文为译者注

② 因此，两个曾属于瓜德罗普的市镇，即圣巴泰勒米和圣马丁，具有了宪法第 74 条所规定的海外团体的地位。（2007 年 2 月 21 日组织法）

构成新制度的基础之一？

现行宪法保留了平等原则的同一公式，但它比以往更承认"法律的地方化"，或者说是法的适用的地方差异性。海外团体是上述差异性的最早的受益者。

宪法第74条规定的海外团体（完全如2003年修宪以前的海外团体一样）得适用法律特殊性的原则，旧的殖民性原则，据此法律只有在其有明示规定和经当地宣告后方可适用于此类团体。而只有那些"主权"的法律才当然适用于此类团体（例如关于司法的法律），以便保障最低程序的法律统一性。

海外省和海外大区能够以宪法第73条为基础，减损或变通本土共同法，从而就此获益，但这种减损或变通必须"以此类团体之特殊性质和制约"为理由。此类变通得由此类团体在其权限范围内为之，或者由其根据法律授权而为之。

此外，所有地方自治团体，无论本土还是海外，都在2003年修宪中获得了试验权利，即"为特定目的并在确定期限内，试验性地减损调整其权限行使的法律性或者条例性条款"（第72条第4款）。① 地方试验尽管是临时性措施，但"试验权利"的承认在性质上无疑加强了适用于国土的法律规则的多样化，这涉及全国性的法律规则甚至是法律本身，因此构成了一个真正的创新。

但是，在2003年修宪时，人们也对"试验权"可能给国家单一性造成的风险表示了担忧，这种担心进一步体现在2004年8月1日组织法所设置的条件中，该组织法为试验权的行使设置的框架，显然是在充分地限制试验权的实现，以至于这一权利的实现至今仍显虚化，任何地方自治团体都没有要求从这一权利中获益。

---

① 关于法国的地方试验制度，可以参见王建学、朱福惠："法国地方试验的法律控制及其启示"，载《中国行政管理》2013年第7期。——译者注

法律的地方化同样在海外团体的权限转移中得到了强化，通常属于全国性法律的权限也转移给海外团体，例如设立税收方面的权限，当然，这些权限转移不得涉及宪法所保留的触及国家主权的特定领域（司法、公民权、内部安全与秩序等，参见第73条第4款）。

更一般地讲，议会亦得考虑地方特殊性，从而将其自身制定的规则限于国土的特定部分予以适用，或者排除其在国土其他部分的适用，但这并不是什么新玩意儿。立法权的单一性并不能推导为可适用的法律的单一性，而正是在此意义上，我们可以讨论"多-法律的国家（État pluri législatif）"，正如阿尔萨斯-摩泽尔和科西嘉古时存在的地方法在今天仍然富有生命力一样。更晚近以来，领土整治的要求也导致了法律制度的多样化，以便实现惠及最落后大区的平衡，而且宪法委员会判定不可分割原则和平等原则并没有受到这些规定的侵害（1995年1月26日第94-358 DC号判决）。

那么，法律单一性和公民在法律面前平等的这些要求中还有什么保存下来的呢？

一方面，显然"法律的地方化"不得导致共和国领土范围内关于公共自由的法律制度的差异。宪法委员会多次判定，关于公共自由的法律之适用的本质条件，不得由地方团体加以决定，也因此不得因地方团体之不同而存在差异。[①]

自由对于一切人在任何条件下都必须是平等的，无论涉及教学自由（第85-185 DC号判决和第93-329 DC号判决）还是人身自由及结社自由（第96-373 DC号判决）。国家必须保留确定自由之一切保障的权限，无论其为法律性质（宪法第34条规定的根本保障）还是条例性质（其他

---

① Déc. 84-185 DC du 18 janvier 1985 *Loi Chevènement*, RJC I, p. 219; déc. 93-329 DC du 13 janvier 1994, *Révision de la loi Falloux*, RJC I, p. 562; déc. 373 DC du 9 avril 1996 *Autonomie de la Polynésie française I*, RJC I, p. 660; déc. 454 DC du 17 janvier 2002, *Corse.*

保障），包括在享有最大限度自治权的地方团体内也不例外（1996 年 4 月 9 日关于波利尼西亚法规的第 96 – 373 DC 号判决）。

公共自由的法律制度的单一性处于完全的保障之中，这有助于增强国家的单一性。而且，2003 年的修宪已经很好地标示这一界限：赋予地方自治团体的以试验名义减损条例和法律的权利，在其行使的过程中不得涉及"行使公共自由或者宪法所保障权利的实质条件"（第 72 条）。同样，涉及"公共自由之保障"（第 73 条）的权限不得转移给海外省和海外大区，这仍然处于宪法委员会的判例的含义之内。

另外，平等原则还联系着国民连带关系的必然要求，它意味着国家有义务在处理个人的社会关系方面确保特定的单一性和同质性得到维持。

因此，宪法委员会在 1997 年 1 月 21 日判决（老年津贴）中认可了国民连带性的要求，并指出将分配社会津贴的权限转移给地方机关必须遵守一个条件，即议会已经预防涉及受益人间的平等原则性质的偶然中断，从而使权限转移从属于明确的标准。因此，即使在公共自由方面并不要求严格地遵守平等原则，最好的状况也是个人在国土范围内的任何地方都受到一致的对待。同样的解决方案来源于宪法委员会的两项判决，即关于最低收入地方分权化的 2003 年 12 月 18 日第 487 DC 号判决和涉及省在社会住房方面的权限的 2004 年 8 月 12 日第 503 DC 号判决。

结　语

单一性原则的最初功能是防止任何联邦主义的偏差，这一原则已经长期被视为地方分权的障碍，任何朝向更多地方多样性的演变都受到这一原则的抵制。如此一来，国家的权力必然导致地方团体的虚弱无力，地方团体也淹没在同一性的制度模型中，从而持续处于同一的国家法当中，而国家法很少考虑地方的特殊性。

1968 年，戴高乐将军在谈到法国时就已经认识到，"几个世纪的中央集权努力，对实现和维持法兰西统一曾是长期必需的，但从今以后，尽管各省的分歧不断缠着法兰西，中央集权已经不再必要了"。①

55 年以后则可以认为，在内容上焕然一新的单一制原则和已经受到强调但在适用中有所克制的地方自治这两者之间，一个令人满意的宪法平衡显然已经找到。

---

① Allocution prononcée le 24 mars 1968 à l'ouverture de la 50e foire internationale de Lyon, in Discours et Messages, Vers le terme, 1966 – 1969, Plon, 1970, p. 271.

论香港特别行政区法院的
"违基审查权"

◎李树忠　姚国建[*]　著

　　1997 年 7 月 1 日随着香港回归，香港特别行政区成立（以下简称特区）成立，《中华人民共和国香港特别行政区基本法》（以下简称《基本法》）正式实施。在基本法实施之初，特区法院有无违基审查权就成为一个极具争议性的话题。这一争议随着 1999 年香港终审法院在吴嘉玲案中的判决达到了第一个顶峰。其后若干年，香港特区法院违基审查权一直是陆港两地基本法理论和实务界的中心话题之一。2010 年《法学研究》第 3 期发表了董立坤、张淑钿的论文《香港特别行政区法院违反基本法审查权》（以下简称董文）。董文洋洋数万言，其核心是特区法院的违基审查权（董文称为"违反基本法审查权"）没有法律依据，乃法院的自我设定，混淆了中央与地方权力关系、偏离了特区政治体制、扭曲了基本法与普通法的关系。笔者认为，董文未能充分地考虑特区的普通法环境，夸大了特区法院违基审查权的消极影响，更多地以政治性思维考量法律问题，其结论对维护基本法权威、促进基本法的实施并不具有正面

　　* 作者李树忠，中国政法大学教授；作者姚国建，中国政法大学教授。原文首发于《法学研究》2012 年第 2 期，原标题为"香港特区法院的违基审查权——兼与董立坤、张淑钿二位教授商榷"。另参见董立坤、张淑钿："香港特别行政区法院违反基本法审查权"，载《法学研究》2010 年第 3 期。

的作用。本文试图通过解读普通法内涵来理解特区法院违基审查权，并分析这一权力可能造成的影响，从而为特区法院违基审查作一准确的定位，并以此求教于董、张二位教授。

一、特区法院"违基审查权"含义之辨

（一）违基审查权的性质

在实行成文宪法的普通法国家，违宪审查权一般被称为"司法审查"，指法院在审判中依据宪法对有关立法行为和行政行为进行合宪性裁决的审查，或者指依据上位法审查下位法是否合法而作出裁决的行为。原初意义上的司法审查是与英国普通法相伴生的一个概念和制度，在美国，基于成文宪法的最高性，联邦最高法院通过马伯里诉麦迪逊案将司法审查的意义扩张到宪法层面，即根据宪法审查法律及行政行为的合宪性，即违宪审查。违宪审查使宪法不再是空中楼阁，而是扎根于现实生活的最高的法。

香港是普通法地区。特区成立后，香港保留了普通法体制，其法制的最大变化在于基本法的实施。董文的一个重要论点是基本法不是特区的宪法，而只是宪法性法律，所以对于违反基本法法律的审查不能被称为"违宪审查权"。基本法当然不是特区的宪法，特区法院的违基审查也不是违宪审查，这是毋庸置疑的。但是，基本法的效力比特区立法会制定的法律效力要高，而这正是特区法院违基审查权存在的一个根本前提。所以，问题的关键不在于基本法是不是一部宪法，① 特区法院的这一权力究竟是称为"违宪审查权"还是"违基审查权"抑或"司法审查权"都不重要，因为违宪审查权本身在不同的国家就有不同的称谓；问题的实质在于特区法院是否有权根据上位法判断下位法合法性的问题。

---

① 邵善波："成文宪法对香港原有司法体制的影响"，载《港澳研究》2007 年冬季号。

（二）特区法院违基审查的有限性

讨论特区法院应否行使违基审查权还需要对其内涵作出进一步界定，即这一权力覆盖的范围问题。反对特区法院行使这一权力的一个重要理由是特区法院作为一个地区法院无权审查中央政府的行为。对于特区法院无权审查中央政府行为的论点，笔者自无异议，这一点后文仍有详述。但正如前文指出的，违基审查权争议的实质是特区法院是否有权根据上位法判断下位法合法性的问题。① 基本法的"下位法"无疑指的就是特区立法会制定的法律，而不包括中央立法。实践中，自 1999 年吴嘉玲案后，特区法院就不再质疑中央政府行为是否符合基本法了，而仅是审查特区立法会制定的法律是否符合基本法。实际上，香港学者也是在这一意义上使用这一概念的。如有学者认为，香港法院的违宪审查权是"指特别行政区法院就特别行政区立法机关的立法的审查权，如裁定特别行政区立法是否因与基本法相抵触而无效。"② 而董文反对的恰恰是这种意义上的司法审查权。所以，本文也就仅对这种意义上的司法审查权进行探讨。

二、特区法院违基审查权的依据

值得注意的是，在学界对特区法院究竟有无违基审查权的问题众说纷纭的 10 多年时间内，特区法院一直在行使这一权力，这已是一个客观事实。③ 在香港，特区政府也对此持默许的态度；而特区社会，尤其是法律界，则持普遍赞成的立场。面对这一现实，重要的不是去争论法院是否应当具有违基审查权，而是应该探讨特区法院为什么会积极行使违基

---

① 根据基本法的规定，特区立法会制定的法律、政府行为以及普通法、衡平法均不得同基本法相抵触。但实践中存有争议的以及董文所反对的是特区法院有无权力审查立法会制定的法律。因此，本文也将探讨范围限于此，而不探讨法院对政府行为等的审查。

② 陈弘毅："论香港特别行政区的违宪审查权"，载《中外法学》1998 年第 5 期。

③ 邵善波："成文宪法对香港原有司法体制的影响"，载《港澳研究》2007 年冬季号。

审查权并得到广泛的认同。笔者以为，普通法传统、特区回归后的新法治秩序以及全国人大常委会审查权的不完整性共同促成了特区法院违基审查的实践。

（一）普通法传统为违基审查权提供了法理基础

作为不成文法和判例法，普通法的规则体系是分散的，但并非杂乱无章，而是以其中蕴含的丰富法治理念为纽带的统一体。庞德认为，普通法主要是一种司法与法学思维的模式，一种解决法律问题的方法，而非许多一成不变的具体规定。所以，普通法不仅是作为一种法律规则体系著称，更重要的是，普通法是一种独特的法律思维，蕴含着独特的法治理念，其中包括司法审查制度。香港普通法是英式普通法经移植至香港后在香港本土生根而成的。香港以一种务实和开放的精神将英国普通法吸收与发展，使之行之有效。普通法对香港的繁荣稳定作出重大贡献，"香港同胞尽管没有真心接受英国殖民者的统治，但却已完全认同了英国的法律及与此相应的文化观念。"① 基本法对普通法在香港的地位提供了保障。香港人所认同的并受到基本法保障的不仅是普通法的规则体系，更重要的是其理念与精神。那么，如何理解普通法理念与司法审查的关系呢？

1. 法律至上理念要求任何国家权力都应服从于法

法律至上是普通法的重要理念。这一理念是伴随着英国中世纪世俗与宗教司法管辖权的分野观念以及世俗权力对宗教事务的完全无涉产生的，是封建社会司法权与王权斗争胜利的直接成果。早期法律至上主要是针对王权的。13 世纪英国著名法学家布拉克顿曾言："国王本人不应该受制于任何人，但他却应受制于上帝和法，因为法造就了国王。因此，就让国王将法所赐予他的东西——统治的权力——再归还给法，因为在

---

① 苏义工：《中法西用——中国传统法律及习惯在香港》，社会科学文献出版社 2002 年版，第 1 页。

由意志而不是由法行使统治的地方没有国王。"①布拉克顿的学说并不是理想的空论，而是对中世纪英国政治体系中自然状态的总结，正如布拉克顿本人所说："国王在万民之上，却在上帝和法律之下。"②1215 年英王约翰签署的《大宪章》是这一观念的具体化，它从法律上确立了"王在法下"的观念。大法官柯克继承并发展了布拉克顿的法治思想。在限制王权的问题上，他进一步明确提出："除了法律与国家认可的特权外，国王没有特权。"在《大宪章》的性质问题上，他认为《大宪章》之"大"，"不是由于它的篇幅，而是由于它所包含的内容至关重要且崇高伟大，简而言之，它是整个王国所有的基本法律的源泉。"他重申，任何与它相悖的判决和法规"皆为无效"。③

随着市民革命的胜利，英国国王的权力转移到议会以及议会中的多数派手中，但是，"普通法对待国王、议会和多数派是一视同仁的，它只在法律所确认的范围之内遵从以上三者的意志，但他们要接受这样的警示：你们只能依据上帝和法律来统治这个世界！一旦宪法对权力进行了限制或者对其行使规定了一定程序，那么普通法院将拒绝执行超越这些限制的任何行为。"④柯克甚至还大胆地提出："如果议会的行为背离基本人权和理性，那么普通法应对这一行为进行监督控制，并宣告它无效。"⑤可以看出，英国历史的演变并没有使法律至上的传统得以改变，权力受制于法的精神并没有废弃，法律至上原则成为普通法传统的基石，并且

---

① ［美］爱德华·考文：《美国宪法的"高级法"背景》，强世功译，三联书店 1996 年版，第 21 页。

② ［美］爱德华·考文：《美国宪法的"高级法"背景》，强世功译，三联书店 1996 年版，第 35 页。

③ ［美］爱德华·考文：《美国宪法的"高级法"背景》，强世功译，三联书店 1996 年版，第 55 页。

④ ［美］罗斯科·庞德：《普通法的精神》，唐前宏等译，法律出版社 2001 年版，第 44 页。

⑤ ［美］爱德华·考文：《美国宪法的"高级法"背景》，强世功译，三联书店 1996 年版，第 52 页。

适用范围更加广大，成为限制一切统治权力而又不依赖于现实的法律存在的最明确的原则。

2. "高级法"思想为司法审查提供了实在法依据

要指出的是，前文所指法律至上理念中的"法律"首先是指普通法本身，而不是国王或议会的制定法。但问题是，普通法何以能够限制国王和议会？美国学者考文在评价普通法大师柯克时指出，柯克的普通法思想对美国司法审查制度有三个方面的贡献：首先，柯克确立违反"共同权利和理性"的法律无效的观念；其次他提出了基本法的学说，认为这种基本法既约束议会，也约束国王，而且其内容应体现在一个特定的文件当中；再次他确立了法院解释法律的观念。而这三点也正是司法审查作为普通法传统的依据。其中前两个方面体现了普通法的"高级法观念"。"高级法"思想是普通法中重要的思想，它从《自由大宪章》开始萌芽，而在成文宪法中找到了实在法依托。相对于其他法律（早期的国王立法，后来的议会立法），"高级法"具有更高的权威性，其他法律不得与之违背。考文指出，普通法所体现的"共同权利和理性"不仅是普通的法律，也是某种永恒不变的、最基本的东西，它就是高级法。① 这道出了国王议会立法受制于共同权利和理性的关键所在。"大宪章之所以出名，更主要的是由于它是一纸文件，所以它可以明确的体现高级法的观念。"在大宪章出现以后的一个多世纪里，《大宪章》不仅像普通法那样可以作为诉讼的依据，而且拥有了"高级法"的特征：任何成文法如与《大宪章》相悖，则"必然是无效的"。②

普通法何以成为"高级法"？因为普通法体现了一种理性，而不仅仅是习惯，"当法官们选择承认什么样的习惯以使其具有全国的效力，和禁

---

① ［美］爱德华·考文：《美国宪法的"高级法"背景》，强世功译，三联书店1996年版，第46页。

② ［美］爱德华·考文：《美国宪法的"高级法"背景》，强世功译，三联书店1996年版，第28页。

止什么样的习惯通行时，他们实际上运用了'合乎理性'这一检验标准。""实际上，普通法体现正确理性这一观念从十四世纪就提供了普通法要求被看作高级法的主要依据。"① 柯克有时将之称为"共同权利和理性"。在著名的博纳姆案中，他明确指出："在许多情况下，普通法会审查议会的法令，有时会裁决这些法令完全无效，因为当一项议会的法令有悖于共同权利和理性、或自相矛盾、或不能实施时，普通法将对其予以审查并裁定该法令无效。"那么，何谓"理性"或"共同权利和理性"？按柯克的理解，理性乃是法律的生命，因而，普通法无非就是理性而已；它是人们通过长期的研究、深思和经验而实现的理性之技艺性的完美成就，而不是普通人天生的理性，因为没有人生而技艺娴熟。法律理性乃是最高的理性。因而，即使分散在如此众多头脑中的全部理性集中于一人头脑中，也不可能造出像英国法这样的一套法律。柯克又进一步解释，理性不是一个含糊不清的概念，而是通过《大宪章》等成文文件载明的各项人民权利，如依法审判、人身保护、非经议会同意不得征税等。② 但英国市民革命的特殊进程造就了英国的不成文宪法体制，并且形成了"议会至上"的宪法原则，这使得《大宪章》《权利请愿书》这些体现普通法理念的宪法性文件最终没有演变成近代意义上的成文宪法，因而英国也没有最终形成现代违宪审查意义上的司法审查。但英国的这种高级法理念最终在美国寻找到了新的实定法载体，这就是成文宪法。考文指出，由美国宪法保护其不受立法权侵犯的许多权利，最初是指由普通法保护的那些不受一个人邻里侵害的权利。③ 所以，普通法中抽象意

---

① ［美］爱德华·考文：《美国宪法的"高级法"背景》，强世功译，三联书店1996年版，第20页。

② ［美］爱德华·考文：《美国宪法的"高级法"背景》，强世功译，三联书店1996年版，第55页。

③ ［美］爱德华·考文：《美国宪法的"高级法"背景》，强世功译，三联书店1996年版，第18页。

义上的"普遍的权利和理性"内化为美国成文宪法的理念和依据，具体化为宪法所保障的公民权利，这就使得成文宪法取代普通法成为约束议会权力的根据。普通法大师庞德也指出，正是在对英国殖民地的法律，特许令状制度，成文宪法以及人权宣言等的遵循、反思等，把美国引向了法律至上的境界，并在这里让柯克以人权和理性约束议会的理想得以实现。① 马伯里诉麦迪逊案集中体现了宪法作为高级法的理念。马歇尔法官指出："立法机关的权力是限定的和有限制的……假如这些限制随时有可能被所限制者超越，假如这些限制没有约束所限制的人，假如所禁止的行为和允许的行为同样被遵守，则有限政府和无限权力之间的区别就消失……要么宪法制约任何与之相抵触的立法机关制定的法律，要么立法机关可以以普通法律改变宪法……在这两种选择之间没有中间道路。宪法要么是优先的至高无上的法律，不得以普通立法改变；要么与普通立法法案处于相同的地位，像其他法律一样，立法机关可以随意加以修改。"②

3. 司法中心主义为法院进行审查提供了法理依据

前文回答了普通法下为什么权力应受约束以及应受何种规范约束的问题，下一个问题自然就是，谁有资格具体负责审查呢？普通法的观念是，只有法官才能承担这一责任。布拉克顿在强调国王应受约束的同时就指出，"如果国王没有约束，就是说如果没有法律约束，那么法官和男爵们就应当给国王施以约束。"③ 柯克也明确指出，在确定法律认可的国王特权时，国王自己不能解释这种特权，只有法官才是权威的解释者。

为什么只有法官才能承担这一职能？原因就在于，普通法所体现的"理性"只有法官才能发现。"作为普通法基石的正确理性，从一开始就

---

① ［美］罗斯科·庞德：《普通法的精神》，唐前宏等译法律出版社 2001 版，第 52 页。

② Marbury v. Madison, 5 U. S. 137, 2 L. Ed. 60（1803）.

③ ［美］爱德华·考文：《美国宪法的"高级法"背景》，强世功译，三联书店 1996 年版，第 23 页。

是法官的正确理性。普通法被看作是依赖于知识或发现的法，所以它是依赖于专家们的法，随着遵循先例学说以空前稳固的方式得到确立，情况便愈益如此。"① 1608 年柯克在博纳姆案中进一步指出："涉及臣民的生命、继承、动产或不动产的诉讼并不是依自然理性来决断的，而是依人为理性和法律的判断来决断的；法律乃是一门艺术，一个人只有经过长期的学习和实践，才能获得对它的认知。"②正如美国学者考文所指出的，柯克在使用共同权利和理性时，是在暗指"人为理性和法律判断"，他将法官界和律师界看作是它的特别保护人。③

柯克等人将法官视为法律和理性的保护人是与法官群体在普通法中的特殊地位密切相关的。在英国，早期的法官由国王身边受重用的大臣担任，判例在很大程度上体现了国王的意志。但随着司法实践的发展，法官逐渐演变为一个相对独立的职业群体，具有独立的地位、精湛的学识和很高的社会公信力，是法律职业群体中出类拔萃之士，这些精通法理又具有丰富经验的法官们通过一个个经典的判例，赋予普通法以丰富的内涵和顽强的生命力。所以，普通法的产生与特殊的法官职业群体有密切关系。与其说普通法"为创造一个不成文的法律体系和一个以口头形式做出判决并加以记录的才华卓越、德高望重的司法界奠定了基础"，④不如说才华横溢的法官在司法实践活动中造就了普通法的理念、原则、规则和技术，使普通法富有活力且坚忍不拔，战胜了教会争夺司法权、

---

① ［美］爱德华·考文：《美国宪法的"高级法"背景》，强世功译，三联书店 1996 年版，第 20 页。

② ［美］爱德华·考文：《美国宪法的"高级法"背景》，强世功译，三联书店 1996 年版，第 35 页。

③ ［美］爱德华·考文：《美国宪法的"高级法"背景》，强世功译，三联书店 1996 年版，第 21 页。

④ ［美］格伦顿等：《比较法律传统》，米健等译中国政法大学出版社 1993 年版，第 93 页。

中国与法国的合宪性审查

成文法运动等危机，成为世界性的法律。①

也正因为法官的特殊地位以及普通法的发展特点，有学者将司法中心主义视为普通法区别于大陆法的最重要特征。②在美国成文宪法出现以后，基于司法中心主义，解释法律和决定相互冲突的法律在案件审理的适用与否成了法院的固有权力。"将既定规则适用于特定案件的人必然要解释这种规则。如果两部法律相互抵触，法院必须决定适用其中哪部法律。如果一部法律是违宪的，而该法与宪法都适用于同一案件，则法院必然要么无视宪法，适用该法，要么无视该法，适用宪法。"美国汉密尔顿在美国宪法制定时就指出：法院的完全独立在限权宪法中尤为重要。所谓限权宪法系指为立法机关规定一定限制的宪法。如规定：立法机关不得制定剥夺公民权利的法案；不得制定有追溯力的法律等。在实际执行中，此类限权须通过法院执行，因而法院必须有宣布违反宪法明文规定的立法为无效之权。如无此项规定，则一切保留特定权利与特权的条款将形同虚设。③

（二）香港的新法治秩序激活了普通法中的司法审查权

反对特区法院行使违基审查权的一个重要论点是特区成立之前香港法院没有违基审查权，根据普通法遵循先例的原则，回归后特区法院亦没有违基审查权。董文也秉持这一思路。但是，这一论点是不成立的。

首先，香港法院在回归前有无类似权力在学术界本身是有争议的。香港回归以前，英国为香港制定了《英王制诰》和《王室训令》，作为在香港实施的宪法性法律。香港法院在1991年以前并没有审查香港立法机关的法律是否与这两个宪法性文件相抵触而无效的权力。但有学者主

---

① ［美］罗斯科·庞德：《普通法的精神》，唐前宏等译法律出版社2001年版，第3页。

② 李红海："普通法研究在中国：问题与思路"，载《清华法学》2007年第4期。

③ ［美］汉密尔顿等：《联邦党人文集》，程逢如等译，三联书店1996年版，第392页。

张，实践中没有相关的案例，"并不表示法院在法理上没有违宪审查权"。① 所以，不能据此认为香港回归后法院也不应有违基审查权。1991年后，香港立法局制定了《香港人权条例》，香港法院可以根据该条例审查香港立法机关的立法，如发现其有侵犯人权的情形可宣布其无效。根据该条例，形成了一系列判例。当然，全国人大常委会在回归前废除了《人权条例》中的凌驾条款，但这是否意味着据此形成的判例也不再有效是存有争议的。

其次，遵循先例虽然是普通法的重要原则，但这一原则不是绝对的。各普通法国家的法院推翻先例的判决屡见不鲜。当然，推翻先例需要充分的法理根据以及社会现实发生重大变化。而香港在回归后恰是具备了这一条件，那就是香港由回归前的不成文宪法体制转变为成文的宪法体制，形成新的法治秩序，而普通法在其发展历史中彰显出来的开放性和适应性总能使其能够超越文化和传统的障碍，吸收其他法律渊源的规范，与当地法律找到恰当的契合点。② 这其中一个重要表现就普通法与新法治秩序的协调。

在英国，早期的科克案已经孕育了违宪审查的思想。但由于资产阶级革命的妥协性以及渐近性，英国形成了独具特色的宪政体制，其中有两个最重要的特点：一是不成文宪法体制，二是议会主权。前者使得宪法的效力和其他法律的效力是等同的，宪法缺乏针对议会立法的最高效力；后者使得没有任何机构可以质疑议会立法的正当性。所以，法院既没有据此审查议会立法是否正当的宪法依据，也不能质疑议会立法。所以，原本违宪审查意义上的司法审查在新宪政体制下被阻断，司法审查只能针对政府的行为，成为行政诉讼意义上的审查。但值得注意的是，二战后随着欧盟立法的完善，英国的宪政体制发生了重大变化，传统的

---

① 陈弘毅："论香港特别行政区的违宪审查权"，载《中外法学》1998年第5期。
② 李红海："普通法研究在中国：问题与思路"，载《清华法学》2007年第4期。

议会主权原则受到严重挑战，1998 年英国议会通过《人权法案》。根据这一法案，法官在个案中如认为议会制定的法律与《人权法案》相抵触，可以作出不一致的宣告，① 从而使法院获得了部分审查权。

英国在世界上进行殖民扩张的时候，将普通法移植到这些国家和地区，但并没有将自己议会主权的政治体制移植过来，而是建立了适应其殖民统治需要的总督制。但这些国家或地区在政治上独立后，通过制宪来保障主权，从而形成了具有自己特色的成文宪法体制，而且强调宪法的最高法律效力。基于宪法的最高性，保留下来的普通法只能在新的宪政体制框架下生存和发展；为了适应新的宪政体制，普通法必然会作出某些调整和修改。如在美国，在独立后于 1787 年制定了成文宪法。普通法传统对美国宪法的影响至关重要，美国宪法虽然没有规定司法审查制度，但在 1803 年的马伯里诉麦迪逊一案中最高法院宣称自己有宪法解释权，从而确立了司法审查制度。这使得最高法院可以根据宪法，尤其是其中的普通法规则进行裁判，形成大量宪法性判例，丰富了普通法的判例法体系。

同样，澳大利亚的普通法也受到了新宪政体制的影响。1901 年澳大利亚独立后仍然是英联邦的一员，奉英国女王为"名义上的君主"。20世纪 70 年代后，一连串富有改革性的判决慢慢导致了与占统治地位的英国法的疏离和澳大利亚法的诞生。② 1964 年的 Parker v. R 一案打破了长期以来澳大利亚的传统——澳大利亚法官在裁判时很自然地以英国判例为指南。而在 1978 年的 Viro v. R 一案中，澳大利亚法院历史性地宣布自己不再受枢密院判决的约束，而州法院则须遵从澳联邦最高法院的判决，从而切断了与英国法在宪法上仅存的最后联系。此案被认为是澳大利亚

---

① 李树忠："1998 年英国《人权法案》及其对英国宪法的影响"，载《比较法研究》2004 年第 4 期。

② 顾敏康："从澳大利亚法律改革看香港普通法的发展方向"，载《法学》2003 年第 1 期。

民族独立和司法独立运动的高潮。在 1987 年在 Cook v. Cook 一案中，安东尼·梅森爵士、威尔逊、迪恩和道森诸位大法官的共同判决将 Viro v. R 一案的结论做了更完整的阐述，从而使澳大利亚的普通法正式在澳联邦新的宪政框架下被适用与发展。澳大利亚新的宪政框架移植了美国的司法审查制度，由法院审查立法的合宪性。

通过普通法在这些国家的发展，可以看出，由于普通法的司法中心主义，一旦普通法与成文宪法联系起来，其法院必然获得对宪法的解释权以及违宪审查权。实际上，在普通法和成文宪法共生的体制下，是没有办法将宪法解释权与违宪审查权分开的，因为宪法解释权在本质上并不是一种独立于立法、行政、司法之外的一种"权力"，它只是法院在进行违宪审查时必须进行的一项活动，法院如果不解释宪法，就无从进行违宪审查，而宪法解释的目的就是为了进行违宪审查。所以，不能将二者分割开来。这一点实际上甚至在大陆法国家也是如此。①

香港回归之前由英国管治，是不成文宪法体制下的地方区域，在当地实行总督制，总督执掌立法权，立法会只是总督行使立法的咨询机构。这种体制下，法院当然不可能具有违宪审查权。实际上，到了 20 世纪 90 年代后期，随着《人权条例》的颁布，法院已经获得了部分违宪审查权。② 但基本法的实施使香港普通法获得了一个全新的法治秩序。由于普通法在香港获得了高度社会认同，它成为一种主导香港法律制度发展的根本性的、传统的力量，基本法在这一新环境下实施，必然会受到普通法的重大影响，这主要表现在法官们将普通法的理念、原则、规则和技

---

① 董文认为不能从法院的法律解释权推导出违宪审查权，并以法国、德国为例。实际上，这根本就是一个不存在的命题，谈不上对错与否。因为包括法国、德国在内，违宪审查权是宪法规定的一种权力，但宪法根本就没有所谓"宪法解释权"的规定，宪法解释只是法院在进行违宪审查时的一项必须进行的伴随性活动，讨论能否从法律解释权推导出违宪审查权本身就是本末倒置。

② 当然，英国的《人权条例》中的凌驾性条款在香港回归前被全国人大常委会宣布为无效。

术贯彻到基本法的实施过程当中，其中就包括法官的违基审查权。基本法明确肯定了普通法制度在特区的保留，这种保留显然不单纯是普通法规则的保留，更重要的是普通法理念、原则和精神的保留。所以，是否认可特区法院的违基审查权的关键在于是否承认普通法在特区的保留。

（三）全国人大审查权的不完整性使特区法院的违基审查成为必要

1. 全国人大常委会的审查权只是部分审查权

《基本法》第 17 条规定，特区立法会制定的法律要报全国人大常委会备案，备案不影响该法律的生效；全国人大常委会在征询其所属的基本法委员会后，如认为特区立法会的任何法律不符合基本法关于中央管理的事务及中央和特区关系的条款，可将有关法律发回，但不作修改。经全国人大常委会发回的法律立即失效。该法律的失效，除香港特别行政区的法律另有规定外，无溯及力。"基本法将全国人大常委会审查的法律局限于'不符合本法关于中央管理的事务及中央和香港特别区的关系的条款'的范围，意即在此范围以外的属于香港特别行政区自治范围内的条款，全国人大常委会则可不发回，这里又表现尊重香港特别行政区的高度自治权。"① 所以，全国人大常委会不审查特区立法是否符合基本法关于特区自治范围内的条款不是立法者的疏漏，而是贯彻"一国两制"构想所需要的。② 而在立法实践中，特区立法会作为一个地方的立法机构，绝大部分立法涉及的是地方性事务，不会经常性的涉及中央政府权力或其与中央的关系，这就决定着全国人大常委会只能对很少部分特区法律进行审查。但是，按照基本法，特区的所有法律都不得同基本法相抵触。那么，谁来审查这些不属于全国人大常委会审查范围的法律呢？基本法赋予了特区法院终审权，显然我国最高司法机关不能对此进行审查；而在特区范围内，立法会对自己制定的法律不能审查，否则就是自

---

① 肖蔚云：《论香港特别行政区基本法》，北京大学出版社第 334 页。
② 陈欣新："香港与中央的'违宪审查'协调"，载《法学研究》2000 年第 4 期。

我审查，行政长官虽然可以在立法会通过法律后不予签署，而将其发回。但行政长官发回法律显然不是基于法律违反基本法的法律性判断，而是政治性的判断。除此，只有法院有可能去行使这一权力。

2. 全国人大常委会怠于行使审查权

基本法规定特区立法要报全国人大常委会备案，全国人大常委会可以将特区立法会制定的与基本法有关中央权力条款或特区与中央关系条款相抵触的法律发回。香港基本法实施 10 多年来，如同宪法规定的全国人大常委会的很多权力一样，这一权力基本处于虚置状态，全国人大常委会并未真正行使这一权力。但在特区的司法实践中，不断会有当事人在诉讼中对特区立法是否符合基本法提出质疑，这就要求特区必须根据基本法去裁决这些法律是否有效。所以，在基本法进入司法实践以后，特区立法是否符合基本法就是法官要经常性面对的问题。

（四）特区法院的司法实践表明违基审查权总体上对基本法实施是有利的

特区法院行使违基审查权自特区成立后第一个涉及基本法的案件即马维昆案就开始了。在本案中，法院在判决中以"附带意见"（obiter）方式，处理本案提出的另一些"重要的法律问题"，其中就包括"特区法院的司法管辖权"问题。法院提出，"中华人民共和国是香港特区的主权国家"，"特区法院不能挑战全国人大设立筹委会的决定、决议及其中的理由。这些决定和决议是主权的行为，它们的有效性不容地方法院挑战"；而且，"香港特区法院也不能审查筹委会在行使其全国人大赋予的权威和权力、执行主权的决定和决议时设立临时立法会的理由"。但是，"特区法院确实有管辖权去审查主权或其代理人的行为是否存在。如似此案，这种情况出现在法院面前，不进行审查则是法院的失职。特区法院应该有权审查三个方面：其一，全国人大是否有决定或决议设立或授权设立筹委会；其二，是否存在筹委会设立临时立法会的决定或决议；其三，筹委会是否事实上设立了临时立法会，以及现在香港特区的临时立法会是否事实上就是根据全国人大和筹委会决定或决议设立的那个机构。"虽然在本案中法官强调不能审查全国人大设立筹备委员会的合法性，但它却审查了全国人大相关的行为是否存在，并以此论证了临时立法会的合法性。可见，这是另一种意义上的审查。时任香港特区政府律政司长梁爱诗曾指出："1997 年 7 月，特别行政区政府成立不久，在马维昆一案，被告人挑战临时立法会的法律地位，如果不是法院在很短的时间内，肯定了它的地位，特区的立法机关通过的法律的合法性将会受到长期的质疑，必然影响特区的稳定。"①

当然，1999 年的吴嘉玲案使法院的违基审查权受到了较大的争议。在该案判决中，香港终审法院认为："包括全国人大和全国人大常委会在内的国家权力机构所作的决定与行为，香港特别行政区法院都可以检视其是否符合基本法。"这一论点在内地引起了轩然大波。基本法专家肖蔚云等四位教授认为，香港法院的这一表态违反了基本法的规定，是对全国人大及其常委会地位和"一国两制"的严重挑战。他们认为，"根据宪法的规定，全国人民代表大会是国家最高权力机关，人民代表大会的立法行为和决定是任何机构都不能挑战和否定的。"② 根据我国宪法体制，没有任何法院包括最高人民法院有权审查最高国家权力机关制定的法律是否抵触宪法，实践中也无这样的先例。最终终审法院在特区政府要求下作出了澄清，明确肯定，全国人大及其常委会依据基本法的条文和基本法所规定的程序行使任何权力是不能质疑的。这个补充说明消除了内地法律界的疑虑，化解了一个可能的政治法律冲突。

经由吴嘉玲案引发的释法风波之后，香港的违基审查又回到了第一

---

① 梁爱诗司长致词，见肖蔚云主编：《论香港特别行政区〈基本法〉的三年实践》，法律出版社 2001 年版，第 1 页。

② 《人民日报》1999 年 2 月 8 日。

个马维昆案所确立的轨道，即特区法院只审查特区立法会制定的法律是否与基本法相一致，而不审查全国人大及其常委会的立法，包括终审法院在内的各级法院也不再提及自己审查中央立法的权力。但在基本法实施的10多年时间内，特区法院一直没有中断对特区立法的审查。对于特区法院的审查行为，香港社会，包括立法会、行政长官及学者鲜有人提出异议，内地的学者观点不一，但多数对这一权力持认同立场，而中央政府对此不予置评。

在违基审查权问题上特区法院立场的调整以及中央与特区政府对此所持的立场表明：在不背离国家主权的前提下，基本法可以在普通法制度中融入香港法律体系。在根据"一国两制"原则所确立的法律体系中，基本法不是宪法，基本法与全国人大制定的其他法律效力是一样的，香港法院当然无权依照基本法审查全国性法律的效力。香港法院适用普通法时必须遵循这一基本的法律效力等级体系，不能挑战全国人大及其常委会的权威、危及国家主权。但另一方面，对国家主权的尊重并不妨碍回归后香港普通法司法审查制度的生命力。基本法也得到了司法审查这一制度的呵护，获得有效的实施。居港权系列案件引发的冲突没有让基本法和司法审查分崩离析，而是让二者找到更为恰当的契合点，风波之后的国旗区旗案便生动地折射出基本法和普通法司法审查制度的相得益彰。对于这样一种事实上已经存在、得到相关方支持或默许并对基本法实施有利的机制，再去质疑其正当性完全是没有必要的。

三、特区法院是"违基审查权"的"原罪"吗

上文简单地论述了特区法院为什么会在回归后行使违基审查权。笔者的意图在于指出这一现象的出现有其必然性；想强调的是，在分析这一问题时，不能无视特区法院违基审查产生的背景以及其合理性而一味地指责其违反基本法。当然，问题还有另一面，即这一权力是否有严重

的消极影响？很多反对特区法院行使违基审查权的学者的论据之一是违基审查权对基本法构成了挑战，董文也秉持了这一思路，并将违基审查权的消极后果概括为三个方面：混淆了中央和特区权力关系的性质、动摇了香港政治体制、扭曲了基本法和普通法的关系。如果这些消极后果客观存在，特区法院的违基审查权确需重新考量。可事实果真如此吗？

（一）特区法院违基审查权没有挑战全国人大常委会的审查权

在特区法院有无违宪审查权的争议中，否定论者的论据之一是，基本法已经规定了特区立法的监督机制，即特区立法要报全国人大常委会备案，全国人大常委会可以对其进行审查并将与基本法有关中央权力及中央与特区关系条款相抵触的立法予以发回，而发回的法律立即失效，因而特区法院没有必要行使违宪审查权。这实际上反映了否定论者的重要担忧：承认特区法院的违基审查权有可能损害全国人大常委会对特区立法监督的权威性。

首先，前文已经指出，基本法并未赋予全国人大常委会全面审查特区立法的权力，特区法院的审查是一种现实需要。其次，特区法院的审查并不会损害全国人大常委会的审查权。所以，这种担忧是不必要的。事实上，特区法院的违宪审查权不仅不会损害中央对特区立法的监督，而且有利于基本法的实施。基本法规定特区立法机关制定的法律不可与其相抵触，而在如何保障这一规定的落实上，基本法所确立的备案审查制度是不完整的。在范围上，全国人大常委会审查的仅是特区立法是否与基本法的中央与地方关系条款及中央权力条款相抵触，而对特区立法是否违背基本法自治范围内的条款则不予审查，因而这一部分审查的体制并不是基本法的疏漏而是中央根据"一国两制"原则刻意设计的；在实际运作中，全国人大常委会的这一权力与基本法所确立的其他多数中央权力一样，在很大程度上是备而不用的权力。① 很大程度上，全国人大常委会的审查权是一种主权意义上的职权。

（二）特区法院违基审查权有利于维护基本法在特区的上位法法律地位

基本法是全国人大根据宪法制定的全国性法律，但其主要在香港实施，是将中央"一国两制"的重大决策在香港的具体化和法律化，本身就代表着中央的权威。基本法在特区的实施程度直接标志着中央权威在特区受尊重的程度。而肯定特区法院的违基审查权，法院在审判过程中不断宣示和强调基本法在特区的最高效力，并以此来判断特区立法是否与其相一致，这显然是有利于维护基本法在特区宪制性法律地位的。这一点在国旗区旗案中得到了明显的体现。

在国旗区旗案中，两名香港市民吴恭劭、利建润被控侮辱国旗罪和侮辱区旗罪，分别违反了为实施《国旗法》和《国徽法》而制定的《国旗及国徽条例》第 7 条②和特区的自行立法《区旗及区徽条例》的第 7 条③，本案最终诉至终审法院。终审法院裁定《国旗及国徽条例》和《区旗及区徽条例》第 7 条没有违反基本法。在本案中，终审法院法官行使了违基审查权。在判决中，法官明确指出基本法在香港的上位法地位。判决指出："基本法载有宪法性条文，保障香港这个文明社会不可或缺的多项自由。"其中"宪法性条文"的表述即表明基本法在香港是上位性法

---

① 根据基本法，全国人大常委会如审查后认为特区立法与基本法中中央权力条款或中央与特区关系条款相抵触，应将法律发回，发回的法律立即失效。但基本法实施 10 多年来，还未出现过全国人大常委会将香港特区立法发回的实践。

② 《国旗及国徽条例》第 7 条规定，任何人公开及故意以焚烧、毁损、涂划、玷污、践踏等方式侮辱国旗或国徽，即属犯罪，一经定罪，可处第 5 级罚款（即 50 000 元）及监禁 3 年。

③ 《区旗及区徽条例》第 7 条规定，任何人公开及故意以焚烧、毁损、涂划、玷污、践踏等方式侮辱区旗或区徽，即属犯罪——（a）一经循公诉程序定罪，可处第 5 级罚款（即 50 000 元）及监禁 3 年；及（b）一经简易程序定罪，可处第 3 级罚款（即 10 000 元）及监禁 1 年。

律。此外，包致金法官在其发表的意见中提到"香港的基本法第 27 条及 39 条保障在香港的人士享有发表自由"，这句话进一步表明香港司法界认可基本法是香港的上位法。当然，法官这一阐释目的不在于对基本法的权威性做一种形式上的宣告，而在于为法院行使违基审查权提供依据。在此基础上，法官指出案件的争议点是《国旗及国徽条例》第 7 条和《区旗及区徽条例》第 7 条是否违反了基本法，并强调如果有关法律条文与基本法相抵触，"法庭有权力及责任做如是宣告"。这实质上是强调了法院享有违基审查权。终审法院首先列举了基本法中与保护国旗区旗有关的规定，表明《国旗及国徽条例》第 7 条是香港实施《国旗法》这一全国性法律的恰当方式，具有保护国旗的合法的社会利益；《区旗及区徽条例》第 7 条具有保护区旗的合法的社区利益；随后法院论证了保护言论自由的重要性，并表示，根据基本法第 39 条，限制言论自由具有正当性，当然这种限制本身也是有限的。然后法官论证了"保障公共秩序"是限制言论自由的理据支持。这表明，如果两争议条款所保护的社会利益和社区利益属于公共秩序且其对言论自由的限制是保障公共秩序所必要，则争议条款不违反基本法。而依据基本法确立的"一国两制"的新宪制秩序，作为"一国"独有象征的国旗和作为特别行政区独有象征的区旗属于公共秩序的一部分；人民虽然不被允许以侮辱国旗和区旗的方式来表达其意见，但仍可通过其他方式表达类似的意见，因而争议条款对言论自由的限制是一种有限度的限制，而不是广泛的限制，这种限制是保障公共秩序所必须的。根据以上分析，法官肯定《国旗及国徽条例》第 7 条和《区旗及区徽条例》第 7 条对言论自由的限制具有理据支持，没有违反基本法。

可以看出，在本案中，法官将基本法的上位法地位作为整个逻辑推理和司法论证的基础，而将违基审查制度作为贯穿整个判决的主线，即判断每一个具体论点是否存在基本法上的支持，从而得出司法裁决的结论，使基本法的相关条文得以实施。可以看出，法院的违基审查权并没有危害基本法在特区的上位法地位，相反，基本法在特区的地位受到了法院的认可，并通过违基审查强化和落实了这一地位。

所以，基本法虽然没有规定违基审查制度，但由于其是在普通法环境中实施，普通法的司法审查制度为其注入了活力，保证基本法在特区的上位法地位。另外，基本法作为特区的上位法，也为普通法中的司法审查传统确立了支点，使这一传统转化为具有操作性的违基审查制度，而不再是单纯的司法理念。法官在国旗区旗案中对违基审查权的充分运用说明：虽然基本法具有内地法律的特点，但是，在普通法传统的特区中，基本法这一新事物不仅没有遏制香港法院的司法审查权，而且为其提供了理据支持和广阔的适用空间。基本法赋予香港特别行政区法院终审权，这意味着特区法院既不像回归前受制于英国枢密院，也无须像内地地方法院受最高人民法院的监督，从而拓展了司法审查的权力空间。与此同时，违基审查制度使基本法在香港普通法传统中得到实施，赋予了基本法强大的生命力和高度的权威性。

（三）损害特区行政主导制的是立法会的强势，而不是法院的司法审查

特区的政治体制不同于内地的人民代表大会制度，它是独特的行政主导制。董文的一个基本观点的是特区法院自设违基审查权，对立法及行政机关行为进行"合宪性"审查，使得司法权高于行政权，而立法和行政部门对司法机构却基本没有制约权，从而偏离了基本法所确认的行政主导模式。笔者认为，要判断特区法院的违基审查权是否偏离了行政主导制，首先要厘清行政主导制的含义，其次要分析行政主导的挑战究竟来自何方，最终才能得出违基审查权是否真的对行政主导构成了挑战的结论。

1. 行政主导制的基本含义

什么是香港特区的政治体制？基本法并没有作出特别明确的规定。参加基本法起草工作的内地学者将基本法所确立的特区政治体制概括为"行政主导制"。① 根据内地权威的基本法学者的解释，行政主导"就是在行政与立法的关系中，行政长官的法律地位要比立法机关的法律地位要高一些，行政长官的职权广泛而大一些。"② 具体表现主要包括四个方面：（1）行政长官既是特区首长，又是特区行政机关的首长；（2）行政参与立法程序；（3）政府提出的法案在立法会中应首先列入议程；（4）行政长官有权解散立法会。③ 在基本法起草过程中，有少数委员主张实行立法主导的体制，行政主导主要是针对这一主张而提出的。④ 可以看出，行政主导不是为了界定行政与司法的关系，而是为了界定行政与立法的关系，"希望在行政与立法的关系上，行政权能够优先得到保障，行政权略高于立法权，以实现行政权力在香港政治生活中的主导地位"。⑤所以，如果说行政主导原则受到挑战也只能是来自于立法机关的挑战，而不是司法机关。

2. 法院对行政行为进行审查不会挑战行政主导

特区法院的违基审查有两个指向，一是针对行政机关的行为，二是针对立法会的立法行为，也就是特区法律。董文将法院对行政机关行为

---

① 许崇德："略论香港特别行政区的政治制度"，见许崇德：《学而言宪》，法律出版社2000年版，第402～413页；肖蔚云："论以行政为主导的特别行政区政治体制"，见许崇德：《论香港基本法》，北京大学出版社2003年版，第829页。

② 肖蔚云：《论以行政为主导的特别行政区政治体制》，见许崇德：《论香港基本法》，北京大学出版社2003年版，第829页。

③ 许崇德："略论香港特别行政区的政治制度"，见许崇德：《学而言宪》，法律出版社2000年版，第407页。

④ 肖蔚云："回顾香港基本法政治体制专题起草的经过——兼评彭定康的宪制方案"，见许崇德：《论香港基本法》，北京大学出版社2003年版，第220页。

⑤ 郝建臻："论香港特别行政区行政与立法的关系"，中国政法大学2008年博士学位论文，第64页。

的审查视为对行政主导体制的不利影响，这是对行政与司法关系的误解。

首先，作者在行文的开始就将违基审查权界定为法院对法律的审查，法院对行政机关行为的审查并不是作者本文所要讨论的对象。所以，在逻辑上这是前后矛盾的；其次，作者根本误解了行政主导的内涵，将行政与司法之间的关系这一原本与行政主导没有关联的问题纳入讨论的范围；最后，法院对行政行为的审查乃是法治国家普遍的做法。行政主导绝不意味着行政不受任何制约。不论是香港特区的行政主导，还是英国的内阁体制下，或是美国的总统制下，抑或其他国家政治体制下，包括我国的人民代表大会制度下，司法机关对行政机关行为的合法性进行审查乃是再自然不过的事情，只不过英美法国家或地区称为"司法审查"（judicial review），而在大陆法国家（包括我国）称为"行政诉讼"。即使在法国这一行政权最为优位的国家，法院也通过行政诉讼制度对行政行为合法性进行审查。不论何种政治体制下，司法机关的这种审查都不会被视为对行政机关地位和权威的损害，也并不意味着司法权的地位就高于行政权。所以，在特区，显然不能将法院对行政行为的审查视为对行政主导体制的损伤。

董文还强调特区法院在对行政和立法进行制约的同时，行政和立法对司法机构缺乏制约权，从而导致有可能会产生司法主导。这也是对法治社会国家权力结构基本原理的误解。首先，在资本主义政治体制下，不论是在行政主导，还是立法主导，司法独立都是得到普遍认可的。正如基本法权威专家许崇德教授所言："司法独立的概念在世界上差不多有共同的认识。"[①] 其次，特区的政治体制不单纯是行政主导，与之并列的还有一个原则，那就是司法独立。而司法独立的含义就要求除了法官的任免外，立法或行政不能对司法机关的裁判权有任何制约。基本法在司

---

① 许崇德："略论香港特别行政区的政治体制"，见许崇德：《学而言宪》，法律出版社2000年版，第402~413页。

法独立制度设计问题上完全遵守了法治原则，对此予以指责完全是缺乏法治理念的表现。

实际上，违基审查中最具争议的是对立法会制定的法律的审查，而不是针对行政机关的审查，董文的前一部分也曾指出这一点。无论是赞成或反对特区法院违基审查权的论点，都是针对特区法院对立法会制定的法律的审查，而不是针对行政机关行为的审查，将与这一主题无关的司法对行政的审查问题纳入进来会使讨论的焦点扩大化，不利于问题的解决。

3. 香港立法会的强势地位对行政主导体制构成挑战

基本法实施以来，学界的一个基本共识是行政主导体制在香港受到了严重挑战。"香港回归祖国后，行政主导原则并没有得到很好体现，相反立法主导倾向越来越明显，立法会几乎成为香港政治活动的中心，政府施政处处受掣肘，立法会时时挑战政府的权威。"① 实践中如自 1999 年开始的立法会对行政机关主要官员发动的不信任动议就使得政府施政受到立法会的影响，② 而自 2002 年特区政府开始的"高官问责制"又逐渐演变成内阁制下的问责制，进一步强化了立法机关的优势地位。可以看出，对行政主导体制构成挑战的并不是法院的违基审查权，而是立法会越来越强势的地位，致使在立法和行政的关系上立法时时表现的咄咄逼人的气势。

当然，在立法与行政机关对峙的过程中，有些议员确实在利用法院的违基审查权去对付行政机关。议员通过向法院提起诉讼的方式，利用法院去阻碍行政机关施政。如"公务员减薪案""公屋租金诉讼案""出售公司设施的领汇上市案""补选行政长官任期案"等都因法院的介入而

---

① 郝建臻："论香港特别行政区行政与立法的关系"，中国政法大学 2008 年博士学位论文，第 64 页。

② 不信任动议起始于 1999 年议员吴霭玲对律政司长梁爱诗提出的不信任动议。其后，特区房委会主席和房屋署长都曾受到不信任动议。

导致行政机关施政不畅。① 但是，要注意的是，第一，在这些案件中，起主导作用的是都是立法会议员，通过发起诉讼让法院介入政治性程度很高的事务，是议员在恶意地利用违基审查权。这本身就违背法院不介入政治的基本要求。第二，这些争议所指向的对象仍然是政府行为的合法性和正当性，只不过是在这些问题上立法与行政之间产生龃龉，立法会少数议员利用司法权来实现自己的目的而已。所以，可以认为，行政主导受到的挑战仍然是来自于立法机关，而不是司法机关。而且，我们显然不能将所有法院对行政行为的审查都视为对行政主导体制的破坏。

实际上，立法会议员利用法院的违基审查来对行政机关施加掣肘达到自己目的的企图已引起了司法机关的触觉。前任终审法院首席法官李国能在 2006 年法律年开启典礼上，发表了被视为"弦外之音"的致辞，指出，法庭并非担任"决策者"的职能，不能就任何政治、经济及社会问题提供万应良方，必须由政府及立法机关透过政治过程解决。② 这表明，特区法院已开始意识到法院有必要在介入极具争议的政治性议题时须更为谨慎。

所以，基本法确立的特区行政主导制在香港回归 10 多年的时间内，受到的最大挑战并不是特区法院的违基审查权，而是立法会的强势地位。实际上，法院的违基审查权是给立法会施加了一套控制性的程序，有助于遏制特区政治体制由行政主导向立法主导的演变，这也是理论上普遍强调的违宪审查作为民主制动器的作用。所以说，法院的违基审查权对行政主导构成挑战似有张冠李戴之嫌。

（四）是否扭曲普通法与基本法的关系

董文进而指出，特区法院的违基审查权从根本上扭曲了基本法和普通法之间的关系，使得"基本法要通过法官的解释进行一种转换，才能

---

① 王宜："司法复核成反对派争拗利器"，载《紫荆》2006 年第 10 期，第 56 页。
② 王宜："司法复核成反对派争拗利器"，载《紫荆》2006 年第 10 期，第 56 页。

成为法律规则加以适用。这样，基本法有可能出现普通法下的新的规则，变成法官所改造的基本法，并按照遵循先例的原则，这种普通法成为特区法律中起决定性和依据性的部分，其结果就是体现全国人民意志的基本法被转换和隔离了"。甚而认为，法院以普通法传统适用和解释基本法，要求基本法根据普通法的传统进行调整和适用，使得普通法成为基本法的法源，基本法必须服从和遵守普通法，这从根本上颠倒了基本法和普通法的关系。可以不客气地说，这完全是危言耸听，是对普通法和基本法关系的根本误读。其错误有三：

第一，将基本法和普通法完全对立化，不利于基本法的实施。

确如董文作者所言，基本法在特区要被法官按普通法思维来解释。但是，普通法与基本法不是完全对立的。一方面，基本法对普通法有一个保障作用，普通法本身也会在新的法治秩序内作必要的调整；另一方面，基本法在普通法地区实施，普通法思维必然会对其实施产生影响，这种影响不完全是消极的。[1] 一个现实问题是，基本法作为中央制定的法律必须要在香港这一普通法地区实施，而特区法官必然按照普通法思维解释基本法；如果将二者对立，认为普通法思维解释基本法必然会导致基本法所代表的人民意志被转换或隔离，这将是一个无解的难题，因为你不能改变特区的普通法体制。"是基本法规范普通法、还是普通法规范基本法"的追问颇有"是东风压倒西风、还是西风压倒东风"式的气概，但它是哈姆雷特式的"生存还是死亡"的无解难题，本身就是一种对抗性、非此即彼式的思维。

第二，将法院对基本法的解释方法与法院的违基审查权混为一谈。

特区法院的法官会按照普通法思维来解释基本法，这是特区的普通

---

[1] 李树忠、姚国建："普通法与基本法的关系——以香港基本法的司法适用为视角"，见全国人大常委会港澳基本法委员会研究室主编：《香港基本法、澳门基本法研讨会论文集》，第 512 页。

法体制所决定的。即使出现董文作者所指问题，也是基本法的解释问题，而不是法院的违基审查权问题。即使法院不行使违基审查权，依然会在个案中对基本法进行解释，因为这既是普通法的基本法律解释规则，也是基本法所保障的。即使是法院现在行使违基审查权，也并不意味着法院在每个个案中都会宣布立法会制定的某个法律违反基本法。所以，将基本法解释中出现的所谓的"问题"归咎于违基审查权显然是不合适的，况且作者在前文还在一再强调法律解释权与违宪审查权并非一回事。

第三，对普通法的法律解释方法存在误解。

作者的一个基本判断是普通法法律解释方法必然导致基本法的意图被篡改，这是对普通法法律解释方法的误读。普通法的法律解释方法有文义解释、黄金规则以及除弊规则三种基本的方法。其中文义解释是法律解释规则中最基本、最重要的一项。它要求按照法律规定的字面意义进行解释，取其最自然、明显、正常和常用的含义，而无须顾及该含义所产生的结果是否公平或合理。如果制定法的词语本身是精确和不模糊的，对其解释就无须超越其自然和普通含义，所以它又被称为"平义解释规则"（plain meaning rule）。根据这一规则，立法措辞本身最好地宣示了立法者的意图，规范的普通含义就是法律的字面含义、一般含义或自然含义，也就是指日常生活中普遍使用的词语的含义。① 当然，如果法律中的措辞是特定领域的专业术语，则应该放弃其普通含义，而只能适用其专门术语的含义。正如伊谢尔勋爵所言，"如果颁布一项法律，旨在调整某一特定行业、商业或交易，且以每个熟悉该行业、商业或交易的人所通晓与理解的特定含义适用词语，那么，这些必须解释成具有特定含义，尽管它不可能不同于普通或通常含义。"

文义解释的理论依据是三权分立理论。根据这一理论，为防止权力

---

① 姚国建："论普通法对香港基本法实施的影响——以陆港两地法律解释方法的差异性为视角"，载《政法论坛》2011 年第 4 期。

滥用，立法权与司法权应由不同的政府部门享有。法律由立法机关制定，而法院的职责在于忠实地执行立法机关制定的法律，在具体的案件中实现立法机关的立法意图。法院了解立法意图的唯一方法就是解读立法机关所通过的法律本身，法院不能把自己置于立法机关的位置，推断立法机关在面对如此情况时所期望出现的结果。在法律被立法机关修改之前，法院唯一能做的就是忠实地执行法律。相反，如果法官不按照文义去解释法律，那么法官就不是在适用法律审判案件，而是在制定和改变法律，而这会使法院有侵损立法机关在宪政架构中的地位之嫌。

可以看出，文义解释方法的基本出发点是对立法者的尊重，而不是挑战法律权威。文义解释的目的是通过法律文本的解读寻找立法原意。当然，这与全国人大常委会解释基本法的方法有所差异，因为全国人大常委会主要是通过结构主义或其他方法寻找立法原意。[①] 在一些具体问题上，虽然双方都在强调追求立法原意，结果却有可能不一致。但是，不能由此一概认定普通法的解释方法必然会歪曲立法原意。原因有三：（1）"应当说，基本法的文字表述和立法原意是一致的，也就是法律的内容和表现形式的统一。"因而，"不能将基本法的文字表示和立法原意、立法宗旨互相割裂、互相对立起来。"[②] 所以，基本法中的绝大部分条款含义是清晰的，通过文义解释是能够寻找到立法原意的。（2）虽然法官们在法律解释中无可避免地受个人政治立场等因素的影响，但由于长期的法治传统，特区法官们都受过良好的职业训练，具备良好的职业素质，要相信绝大多数法官是能够严守职业操守、秉持司法公正之心、忠实于基本法立法原意的，并运用职业化的法律解释技艺从事审判工作。从实践中来看，特区法院几乎每天都在解释基本法。据统计，目前基本法中

---

① 姚国建："论普通法对香港基本法实施的影响——以陆港两地法律解释方法的差异性为视角"，载《政法论坛》2011 年第 4 期。

② 肖蔚云："论实施香港基本法的十项关系"，载《论香港基本法的三年实践》，法律出版社 2001 年版。

已有超过 100 个条文在诉讼中得到了法院的解释，而被全国人大常委会认定为与立法原意不符合的显然是极少数。（3）即使特区法院的解释严重与原意不符，根据基本法的规定，全国人大常委会仍有最终解释权，完全可以通过基本法所设定的纠错机制将特区法院的解释引导到正确的轨道上来。

四、全国人大常委会再释法有无必要

《基本法》第 17 条规定，特区立法会制定的法律要报全国人大常委会备案，全国人大常委会如认为该法律不符合本法关于中央管理的事务及中央和特区关系的条款，可将有关法律发回，发回的法律立即失效；《基本法》第 160 条规定，特区成立时，香港原有法律除由全国人大常委会宣布为同本法抵触者外，采用为特区法律，如以后发现有的法律与本法抵触，可依照本法规定的程序修改或停止生效。董文认为，由于第 17 条规定的全国人大常委会的审查权是不全面的，因而主张全国人大常委会再次释法，规定全国人大常委会根据第 160 条既可以审查"原有法律"，也可审查特区成立后立法会制定的法律，从而将特区立法会制定的所有法律纳入全国人大常委会的审查范围之内。这一主张罔顾基本法的立法原意，改变特区立法审查机制的基本框架，不是明智之举。

（一）基本法第 17 条与第 160 条的关系

基本法规定，在特区实行的一切制度均需以基本法为依据。因而，无论是特区成立之前的原有法律，还是成立之后立法会制定的法律均不得与基本法相抵触，而第 17 条和第 160 条分别是解决这两类法律同基本法抵触问题的制度，即第 17 条针对特区成立后的法律，而 160 条解决的是"原有法律"。无论是采用全国人大常委会立法原意解释方法，还是特区法院采用的文义解释方法①，第160条的含义都是明确无误的。该条规定，香港特别行政区成立时，香港原有法律除由全国人民代表大会常务委员会宣布为同本法抵触者外，采用为香港特别行政区法律，如以后发现有的法律与本法抵触，可依照本法规定的程序修改或停止生效。从文义上看，该句中"如以后"前面是逗号，这表明后文表达的意思是前半句意思的延续，仍然是针对前文所指的"原有法律"，而不是特区成立后立法会制定的法律。权威基本法学者肖蔚云教授对此也有明确说明："有一些原有香港法律在1997年7月以前没有被发现与基本法相抵触，在1997年7月1日以后又发现与基本法相抵触，则全国人大常委会和香港特别行政区立法机关将按照基本法第17条规定的程序办理。"② 另外，1997年2月23日八届全国人大常委会第24次会议通过的《关于根据〈中华人民共和国香港特别行政区基本法〉第一百六十条处理香港原有法律的决定》在前几项对原有法律应如何处理作出规定外，又专门在第6条规定："采用为香港特别行政区法律的香港原有法律，如以后发现与《基本法》相抵触者，可依照《基本法》规定的程序修改或停止生效。"可见，无论是在学理上还是在实践中，基本法的立法原意是非常清楚的。即第160条处理的是"原有法律"，只不过对特区成立前的处理与成立后处理设置了不同的程序，即特区前由全国人大常委会审查，而成立后按17条由特区立法会进行修改或废除，而第17条处理的是特区成立后全国人大常委会如何对特区立法进行监督的问题。试想，如果第160条所指法律包括特区立法会制定的法律，这将在基本法内部产生体系不协调的问题。理由在于，根据第17条，全国人大常委会对特区立法会制定的法律是否违反特区自治范围内的条款是不作审查的，而根据第160条又需

---

① 这两种解释方法是内地和香港分别采用的，对基本法的某些条文不同的解释方法会得出不同的解释结论，但对160条而言是不会的。

② 肖蔚云：《论香港基本法》，北京大学出版社2003年版，第306页。

要作审查，这岂不是前后矛盾？

综上所述，基本法第 160 条的含义足够清楚，但董文的解释恰恰完全颠覆了立法原意。

（二）再释法没有必要

宪法规定全国人大常委会有法律解释权，基本法也规定全国人大享有基本法解释权。但全国人大常委会基本法委员会负责人曾表示：解释法律是有规范的，所谓有规范就是有自我约束，绝不是任意释法。全国人大常委会解释法律有两种情况，一是法律的规定需要进一步明确其含义的，二是出新情况，需要明确适用法律依据的，而对于宪制性法律，解释应更谨慎。① 这也符合我国立法法所规定的全国人大常委会行使法律解释权的情形。② 根据这一标准，第 160 条的解释既没有解释的余地，更没有解释的必要。首先因为其含义完全是明确无误的，其次是没有新的情况需要明确法律适用依据。但显然在这个问题上，这两种情形都不存在。另外，董文所主张的基本法英文版本本条中使用了"any laws"的表述就表明既包括原有法律，也包括特区立法会制定的法律，这也是对英文版本的误读。而且，更为重要的是，1990 年全国人大常委会《关于〈中华人民共和国香港特别行政区基本法〉英文本的决定》中明确指出："英文本中的用语的含义如果有与中文本出入的，以中文本为准。"在中文文本含义清晰无误的情况下，就没有必要参照英文文本，更没有必要以此作为依据进行释法。

（三）再释法可能产生的负面影响

前文已指出，实际上中央政府对于特区法院的审查权一直采取默许

---

① 乔晓阳："就法论法 以法会友"，载香港《文汇报》2005 年 4 月 13 日。
② 《立法法》第 45 条第 2 款规定："法律有以下情况之一的，由全国人民代表大会常务委员会解释：（一）法律的规定需要进一步明确具体含义的；（二）法律制定后出现新的情况，需要明确适用法律依据的。"

的态度，而特区政府也对此接受，香港社会则积极评价这一权力。总之，这已经是一个存在了10多年的客观现实。[①] 否定它无疑是一个鸵鸟政策，实际上董文两位教授也意识到这一客观现实，所以在大加鞭挞的同时又无奈地主张全国人大常委会通过释法授权其行使这一权力。但问题是，前文大加鞭挞，后文又主张由全国人大常委会通过释法授予特区法院行使违基审查权，这在逻辑上显然是无法自恰的。难道法院自设的违基审查权会导致如此多的消极后果，而经过全国人大常委会授权的违基审查权就自然地消解了这些问题吗？

对于中央和地方的关系而言，全国人大常委会的释法权带有很强的主权性质，是中央维护基本法权威的重要武器。基于"一国两制"的原则，这一权力的行使必须慎之又慎，这一点也被中央政府所肯认。[②] 从全国人大常委会释法实践来看，都是在香港出现重大问题时才进行的，也有不错的效果。动辄启用这一权力难免会给社会留下中央轻率释法的印象，这反过来可能对中央的权威有所损害。

五、特区法院违基审查权的界限

虽然前文指出了特区法院行使违基审查权具有普通法意义上的法理依据，但作者也并不认为特区法院的这一权力没有界限。从法理及既往的司法实践来看，特区法院在行使违基审查权时应受到两方面的限制：即特区外部的限制与特区内部的限制。

（一）外部的限制

特区法院违基审查权所受的外部限制是指中央政府权力对法院的限制，法院的违基审查权不得侵犯中央政府的权力，具体包括以下两层含义。

---

① 邵善波："成文宪法对香港原有司法体制的影响"，载《港澳研究》2007年冬季号。
② 乔晓阳："就法论法 以法会友"，载香港《文汇报》2005年4月13日。

1. 不得审查中央立法行为

在美国或其他普通法地区，即使是地方法院也可以审查中央立法是否与宪法相一致，当然最高法院有最终审查权。但与美国等其他普通法地区不同的是，香港这一普通法地区是我国整体大陆法体系下的一个地方性区域，受"一国两制"这一基本法最重要原则的约束。特区法院进行审查的依据是特区的基本法，而不是国家的宪法，因而其审查对象也必然要限定在特区范围内，即司法审查权不得延伸到其普通法区域以外。

根据基本法的规定，在香港特区实施的法律主要是香港原有法律以及特区立法机关制定的法律，绝大多数全国性法律并不在特区实施，因而不会与特区的司法权产生交集，也就不存在特区法院对其审查的基础。所以，特区法院违基审查的对象也是限定于特区范围内的法律。当然，根据基本法附件三的规定，有少部分关涉国家主权的全国性法律在特区实施，特区法院亦有可能适用这些法律审理案件，但法院亦不得对其是否符合基本法进行判断。如果在适用这些法律时涉及国家层面的问题，要提交到全国人大常委会解决。实际上，根据特区的制度，附列于附件三的全国性法律需要在特区经过立法会的转换立法进行实施。所以，法院可以审查的是这些转换立法，而不能是全国性法律。

特区法院不得审查中央立法的另一个原因是人民代表大会制度。人民代表大会制度是我国的根本政治制度，根据这一制度，全国人民代表大会是我国的最高权力机关，全国人大常委会是其常设机关，全国人大及其常委会地位具有最高性，有权监督其他国家机关。其他国家机关，包括最高人民法院不得对其立法行为的合宪性提出质疑。全国人大及其常委会是"国家的"最高权力机关，范围覆盖香港特区，所以特区法院作为我国地方法院亦无权对中央立法提出质疑。如果允许特别行政区法院对其决定提出挑战，则将从根本上违背我国目前的宪政体制。

关于特区法院是否可以审查中央立法机关的立法，在特区成立后的第一个涉及基本法的案件即马维昆案中，高等法院就涉及了这一问题。法院在判决书中以"附带意见"（obiter）方式提出，"中华人民共和国是香港特区的主权国家"，"特区法院不能挑战全国人大设立筹委会的决定、决议及其中的理由。这些决定和决议是主权的行为，它们的有效性不容地方法院挑战"；而且，"香港特区法院也不能审查筹委会在行使其全国人大赋予的权威和权力、执行主权的决定和决议时设立临时立法会的理由。"在后来的吴嘉玲案中，香港终审法院认为："包括全国人大和全国人大常委会在内的国家权力机构所作的决定与行为，香港特别行政区法院都可以检视其是否符合基本法。"这一论点引起了轩然大波，特区政府去函终审法院，要求其澄清判决书中有关全国人大的论述。终审法院在澄清中明确肯定，全国人大及其常委会依据基本法的条文和基本法所规定的程序行使任何权力是不能质疑的。这个补充说明消除了内地法律界的疑虑，化解了一个可能的政治法律冲突。实际上，自此以后的10多年时间内，特区各级法院也一再表明类似立场，将违基审查权严格限定于对立法会法律的审查。这应视为特区法院形成的一项宪制惯例，对各级法院行使这一权力形成一道明确的界限。

2. 不得侵犯全国人大常委会对基本法的解释权

违基审查权是与基本法的解释权紧密相连的。当特区法院行使审查权对立法会制定的法律是否与基本法相一致进行判断时，必然要对基本法进行解释。但是，基本法解释权并不归于特区法院独自享有。根据基本法第158条，基本法解释权属于全国人大常委会，同时授权特区法院在审理案件时对基本法关于特区自治范围内的条款进行解释；特区法院有条件地解释基本法其他条款。从立法含义看，全国人大常委会的解释权是固有的，而香港法院的解释权是中央授予的。所以，如果特区法院在行使违基审查权时涉及对基本法中有关中央政府权力或中央与特区关系条款时，如果这一判决是不可上诉的终局判决，则法院应停止审查，将基本法提交全国人大常委会进行解释，然后再根据全国人大常委会的解释对立法会制定的法律是否符合基本法作出判断。就这一点而言，从实践来看，特区法院在特区成立的 10 多年时间内未能很好地遵守基本法。特区法院以维护香港法治、人大释法会有损香港法治为由，沉湎于自身的"司法浪漫主义"采取过于积极的司法能动主义，在明显出现应提请全国人大常委会释法的情形时也枉顾基本法的规定而自行释法。这应是特区法院注意避免的。

另一方面，虽然基本法授权特区法院对基本法自治范围内的条款进行解释，但并不意味着全国人大常委会就不能再对其进行解释了。虽然有观点认为全国人大不能对基本法自治范围内的条款解释，但即使在香港，也有众多学者支持全国人大常委会的这一权力。① 特区终审法院在"刘港榕案"中也明确指出，全国人大常委会的基本法解释权源于我国宪法，而这项权力是"全面而不受限制的。"也就是说，全国人大常委会的这一权力适用涵盖基本法的每一条款，而非受限于第 158 条第 3 款所指的"范围之外"的条款。在"庄丰源案"中，特别行政区终审法院进一步指出："若常委会对《香港特别行政区基本法》某项条款，不论是根据第 158 条第 1 款（涉及任何条款），或根据第 158 条第 3 款（涉及'范围之外的条款'），香港法院均须以其解释为准。因此，常委会解释《香港特别行政区基本法》的权力在特别行政区是完全获得承认及尊重的。"这也就表明，不能认为全国人大常委会对基本法的解释仅限于自治范围以外的条款。一般而言，由于自治范围内的条款已授权特区法院解释，全国人大常委会应充分尊重特区法院的解释权，只有在其解释明显违背立法原意时，全国人大常委会才可依法定程序进行解释。但全国人大常委会一旦作出了解释，就具有最高法律效力，特区法院在行使违基审查权时

---

① 朱国斌："香港基本法第 158 条与立法解释"，载《法学研究》2008 年第 2 期。

就必须以全国人大常委会对基本法的解释为准。①

（二）内部的限制

根据基本法，特区的政治体制是行政主导体制。包括董文作者在内的一些学者反对特区法院行使违基审查权的理由之一是这一权力构成了对特区行政主导体制的挑战。前文已指出，在立法与行政机关对峙的过程中，有些议员确实在利用法院的违基审查权去对付行政机关，阻碍行政机关施政，如"公务员减薪案"等。这一现象已引起了特区社会和法院的注意和警觉。前任终审法院首席法官李国能早在 2006 年的"法律年度开启典礼"致辞中就表示法院有必要在介入极具争议的政治性议题方面须具备更为谨慎的立场。现任首席法官马道立在上任后也表示：法院只可解决法律问题，不能解决政治、经济及社会问题。② 在 2011 年的"法律年度开启典礼"中，马道立法官又重申了这一点。这就表明特区法院行使违基审查权应受制于特区内部的分权体制，即法院应恪守司法机关的角色，充分尊重行政及立法的法律地位，不过分地介入政治纷争，严遵违基审查权的权力界限。

在由普通法院行使违宪审查权的国家中，尊重立法及行政机关，恪守自己权力界限是各国法院的共同准则。在美国，法院在行使司法审查权时，谨守"政治问题回避规则"，基于维护政府分权原则并尊重民主政府其他部门的基本立场而对一些具体的宪法争议不予审查。美国宪法并没有规定这一制度，它是法院在长期的司法实践中发展起来的一项自我约束的原则。1803 年马伯里诉麦迪逊案确立了司法审查，但也引发了人们的担心，即法院是否会凌驾于其他国家机关之上而破坏权力分立原则。为消除这一顾虑，也为了更好地维护法院的独立地位，首席大法官马歇尔明确提出，有一类案件法院是不能审查的，因为"所涉及的问题是政

---

① 朱国斌："香港基本法第 158 条与立法解释"，载《法学研究》2008 年第 2 期。
② 马道立："法院不能解决政治"，载香港《明报》2010 年 9 月 8 日。

治性的"。"政治问题"理论是一种司法审慎和司法智慧，也是司法的自我约束。① 美国宪政理论和实践对二战后日本宪法产生了重大影响，日本引进了美国的司法审查制度，美国的"政治问题"理论在日本转化为"统治行为"理论。虽然这一理论在日本也曾饱受争议，但还是得到了多数人认可，有关法律也对统治行为的范围进行了界定。比如，政府解散议会的行为，首相提名问题，政府对重大外交事务的处理行为等。这些行为属于"统治行为"，法院不适宜进行司法审查。

香港法院的新宪政体制确立时间未久，尚在磨合之中。在法院开始行使违基审查权之后，不同的政治势力都在试图利用这一机制达到自己的政治目的，因而法院主动或被动地卷入众多的政治争议，由于尚未形成成熟有效的审查机制，法院的审查行为必然遭到众多的质疑。再加之违基审查权本身就面临合法性的争议，法院被推向政治的前台，置于政治争议漩涡的中心，这与现代宪政体制下法院的角色并不相容。幸而香港终审法院已经形成了初步的认知，但仍需在后续的审查实践中结合具体案件明确地表示法院应充分尊重立法及行政机关的宪制地位，力避介入高度政治性的争议，充分阐明法院司法审查权力的界限，发展出香港自己的"政治问题"理论，以恪守普通法体制下司法机关的角色。②

六、余论：如何理性地看待特区法院的违基审查权

香港基本法是如此的特殊，以至于在世界上找不出第二个与之类似

---

① ［美］杰罗姆·巴伦等：《美国宪法概论》，刘瑞祥等译中国社会科学出版社 1995 年版，第 37 页。

② 譬如，在普通法体制下，基于对立法机关的尊重，法院在行使司法审查权时一般只会宣布诉争法律在本案的具体争议中"不适用"，即采取"个别效力"方式。当然由于判例法的特点，这种"个别效力"实质上可能会演变为"一般效力"，但法院在个案中仍不会直接宣布法律"无效"或直接撤销该法律。但在吴嘉玲案中，特区终审法院以明确的宣布《入境条例》中的诸多条款无效，并声称从该条例中予以剔除。这显然超越了法院的职能，是过度膨胀的司法积极主义。

的案例，甚至它与澳门基本法都存在重大差异。它既有政治上不同意识形态的冲突，也有法律上不同法律体系观念与制度的影响。因此，违基审查权的争议确属正常。全国人大常委会基本法委员会负责人曾表示，"两地法律界都需要学会换位思考，学会如何去理解对方的想法，而不只是仅从自己一方的传统和习惯去考虑问题，这样，才能使各自想法不断接近，才能逐步达成共识。"① 换位思考首先需要对对方的理念和思维方式有真切的了解，其次需要按照法律的逻辑去思考问题。按此要求，理解基本法实施中的问题首先需要对陆港两地的大陆法和普通法的传统、文化、体系、方法有尽可能接近真实的把握，从而试图理解对方为什么如此思考。对于违基审查权，需要从普通法的传统、香港法制发展的历史以及基本法实施的实践等多方面去分析它什么会存在，客观地分析其对基本法实施的影响，并要求其恪守自己的权力界限。

---

① 乔晓阳："就法论法　以法会友"，载香港《文汇报》2005 年 4 月 13 日。

人权保障与合宪性审查

◎王　磊* 著

本文从理论和实践结合的角度上，着眼于中国人权的宪法保护中的四个误区，对这四个误区分别进行了剖析，从而得出结论：我们的人权不仅限于人身权和财产权；宪法的有些人权内容是禁止立法的，宪法不一定都需要法律加以具体化才能实施；法律不一定是"良法"，因为法律有可能是违宪的或侵犯人权的；没有法律的情况下，同样可以依据宪法保护人权，因为宪法的目的不在于惩罚公民，而在于限制权力，维护人权，在这方面，宪法可以起到定性的作用。走出这几个观念上的误区，对于实施中国宪法修正案所增加的人权内容有着深远的意义。

2004 年 3 月 14 日下午，第十届全国人大二次会议通过了宪法修正案，其中的第 24 条修正案规定："国家尊重和保障人权。"自此，人权在中国也就从一个纯属学术的概念成为 1982 年宪法中的法概念，接下来的问题就是如何使宪法中的人权得到保护。为了朝着这个目标前进，我们还要克服目前普遍存在着的一些理论误区，否则，人权即便写在了宪法里也只能是字面意义上的人权。

---

* 作者王磊，北京大学法学院教授，法学博士，中国宪法学研究会副会长。

一、我们享有并能够得到司法救济的是否仅限于人身权或财产权（从动物性权利走向人权）

首先，让我们简单地看一看我们所享有的人权或宪法权利的种类。按照 1982 年现行宪法的规定，第二章公民的基本权利和义务是第 33 条到第 56 条，其中第 33 条至第 50 条是关于公民基本权利的。这些权利可以大致分为 10 大类：（1）平等权（包括宪法第 33 条所规定的平等权和第 48 条所规定的男女平等权）；（2）选举权；（3）言论自由（言论、出版、集会、结社、游行、示威的自由，科学研究、文学艺术创作的自由）；（4）宗教信仰自由；（5）人身自由（人身自由，人格尊严，住宅不受侵犯，通信自由）；（6）批评、建议、申诉、控告、检举权，取得国家赔偿权；（7）劳动权；（8）休息权；（9）社会帮助权；（10）受教育权。① 加上总纲所规定的公民的财产权，总共有 11 大类基本权利。人权高于宪法中的公民基本权利，人权又通过公民基本权利表现出来。

其次，我们再看一看现行法律所保护的权利。刑法所保护的公民基本权利与民法和行政诉讼法所保护的公民基本权利相比较，是保护得最为广泛的法律，但也有一些问题，例如刑法对国家机关及其工作人员侵犯公民的平等和自由方面的犯罪未进行全面的规定，没有规定国家机关及其工作人员侵犯公民通信自由怎么处理等。② 民法所保护的公民权利也只限于人身权和财产权，《民法通则》第 2 条规定："中华人民共和国民法调整平等主体的公民之间、法人之间、公民和法人之间的财产关系和

---

① 关于宪法中的公民基本权利的分类，目前的宪法教科书有各种不同的划分。

② 《刑法》第 252 条规定："隐匿、毁弃或者非法开拆他人信件，侵犯公民通信自由权利，情节严重的，处一年以下有期徒刑或者拘役。"这一条针对的是普通老百姓，老百姓并不可怕，因为老百姓资金和技术手段都非常有限。问题在于国家机关，有权力限制和检查公民通信自由的是公安机关、国家安全机关和检察机关，如果他们滥用职权而侵犯了公民的通信自由该怎么定罪量刑，刑法里没有规定。例如，尼克松总统就是滥用警察权而命令联邦特工安装窃听器而受到弹劾。

人身关系。"从《行政诉讼法》第 11 条规定的 8 个方面的受案范围来看，其立法意图就是将法院所受理的行政案件限定在对公民人身权和财产权这两方面的保护，尤其是第 8 项"认为行政机关侵犯其他人身权、财产权的"，该兜底一项最清楚不过地表明了这一点。行政诉讼法所保护的公民权利也基本上是限于人身权和财产权。① 可见，我国公民的基本权利在诉讼救济方面还存在着很大的局限性，因而出现了这样的情况，即我国第一部宪法就规定了公民的受教育权②，但将近 50 年了，直到"齐玉苓案"才出现了保护公民的受教育权这一宪法性权利的案件。当然在民事、行政领域，新中国成立 60 多年来，除了人身权和财产权之外，宪法中规定的其他基本权利都是不可诉的，足见问题的严重。

所以不难看出，在我国，行政案件和民事案件都是对公民人身权和财产权的保护，而不涉及公民的大量其他宪法权利，例如宪法中第一项基本权利平等权、公民的宗教信仰自由以及公民的结社自由是不是应当受到司法保护？总而言之，我国现行的行政诉讼法和民法通则所规定的受案范围大大限制了司法对公民权利保护的种类，使原本更重要的许多宪法性权利都没能在行政和民事案件中得到保护。从现行法律的这一特点可以得出这样的结论，即法律只是停留在对公民的"动物性权利"或"植物性权利"的保护上，因为动物或植物的人身权或其价值同样也受到人类法律的保护，例如，禁止捕杀大熊猫、大象等，禁止乱砍、乱伐森

---

① 《行政诉讼法》第 11 条规定的 8 项内容是行政诉讼的主要受案范围，其中的第 8 项规定："认为行政机关侵犯其他人身权、财产权的。"后来的《行政复议法》扩大了复议范围，该法第 6 条规定了 11 个方面的范围，其中的第 9 项是"申请行政机关履行保护人身权利、财产权利、受教育权利的法定职责，行政机关没有依法履行的"，第 10 项是"申请行政机关依法发放抚恤金、社会保险或者最低生活保障费，行政机关没有依法发放的"，将复议所保护的权利范围由人身权扩大到了受教育权、物质帮助权（抚恤金、社会保险金、最低生活保障费）。

② 1954 年《宪法》第 94 条第 1 款规定："中华人民共和国公民有受教育的权利。国家设立并且逐步扩大各种学校和其他文化教育机关，以保证公民享受这种权利。"但与现行的 1982 年宪法相比，它没有规定受教育同时是一项义务。

林等。可见，我国法院现有的受案范围还停留在非常低层次的规定上。当然，从"齐玉苓案"之后，法院的实际审判已经越来越重视宪法，越来越重视公民宪法基本权利的保护，而且又出现了突破现有法律规定的保护公民人身权和财产权之外的其他宪法性权利的新案件。

二、宪法是否一定需要其他法律加以具体化来实施

现在有一种流行的观点，认为宪法过于原则无法具体实施，需要由其他法律加以具体化之后才能实施。现在人权入宪，宪法岂不更加原则了吗？人权当然也就更需要其他法律加以实施，那人权写进宪法仅仅是个象征意义，宪法对人权的实现起不到什么实质作用。这种传统观点存在一个误区，就是并非宪法的所有内容都需要其他法律加以具体化，有的内容恰恰是禁止其他法律加以具体化的。如果不走出这一误区，人权的宪法保护就会化为乌有。

为什么宪法的内容并非都需要法律加以具体化才能实现呢？

首先，宪法的内容主要包括两部分，一部分是国家机构，一部分是人权。人权又可以分为第一代人权，即人身、生命权；第二代人权，即政治自由，言论出版等；第三代人权，即教育权、劳动权、物质帮助权等社会权利。对于第一代人权和第二代人权，也就是说"消极"人权，宪法往往要求政府不作为就可以使人权得到较好的保障，目的是避免公权力对人权的侵犯。至于第三代人权——社会权，情况就不一样了，这类权利往往需要国家提供一定的条件以便公民实现自己的权利，所以，社会权也可以被称作积极权利。对于第一代人权和第二代人权，一般情况下国家的立法机关是不能进行立法的，所以，有的国家的宪法就将"消极"人权直接规定在宪法里以防止国会在立法时减少这部分的人权，例如，瑞典的宪法由五个部分组成：《政府组织法》（the Instrument of Government）、《议会法》（the Riksdag Act）、《王位继承法》（the Act of

Succession)、《出版自由法》（the Freedom of the Press Act）、《表达自由法》（the Fundamental Law on Freedom of Expression）[①]，其中的《出版自由法》和《表达自由法》就是为了防止国会立法而将这两项内容作为宪法的组成部分。有的国家在宪法里明确规定国会不得对涉及第一代人权的内容进行限制性立法，例如，美国宪法第 1 条修正案规定："国会不得制定关于下列事项的法律：确立宗教或禁止信仰自由；剥夺人民言论或出版的自由；剥夺人民和平集会及向政府请愿的权利。"另外，美国宪法还将许多刑事诉讼法的具体原则直接规定在宪法里，目的也在禁止国会变更这些涉及人权保障的内容。

即使是涉及国家机构的内容，也不是说宪法就完全依赖于立法的具体化才能实施，其对下位法的制定也有严格限制。例如，我国宪法规定，涉及国家机构的法律只能由全国人大制定，而且全国人大在制定一系列组织法时不能违反国家机关之间的人民代表大会制的关系。即使在像美国这样的联邦制国家，各州享有自主的制定本州宪法的权力，也要受到联邦宪法的限制，例如，美国宪法第 4 条第 4 项规定："合众国应保证全国各州实行共和政体、保护各州不受外侮，并因各州立法机关或行政机关（当州立法机关不能召集时）的请求平定内乱。"各州的宪法虽可以各不相同，但都不能违反宪法的共和体制的要求。

所以并不是说，宪法一定要由法律等下位法具体化之后才能具体实施。在某些方面，尤其在人权方面是不能由下位法来具体化的。那种呼吁我国抓紧制定结社法、新闻法、宗教自由法的人都是建立在这样的错误观念基础之上的。其实，要是真的有了这些法律，人权的保障也就到了危险的境地。正是因为这个缘故，世界各国基本上都没有这些人权方面的国会立法。

---

① Erik Holmberg and Nils St jernquist, revised tranlation by Ray Bradfield: The Constitution of Sweden. Published by Sveriges riksdag 2000. pp. 11 – 13.

三、有法律就一定要依法律

人权的宪法保障遭遇到的第三个观念上的误区就是有法律依法律，最终的结果往往是将宪法架空。我国宪法难于进入实质性的阶段，长期得不到人们的尊重，这也是一个很重要的原因。

宪法的一些内容确实需要下位法的制定才能有利于宪法的实施，但有法律依法律的观念忽视了宪法对下位法的限制性作用，即当我们适用下位法时，我们是假定它合宪，但并不排除它违宪的可能性，一旦发现下位法违宪，我们就不能适用。

例如，1982 年 5 月 12 日国务院制定的《城市流浪乞讨人员收容遣送办法》以及其他许多地方性的法规和规章，这些下位法实质是限制了公民的人身自由。如果我们只是停留在"有法律依法律"的层面上，我们就会忽视宪法的检验，而无视下位法的违宪，人权也就终将旁落。所以，2003 年 6 月 18 日国务院第 12 次常务会议通过，2003 年 8 月 1 日起施行的《城市生活无着落的流浪乞讨人员救助管理办法》取代了"收容遣送制度"，把"收容遣送"改为"救助"，并且这一新的行政法规对救助站规定了 4 个"不得"，对救助站工作人员规定了 8 个"不准"。可见，该行政法规的目的不在于限制人身自由，而在于充分保障人权，所以，才会对公权力的行使作出如此之多的"不得"或"禁止"之类的规定。不难看出，一般涉及"消极"人权的内容是不需要立法的，但如果需要这样的立法，那么，这样的法律一般也只能是限制公权力的。

《集会游行示威法》（1989 年 10 月 31 日第七届全国人大常委会第 10 次会议通过）就有违反宪法的嫌疑。首先在制定机关方面，涉及公民基本人权的内容应当由全国人大来制定，该法律却是由全国人大常委会，而不是由全国人大制定的；其次，在内容方面，该法共有 36 条，其中有 10 个"不得"，1 个"不能"，7 个"必须"，4 种"不予许可"的情况，

3 种"应当予以制止"的情况，以及 6 条法律责任。难怪有人称此法律为"禁止集会游行示威法"！当然，本人并不赞成轻易去举行集会游行示威，但作为一部涉及人权的法律应当符合宪法的基本要求。

人权的宪法保护原则一般要求人权的内容法定化，也就是说，遵循法律保留原则，人权一般只能由法律规定，同时不排除法律存在违宪的可能性。例如，《立法法》第 8 条规定 10 项只能由法律规定的事项，而涉及人权只有第 5 项"对公民政治权利的剥夺、限制人身自由的强制措施和处罚"和第 6 项"对非国有财产的征收"，而宪法中人权的许多内容都没有涉及，这不能不说是《立法法》存在违宪的嫌疑，人权的法律保留原则要求宪法中的基本权利基本上都只能由法律才能制定，而到了《立法法》却并非如此。

四、没有法律能否依据宪法

目前，许多人认为，虽然宪法有关于人权的规定，但法律没有规定，因而法院在立案时会出现不予受理或暂不受理的情况。例如，在证券民事赔偿方面曾经出现一个案例，法院在判决中认为，被告红光实业在股票市场上的违法违规行为，应由中国证监会处理，原告所诉不属法院处理范围。[①] 在这个案例之后，最高人民法院发了两个通知和一个司法解释，第一个通知的主要内容是由于立法及司法条件的局限，尚不具备受理及审理这类案件的条件，法院暂不受理;[②] 第二个通知是有条件地

---

① "证券民事赔偿放开闸门——访上海锦天城律师事务所律师严义明"，载《北京青年报》2002 年 1 月 21 日；"红光投资者昨胜诉"，载《北京青年报》2002 年 11 月 26 日。

② 《最高人民法院关于涉证券民事赔偿案件暂不予受理的通知》（2001 年 9 月 21 日）："我国的资本市场正处于不断规范和发展阶段，也出现了不少问题，如内幕交易、欺诈、操纵市场等行为。这些行为损害了证券市场的公正、侵害了投资者的合法权益，也影响了资本市场的安全和健康发展，应该逐步规范。当前，法院审判工作中已出现了这些值得重视和研究的新情况、新问题，但受目前立法及司法条件的局限，尚不具备受理及审理这类案件的条件。经研究，对上述行为引起的民事赔偿案件，暂不予受理。"

受理;① 最新的司法解释则全面规定了此类案件如何受理的若干问题②。
前一个案件和这两个通知以及目前的司法解释在对待这类证券民事赔偿
案件的受理方面一次比一次积极，一次比一次进步，一个比一个全面，
一个通知否定一个通知。这个例子很好地说明了法院在受案范围上存在
的问题，即法院能否以缺乏具体法律规定或法官缺乏这方面的法律知识
培训为理由而拒绝受理，特别是公民所主张的权利又是宪法上的基本权
利。证券案件的这一例子在表面上是个证券案件，实际上是宪法的公民
财产权问题。也就是说，按照我国现在司法实践的做法，尽管宪法列举
并保护这一公民基本权利，如财产权，但如果没有相关法律，即使受到
侵犯，法院也可以不受理。难道法官不能依据民法通则或相关政策来判
案吗？难道立法不作为，司法也就跟着不作为吗？《法国民法典》第 4 条
规定："法官借口法律无规定、规定不明确或不完备而拒绝审判者，得以

---

　　① 《最高人民法院关于受理证券市场因虚假陈述引发的民事侵权纠纷案件有关问题的
通知》（2002 年 1 月 15 日）："经研究决定，人民法院对证券市场因虚假陈述引发的民事侵权
赔偿纠纷案件（以下简称虚假陈述民事赔偿案件），凡符合《中华人民共和国民事诉讼法》
规定受理条件的，自本通知下发之日起予以受理。现将有关问题通知如下：

　　……

　　二、人民法院受理的虚假陈述民事赔偿案件，其虚假陈述行为，须经中国证券监督管理
委员会及其派出机构调查并作出生效处罚决定。当事人依据查处结果作为提起民事诉讼事实
依据的，人民法院方予依法受理。

　　三、虚假陈述民事赔偿案件的诉讼时效为两年，从中国证券监督管理委员会及其派出机
构对虚假陈述行为作出处罚决定之日起计算。

　　四、对于虚假陈述民事赔偿案件，人民法院应当采取单独或者共同诉讼的形式予以受
理，不宜以集团诉讼的形式受理。

　　……"

　　② 《最高人民法院关于审理证券市场因虚假陈述引发的民事赔偿案件的若干规定》
（2002 年 12 月 26 日最高人民法院审判委员会第 1261 次会议通过）法释〔2003〕2 号，第 6
条规定："投资人以自己受到虚假陈述侵害为由，依据有关机关的行政机关的行政处罚决定
或者人民法院的刑事裁判文书，对虚假陈述行为人提起的民事赔偿诉讼，符合民事诉讼法第
一百零八条规定的，人民法院应当受理。"结合第 5 条的规定，有权作出行政处罚决定的行
政机关是中国证券监督管理委员会或其派出机构、中华人民共和国财政部、其他行政机关以
及有权作出行政处罚的机构。法院对虚假陈述人的有罪判决也是虚假陈述民事赔偿的受理前
提条件。

拒绝审判罪追诉之。"① 只要宪法里有规定，法院就责无旁贷地要予以保护。法往往是滞后于社会发展的，法院和法官对宪法内容的司法适用会使我们从根本上重新认识法院的受案范围，扩大法院的受案范围，提高法院在人权保护中的地位和角色，承担起比现在更重要的任务。从宪法角度来说，法院的受案范围到底有多大，第一个标准是只要属于司法权的界限，只要属于司法权范畴，而不属于其他性质的国家机关的权力范围，它就应当受理；第二个标准就是人权，只要起诉所主张的是人权的范畴，法院就责无旁贷应予受理。法院受案范围的标准在宪法里，人权就是决定法院受案的一个宪法重要标准。

当法院审理案件涉及人权当中的社会权的时候，在没有下位法的情况下，也可以直接通过宪法来定性并起到保障人权的作用。《最高人民法院关于以侵犯姓名权的手段侵犯宪法保护的公民受教育的基本权利是否应承担民事责任的批复》（2001 年 6 月 28 日最高人民法院审判委员会第 1183 次会议通过，法释〔2001〕25 号）就是一个保护人权的例子。陈晓琪等对齐玉苓的侵权行为发生在 1990 年，而《教育法》是 1995 年 3 月 18 日颁布，同年 9 月 1 日生效的，即侵权行为发生时还没有《教育法》。所以，在这种情况就可以适用宪法来定性——侵犯教育权，定量的问题按《民法通则》来处理。宪法在没有《教育法》的情况下与《民法通则》相结合，起到了保护人权的作用。

总之，现在宪法上虽然写进了人权，但人权的宪法保护还需要长期的努力，这些错误观念阻碍了人权的宪法保护，是我们应当赶快抛弃的，否则人权入宪就失去它的现实意义。如果我们大家都能在这几个误区的问题上保持正确的态度，那么，我们还可以进一步地从具体法律制度上进行完善。按照人权的标准对现有的法律进行修改，比如修改现行《行

① 《法国民法典》，中国法制出版社 1999 年版，第 1 页。

政诉讼法》，扩大行政诉讼的受案范围，加强人权保护的权利种类，将《刑事诉讼法》中的涉及人权保护的原则写进宪法等等。此外，人权的宪法保护还有待于一个国家的判例法制度的建立，这也是世界各国人权的宪法保护所公认的制度选择。

法律的合宪性审查与基本权利的保护

◎费迪南德·梅兰 – 苏克拉马尼昂*　著

胡　婧　译

法国宪法的制定者们似乎试图通过创立宪法委员会来追求足够谦卑的目标。之所以说"谦卑",是因为制宪者通过宪法第 61 条第 2 款授权宪法委员会进行法律的合宪性审查,但行使该项职权时,必须遵守两个重要的限制。一方面,只能由高级官员——共和国总统、总理、国民议会议长和参议院议长——提出审查申请,这是在对这些权力存在些许反对时的事前审查程序。另一方面,所谓"符合宪法"在最初时被宪法委员会自身作了一种极为狭隘的理解,即符合"宪法"仅仅包括符合(1958 年)宪法这一文本本身,而排除了宪法的序言部分,并因此排除适用 1789 年和 1946 年中保护自由和权利的其他大量规范。[①]

制宪者所预想的宪法委员会的真正用处在于,保证宪法第 37 条第

---

　　* 作者费迪南德·梅兰 – 苏克拉马尼昂（Ferdinand Melin-Soucramanien）,法国孟德斯鸠 – 波尔多第四大学教授,宪法、自由和国家比较学习与研究中心（CERCCLE）主任,法国宪法学研究会副会长。译者胡婧,重庆工商大学法学院讲师。

　　① 指 1789 年人权和公民权宣言以及 1946 年宪法序言,这两个文本含有大量基本权利与自由的规范,现行 1958 年宪法在序言中曾提及上述两个文本,而 1958 年宪法正文几乎未涉及基本权利及其保障。——译者注

2 款①和第 41 条②的有效性，这些条款允许总理向宪法委员会提出申请，要求宪法委员会裁决法律文本的法律性质或条例性质，从而断定是由政府以命令就能够修改，还是要由议员以法律提案和修正案进行修改。换言之，宪法委员会曾负责基于政府的请求将议会限制在法律的领域内，这些领域曾一直由法律调整并且当时人们也正如宪法第 34 条③所确定的那

---

① 第 37 条（第 2 款）：法律条文介入条例领域者，得在征询国家行政法院意见后，以命令修改之。本宪法生效后所制定之法律条文，只有经宪法委员会确认其具有前款所述条例性质，始得以命令修改之。宪法条文为译者注，译文采用王建学博士的法国宪法译本，下同。

② 第 41 条（第 1 款）：在立法过程中，如有法律提案或修正案不属于法律领域或与本宪法第三十八条所赋予之授权内容抵触者，政府或相关议院之议长得质疑其为不可接受。

（第 2 款）在政府与相关议院之议长发生分歧时，由宪法委员会应任何一方的申请于八日内裁决之。

③ 第 34 条 法律确定关于下列各项的规则：

——公民权及公民行使其公共自由的基本保障，新闻之自由、多元和独立，以国防之名对公民之人身和财产所施加的限制；

——国籍、个人身份及能力、婚姻制度、继承及赠与；

——犯罪与违警之确定及其所适用之处罚，刑事诉讼，大赦，司法机关新层级之创设及司法官之地位；

——各种性质之赋税的税准、税率及征收方式，货币发行制度。

关于下列各项的规则亦由法律确定之：

——议会两院议员、各地方议会议员和海外法国人代表机构成员之选举制度，及担任各地方自治团体审议会议的选举性职位或职务的条件；

——各类公务法人之创立；

——国家文武官员之基本保障；

——企业国有化及公有企业之产权向私营企业的转移。

下列各项的基本原则由法律规定之：

——国防之一般组织；

——地方自治团体之自治、权限及财源；

——教育；

——环境保护；

——所有权制度、物权、民事及商事义务；

——劳工法、工会法及社会保障。

财政法按照组织法所规定的条件并在其保留的范围内，规定国家的财政收入与支出。

社会保障的拨款法按照组织法所规定的条件并在其保留的范围内，规定社会保障的财政平衡的一般条件，以及经考虑收入预期后确定其支出目标。

规划法规定国家活动之目标。

公共财政的多年度方针由规划法规定之。它们应列入公共行政账户的平衡目标。

本条之规定得以组织法细化和补充之。

样认为是法律领域。在设立后大约 10 年时间内，宪法委员会尽管很少收到申请，但却已经接受将自身的任务作极简化的理解，并在事实上自我限定为议会和政府职权的调解机关。①

然而，宪法委员会随后发生了两次变化，从而转变成法国当今保护基本权利的公认裁判者。

第一次，即 20 世纪 70 年代，连续发生的两个事件提高了宪法委员会的地位。首先，因宪法委员会自身的意志，其在 1971 年 7 月 16 日这一著名的决定中判决"特别"专注于宪法序言，且因此承认 1789 年人权宣言、1946 年宪法序言以及共和国法律认可的基本原则的宪法效力——1946 年文本也专注于这些基本原则——在宪法委员会的判决中，第一次适用 1789 年人权宣言、1946 年宪法序言以及共和国法律认可的基本原则。第二个事件，即在 1974 年 10 月 29 日一次修改宪法的表决中，修改了宪法第 61 条②，从而使 60 名国民议员或 60 名参议员能向宪法委员会提出申请，这为议会反对派党团向宪法委员会提出申请打开大门。在这样的条件下，与之前的审查相比，宪法委员会的救济数量倍增，今后通过适用 1789 年和 1946 年许多文本的本质，使得宪法委员会的判决趋向保护基本权利。逐步的，宪法委员会将认识到她的伟大时期，她的黄金时代。《宪法委员会重大判决选》包含这个时期作出的判决：1971 年 7 月 16 日就结社自由作出的判决；当然，亦包括 1973 年 12 月 27 日就平等原则作出的判决，以及，1977 年 1 月 12 日就个人自由作出的判决等等。宪法委

---

① V. L. Favoreu, Le Conseil constitutionnel, régulateur de l'activité normative des pouvoirs publics, *RD publ.*, 1967. 24.

② 现在宪法第 61 条规定，组织法在其公布以前，第 11 条所规定的法律提案在其提交全民公决以前，议会两院规程在其实施以前，均须提交宪法委员会以宣告其是否符合宪法。

基于同一目的，法律在其公布以前，得由共和国总统、总理、国民议会议长、参议院议长、60 名国民议员或 60 名参议员，提请宪法委员会审查。

在前两款规定的情形下，宪法委员会应在 1 个月期限内作出裁决。但如有紧急情况，上述期限经政府之请求得缩减为 8 日。

在上述情形下，提交宪法委员会审查即中止原公布期限。

员会从权利和自由的保障中获得的权威促进其行使其他职权。宪法委员会是全国政治选举中无可争议的裁判官；就进行技术改革提出建议；在欧洲一体化的进程中，捍卫国民主权，并在当下捍卫"法国宪法的一致性"。宪法委员会的运作方式、解释模式及其判决均是许多深度分析和评论的目标。其成为共和国"智者（les sages）"的成员获得包括长期以来批判他们的前人的尊重，其机构本身亦获得尊重。

第二次，即 2008 年 7 月 28 日修改宪法，这为宪法委员会创造了新的契机。确切的，最高行政法院和最高司法法院在诉讼中怀疑适用的法律可能损害宪法保障的权利和自由时，制宪者通过承认最高行政法院和最高司法法院有初步裁定提交合宪性审查的可能，最终启动了"法国例外"① 的形式。今后，像欧洲同伴一样，因宪法第 61 – 1 条②这一新条文预设合宪性先决问题，宪法委员会能够履行通常由宪法法院管辖的大量任务。为保护宪法基本权利这个唯一目标，这一新的救济措施改变了宪法委员会的活动，并且，这一改革自 2010 年 3 月 1 日生效以来，宪法委员会的审查判决数是原来的 3 倍，合宪性先决问题的引入亦提高了宪法委员会的地位。宪法委员会在今天占据了法国司法组织的制高点，因而，有人担心宪法委员会将位于最高司法法院和最高行政法院之上，变成最高法院。现在就这个问题作出定论还为时过早。然而，当下的问题是这种发展趋势是否走到了尽头，或者，是否仍应继续改造宪法委员会使之发展成名副其实的宪法法院。③

---

① A. Roux, Le nouveau Conseil constitutionnel. Vers la fin de l'exception française? *JCP* 2008. I. 175.

② 第 61 – 1 条：在普通诉讼程序中，若认为法律之规定对宪法所保障的权利与自由构成侵害，可经国家行政法院和最高司法法院向宪法委员会层转违宪审查申请，由宪法委员会在确定期限内予以裁决。

本条的适用条件由组织法确定之。

③ 在此方面，极为令人惋惜的是，巴丹泰（Robert Badinter）主席曾极力主张的提案，即将现在的宪法委员会改名为"宪法法院"，这一提案由参议院在 2008 年 6 月 24 日一读通过，但最终被否决。

为回应上述问题提供要素，我们可以首先回顾由宪法委员会适用的基本权利宪章的内容，然后，再考虑宪法委员会保护基本权利的判例在法国法律体系中的有效性。

一、宪法委员会适用的基本权利宪章

基本权利宪章是包含 153 个条款的宪法文本本身的主要章节，亦是"经共和国法律认可的基本原则"这个整体中的附带性内容。

（一）一部包含 153 个条款的宪法

首先，强调在法国实际适用的宪法并不局限在 1958 年 10 月 4 日通过的单一宪法文本。实际上，适用的宪法包括 2008 年 7 月 23 日修改后载有 108 个条款的文本，还包括 1789 年 8 月 26 日《人权和公民权宣言》中的 17 个条款、1946 年 10 月 27 日宪法序言中的 18 项内容、2004 年《环境宪章》中的 10 个条款。总之，法兰西共和国书面意义上的宪法是由 153 个条款组成的"宪法团"。

之所以出现通过复合团聚合宪法规范的现象，是因为 1958 年，制宪者首要关心的不是给法国提供一部特别载有基本权利宪章的完整宪法，而是为了结束导致第三共和国以及第四共和国相继灭亡的政府长期的不稳定，从而精简议会政体。这就是 1958 年制宪者的注意力几乎完全集中在宪法自身框架内的规范体系与权力机构平衡的原因。至于基本权利，则限于宪法序言第一段的介绍性规定：法兰西人民庄严宣告恪遵 1789 年宣言所明定的以及 1946 年宪法序言所确认与补充的"人权"和"国民主权诸原则"。有人认为，这里提及参照前两个宪法文本只有纯粹的象征意义。宪法委员会在 1971 年 7 月 16 日就有关结社自由的判决中不再认为前两个宪法文本仅具有象征意义，它承认 1958 年宪法序言的法律效力，从而认可 1789 年人权宣言和 1946 年宪法序言两个文本。1971 年的这个判决至关重要，因为它使 1958 年宪法载入包括个人权利，或者称作"自由权"的基本人权目录，如同载入 1789 年人权宣言中规定的权利，并且它载入 1946 年宪法序言中预设的集体权利，或称作"受益权"，从而丰富了 1958 年宪法。

随着 2005 年 2 月 28 日议会通过 2004 年《环境宪章》，宪法委员会达到了新的里程碑。作为 30 年前特别是里约首脑峰会以来所担心的问题的一种回应，通过《环境宪章》使得一些基本权利在宪法位阶中具备"第三代"权利特性。该宪章为公共机构指定了具有宪法效力的目标，法律和条例必须遵循宪法效力的目标。但是，该宪章亦包括实体性宪法基本权利，例如，自 2008 年以来，宪法委员会和最高行政法院就预防原则和获得环境资讯权作出判决。①

法国宪法不单就公共机构和公共权力作出相关规定，同时亦就第一代宪法基本权利到第三代宪法基本权利作了全方位的规定，这使得法国宪法成为一部现代宪法文本，从而很好地支持了该文本同新近宪法的可比性。

（二）经共和国法律认可的基本原则

另外，强调 1971 年 7 月 16 日就结社自由的判决中，宪法委员会承认"共和国法律认可的基本原则"的存在，即是说，宪法委员会从前三个共和国通过的、大量的共和国法律文本出发，排除其中具体的宪法规范。存在由宪法裁判者认可的这些原则主要是为了填补"宪法团"的空白。

---

① 如 2008 年法国宪法委员会在审查《转基因生物法》的合宪性时判定《环境宪章》第七条具有宪法效力，随后，法国宪法会在 2012 年裁决《法兰西自然环境法》是否合宪时，裁定该法因未规定充分的参与程序而违反宪法。See Conseil Constitutionnel, Décision n° 2008 – 564 DC du 19 juin 2008, Loi relative aux organismes génétiquement modifiés [DB/OL]. http://www. conseil – constitutionnel. fr/conseil – constitutionnel/francais/les – decisions/2008/decisions – par – date/2008/2008 – 564 – dc/decision – n – 2008 – 564 – dc – du – 19 – juin – 2008. 12335. html；

Conseil Constitutionnel, Décision n° 2012 – 282 QPC du 23 novembre 2012, France Nature Environnement [DB/OL]. http://www. conseil – constitutionnel. fr/conseil – constitutionnel/francais/les – decisions/2012/decisions – par – date/2012/2012 – 282 – qpc/decision – n – 2012 – 282 – qpc – du – 23 – novembre – 2012. ——译者注。

这些原则的数量很少，15 年以来，法国宪法裁判者很少"发现"新的原则。共和国法律中认可的基本原则清单实际上限于以下 10 个原则：结社自由、个人自由、学术自由、良心自由、行政裁判独立、大学教授独立、废止公共当局行为时行政裁判的排他管辖权、私有不动产的司法监管权、对未成年人适用惩罚的比例原则、2011 年以来在下莱茵省（Bas-Rhin）、上莱茵省（Haut-Rhin）和莫泽尔省（la Moselle）适用特别法律原则。最初属于共和国法律认可的基本原则的尊重防卫权原则，自 2006 年以来，直接适用 1789 年人权宣言第 16 条①的规定。

二、宪法委员会运用基本权利开展合宪性审查的效果

能够被辨识的三个基本效果分别是：宪法的裁判化、宪法诉讼的司法化以及法的宪法化。

（一）宪法的裁判化

1971 年 7 月 16 日判决使得宪法委员会变得重要。纵观其判决，由 1958 年宪法创设的这个裁判机构深深地改变了法国法律体系。事实上，法官保证宪法得以遵守，遵守宪法实际上占据基本规范的制高点。不同于欧洲其他国家，亦不同于美国自 1803 年"马伯里诉麦迪逊案"发展的产物，最近在法国发生的这一变化使全体公民以及所有公共机构遵守国家的最高规范：宪法。模式的变化至关重要，因为同议会自身坚持遵守基本规范一样，宪法成为法国政治生活所必需的调和剂与规制者。在宪法上下文中，它不再包括政治哲学式的模糊原则，而是包含一个有效的法律规则主体，并且作为一个整体，它对社会团体和政治团体具有拘束力。

---

① 1789 年《人权宣言》第 16 条：一切社会，凡权利无保障或分权未确立，均无丝毫宪法之可言。

（二）宪法诉讼的司法化

1974 年由议员开始向宪法委员会提出申请成为重要的第一步，因为它许可定期审查经议会表决通过的、尚未经共和国总统公布的法律。事实上，自 1974 年以来，大部分重要的法律，特别是财政法，均提交宪法委员会进行合宪性审查。然而，前述审查很不充分，一些潜在的违反宪法的文本通过审查的现象并不少见。而且，法律公布前进行的法律合宪性审查仍停留在法国法律体系内，使得法律一经公布即违反宪法。此后，情况已经发生了根本的变化，再也没有人能够忽视宪法。实际上，自 2010 年 3 月 1 日以来，通过宪法第 61 - 1 条赋予了宪法委员会决定合宪性先决问题的可能，如此一来，能通过司法法院或行政法院向宪法委员会提请废止由其裁定违宪的、已公布的法律，最终使一个真正的宪法诉讼出现。当然，在宪法委员会发生的真正的宪法诉讼，亦可由其他国家法院管辖，但重罪法院除外。从而，确保法治国家的显著发展，更直接地说就是确保法律从业者，即法官或律师更好地理解宪法争讼资源。更一般地来看，合宪性先决问题从今以后在整个法国社会代表了宪法以及宪法承载的共和价值观传播的强大载体。

（三）法的宪法化

法的宪法化现象即是说通过宪法整合法律体系，法国宪法因此在这些年成为活的法。比较法也认为，同我们国家相比，在拥有较长合宪性审查历史的国家，宪法已成为所有部门法的首要且基本渊源。因此，我们在今天不能再忽视刑法、刑事诉讼法、民法、财政法、行政法、社会法等的宪法基础。同样的，主流讨论当然地影响法国当代社会，例如，世俗主义与共和平等的变化、赋予外国人在市镇选举中以选举权、重新寻求更大的财税正义、加强环境保护的必要性等等，在当下必须被置于宪法讨论之首。

最后，为再次强调 1971 年 7 月 16 日判决后的 40 年，激励宪法委员会并使宪法委员会吸收适用1789年和1946年创设的大量规范中的自由精神使宪法效力中的原则和规则最大化，以确保公民和人获得适当的保护。在这里，宪法委员会当然成为政治自由主义和法治国的主要保证人。然而，正如本文作出的简要分析，在讨论法治国的过程中，难道不应该走得更远更深入？例如，难道不应该是这样，宪法委员会在今天已成为保护基本权利公认的裁判者，其在1975年1月15日的审判中通过排除审查由议会尊重来自国际公约中的基本权利，放弃为基本权利的保护提供审查。同样的，鉴于宪法委员会地位的上升，尤其是在保护基本人权方面地位的上升，我们难道不应该彻底反思和抛弃总统充当宪法委员会成员的规则吗？在宪法委员会的管辖权重大转变中，共和国的前任总统们已不再适合充当宪法委员会的当然成员，并且，被任命的成员必须主要根据其拥有的法律知识而不是出于其他考量获得任命。

可以确定的是，这是一个新的阶段，一个继1971年和2008年之后的第三个阶段，如果它必须发生，那它就必须由一个有力的政治意愿启动并获得制宪权的批准。为此，宪法委员会仍将继续发展，以更好地保护宪法基本权利，最后，为了重现法国大革命的理想，我以1789年人权宣言或者称之为"人权和公民权"宣言序言中最后一段优美的表达作为结语：公民今后根据简单而无可争辩的原则所提出的各种要求，总能导向宪法的维护和导向全体的幸福。

合宪性审查与税收平等原则

◎金邦贵* 著

程 俐 译

作为一名在法国大学工作至今已 15 年的外籍教师与学者，我所观察到的法国宪法中一个极为引人注目的现象就是宪法委员会在法国宪法概念变迁中所扮演的重要角色。事实上，正是有了宪法委员会判例的发展，宪法才变成"活生生的、不断创造权利和自由的文件，其对最常被援引的公平宪法原则内涵的扩展就是一个例子"。①

近半个世纪以来，议会立法行为已经不再不可触碰，因为无论是在税收领域还是其他领域都要受到来自于宪法委员会的监督。

赋税平等原则、税收法定原则及税收适度原则构成了税收领域的三大基本原则，立法者是否遵守这些原则受到宪法法官的监督。

纵然立法者在税收领域内从税基、税率、征收方式②到税收优惠政策适用③方面都有制定基本规则的自由，可一旦偏离了具有宪法价值的原

---

* 作者金邦贵，法国艾克斯－马赛大学法学院教授，欧亚研究所主任。译者程俐，法国艾克斯－马赛大学法学院法学博士。

① D. Rousseau, *Droit du contentieux constitutionnel*, Paris, Montchrestien, 9ᵉ édition, p. 449.

② Voir, l'article 34 de la Constitution de 1958; Cons. Const. 8 janv. 1991, n°90 – 283 DC §43.

③ Cons. Const. 30 déc. 1987, n° 87 – 237 DC §11.

则，尤其是偏离赋税平等原则的要求时，宪法法官就会时常提醒立法者遵守秩序。

正是"平等"，如果不说是宪法诉讼中最常被引用的具有宪法效力的原则的话，起码也是其中之一。也正是在税收领域，并基于此原则，宪法法官作出的一项判决连同其 1971 年 7 月 16 日的一项判决（结社自由案①）使法国进入了一个合宪性审查的新时期。我们自然想到了 1973 年 12 月 27 日关于"依职权征税"的著名判例②。在该判决中，宪法委员会第一次依据 1789 年人权宣言进行了合宪性审查。

平等原则渊源众多是法国宪法的一个特殊之处，它同时也表明法国人民是如何重视平等的理念。的确，1958 年宪法及其前言所指向的宪法性文件多次提到此项原则。③

宪法委员会在实践中对于平等原则遵守情况的监督力度大致可以划分为两个层面④。一方面，委员会在涉及宪法明文禁止歧视的问题上实施"严格审查"，⑤ 包括出身、种族、宗教信仰及性别上的歧视。委员会对这种情况一贯宣布被审查的法律违宪。在涉及宪法未明文禁止的区别对待问题上，宪法法官则适用"常规审查"，⑥ 即对法律所采取的措施与其所

---

① Cons. Const. 16 juillet 1971，n° 71 – 44 DC.

② Cons. Const. 27 déc. 1973，n° 73 – 51 DC.

③ 在此方面，可参见 F. Mélin-Soucramanien，*le principe d'égalité dans la jurisprudence du Conseil constitutionnel. Quelles perspectives pour la question prioritaire de constitutionnalité?* Cahiers du Conseil constitutionnel n°29，octobre 2010，pp. 91 et 92. 这方面的例子有：1789 年宣言第 1 条（一般意义上的平等）和第 13 条（公共负担的平等），1946 年宪法序言第一段（禁止歧视）和第三段（男女平等），以及 1958 年宪法序言（海外人民的平等）、第 1 条（禁止歧视）和第 2 条（平等为共和国的信条之一）。

④ Cf. L. Favoreu，L. Philip，P. Gaïa，R. Ghevontian，F. Mélin-Soucramanien et A. Roux，Les grandes décisions du Conseil constitutionnel，17e édition，Dalloz，Paris，2013，pp. 510 – 512.

⑤ L. Favoreu，L. Philip，P. Gaïa，R. Ghevontian，F. Mélin-Soucramanien et A. Roux，*op. cit.* p. 512.

⑥ L. Favoreu，L. Philip，P. Gaïa，R. Ghevontian，F. Mélin-Soucramanien et A. Roux，*op. cit.* p. 512.

追求之目的二者之间的一致性进行审查。对税收平等原则的监督属于常规审查范畴，这也是考察宪法法官与立法者之间关系的最好观察点之一。

对税收平等原则的合宪性审查主要从两个角度开展，即"税收平等原则"的角度和"公共负担平等原则"的角度。需要指出的是，实践中也会出现这样的情况，即宪法法官认为无必要明确指明到底依照了宪法规范中哪项或哪几项确保税收平等的原则作出判决。

一、税收平等原则

税收平等实际上是指税收法律面前人人平等。该原则出自于《1789年人权宣言》第6条所规定的一般平等原则。该条款规定，无论施行惩处还是保护，法律对所有人一律同样适用。1958年法国宪法第1条又规定，法国确保公民在法律面前一律平等。

需要及时指出的是，宪法法官眼中的平等原则，如套用一句宪法法官的惯用语表达的话，就是既不反对立法者对不同情况实行区别对待，也不反对其出于公共利益原因而采取有悖于平等的做法，无论在哪种情况下，只要因此而产生的差别对待符合法律所追求的目标即可。换言之，平等原则并非要求整齐划一地适用法律。差别对待只要正当即可成立，"不同情况"及"公共利益"的评判标准一般在税收领域之外审查平等原则是否得到遵守时予以适用。最初，宪法法官会借助这些标准来进行税收平等审查。如果说后来宪法法官更倾向于运用"很大程度上专门适用于"[1]税收平等审查的评估工具即"客观与理性标准"[2]的话，无论是对于税收平等原则还是公共负担平等原则遵守情况的审查，"不同情况"

---

[1] B. Castagnede, le contrôle constitutionnel d'égalité fiscale, Petites affiches, 1er mai 2001, n°86, p.18.

[2] op. cit. p. 4 et s.

及"公共利益"这两个标准仍然是税收领域的评价工具。

税收面前人人平等原则要求对纳税人的情况从单个具体税收的角度进行考量。这是我们讨论"不同情况"的评估标准和"客观与理性标准"之前需要探讨的第一个问题。

（一）依单项具体税收评估纳税人情况

税收平等不是指一切税收面前人人平等。宪法委员会认为："为了落实税收平等原则，应从每个具体税收的角度对纳税人的情况进行评估。"①委员会在最近一批有关优先性合宪问题审查的判决中重申了该观点。②

当然，我们也可以提出这样一个问题，真正的税收平等是否意味着一切税收面前人人平等？或许这就是 1789 年《人权宣言》第 13 条庄严宣告的税收平等原则的真正含义。然而这种定义下对平等原则遵守情况的审查在实践中几乎是不可能完成的任务，因为它意味着对所有课征甚至所有强制性课征的整体进行考量，这种平等原则的落实情况是"无法监督的"③，没有法官能够执行这种审查。因此就目前而言，宪法法官只能将对有关税收平等原则的审查限定在对某项特定税收遵守平等原则的审查，根据不同税收分别予以考察。事实上，宪法法官有时也需要根据一组关联紧密的课征对平等原则的遵守情况进行审查。这时，法官更倾向于参考"公共负担平等原则"而非"税收平等原则"④。

因此，立法者在制定法律时，必须根据每种税收的特点而不是法国总体税收制度来考察是否符合税收平等原则的要求。

---

① Cons. Const. 28 déc. 1990, n° 90 – 285 DC, cons. 28；Cons. Const. 19 nov. 1997, n° 97 – 390 DC, cons. 7；Cons. Const. 18 déc. 1997, n° 97 – 393 DC, cons. 10.

② Cons. Const. 17 sept. 2010, Assoc. Sportive Football Club de Mets, n° 2010 – 28 QPC, cons. 5；Cons. Const. 29 sept. 2010, Epx M. , n° 2010 – 44 QPC cons. 5.

③ Cf. Y. Brard, égalité devant l'impôt et égalité devant les impôts, à propos de la décision du Conseil constitutionnel n°97 – 390 DC du 19 novembre 1997, Recueil Dalloz 1998, p. 117.

④ Cons. Const. 18 déc. 1997, n° 97 – 393 DC, cons. 10.

（二）"不同情况"的评估标准

平等原则意味着对不同情况实行差别对待。因此该原则并不妨碍立法者对具有相同条件的一类纳税人使用同一课征制度，而对具有其他相同条件的另一类纳税人适用其他课征制度①。

举例说明，1983 年申请某项合宪性审查的议员提出 1984 年财政法的一项措施违反了平等原则。该法案仅针对农业经营者降低了按定额方式征收利润税的收入标准，此举被认为在征收职业增殖所得税上对农业经营者实行歧视待遇。因为根据税收总法典，对于农业、手工业、商业及自由职业经营活动中所实现的增值在其经营收入不超过按定额方式利润税标准的情况下，可以免征职业增值所得税，而该法案仅针对农业经营者下调按定额方式征收利润税的标准，他们因此需要缴纳职业增值所得税，其他行业经营者尤其是具有同等收入的商人则免于该项课征。宪法委员会认为这项措施并不违背税收平等原则，因为该原则不禁止立法者基于对不同类别的独立工作者职业性质差别的考量而制定与之相适应的税收规则。因此，有关按定额方式征收利润税的收入标准及职业增值所得税的税制可以根据不同职业类型有所差别②。

又如，另一项对善意纳税人实行允许自动延期缴付税款的法律规定也被认定为不违反税法面前人人平等原则。该自动延期许可适用于其善意未受税务机关质疑的纳税人，其他情况下的纳税人则由税务机关决定是否许可延期缴纳，因为此项规定针对的是不同情况下的纳税人③。

同样，民事同居协议签订者、无协议同居者或存在法定婚姻者在税收方面被视为具有不同条件的三类情况④。因此宪法法官从税收法律适用

① Cf. Cons. Const. 31 déc. 1981, n° 81 – 136 DC, cons. 6；Cons. Const. 29 déc. 1983, n°83 – 164 DC, cons. 23；Cons. Const. 29 déc. 1984, n°84 – 184 DC, cons. 17.

② Cons. Const. 29 déc. 1983, n°83 – 164 DC, cons. 22 et 23.

③ Cons. Const. 31 déc. 1981, n°81 – 136 DC, cons. 6 et 7.

④ Voir notamment, Cons. Const. 6 déc. 1999, n° 99 – 419 DC.

的角度出发，认为立法者可以区分此三类人。

然而，宪法法官认为以下各类情况中的不同纳税人之间具有同等条件：以公证员作为中间人实施赠与行为的纳税人和无中间人实施赠与行为的纳税人[1]；于某特定日期前签署了某项协议的纳税人和未签署此类协议的纳税人[2]；在营业额低于 50 万欧元的纳税人中，拥有员工数量少于 5 名的纳税人和员工数量大于 5 名的纳税人。因此，对处于同等条件下的纳税人给予区别对待的法律规定被宣布违反了税收平等原则。毕竟税收平等原则最首要的含义是对于相同情形给予相同的解决方法。

（三）"客观与理性标准"之要求[3]

立法者可以自由制定税收法律规则，但行使该权力时必须遵守宪法性的原则，尤其是在审查平等原则是否得到遵守时，应当依据客观与理性标准进行审查。

宪法委员会第一次提出客观与理性标准的要求可追溯至1983 年12 月29 日关于1984 年财政法案的判决[4]。提起违宪审查申请的国民议会议员及一些参议院议员主张公司高级管理人员和小股东管理者的情况与高级管理人员和持有公司 25% 以上股权的小股东管理者的情况之间不存在能够证明差别待遇合法的必然区别。根据本案被质疑违宪的措施，前一种情况下的高级管理人员和小股东管理者须缴纳大宗财产税，而后一种情况下的此类人群则免交该税，因为后者因用于执业活动所必需的财产被视为职业财产，而不列入大宗财产税税基的计算。宪法委员会重申，决定是否将用于进行执业活动的财产列入大宗财产税税基属于立法者的职

---

[1] Cons. Const. 30 déc. 1991, n°91 – 302 DC, cons. 7.

[2] Cons. Const. 4 févr. 2011, Sté Laval Distribution, n° 2010 – 97 QPC cons. 4.

[3] A ce sujet, voir deux études intéressantes réalisées respectivement par G. Eveillard, L'exigence de critères objectifs et rationnels dans le contrôle de l'égalité devant l'impôt par le Conseil constitutionnel, LPA 2000, n°20, p. 8 et A. Franck, Les critères objectifs et rationnels dans le contrôle de constitutionnalité de l'égalité, Revue de Droit Public, 2009, n° 1, p. 77.

[4] Cons. Const. 29 déc. 1983, n°83 – 164 DC.

权范围①，并认为立法者在本案中系根据"客观与理性标准"来制定关于确定大宗财产税税基的规则，因此被质疑的法律措施不违背税收平等原则②。

"客观与理性标准"这一提法直到 1989 年才再次出现③。宪法委员会在当年 12 月 29 日的一项判决中对一条有关针对大巴黎地区用于办公的场所征收年度税的规定进行合宪性审查时再次肯定："立法者在制定税收方面的规定时，在遵守宪法性法律及原则的前提下有权自由确定税基；立法者尤其必须以客观与理性之标准作为评估依据，从而确保平等原则得到遵守。"④ 委员会在此案中认为，仅仅在大巴黎地区针对办公用场所设立一项特殊的年度税符合"政府为解决该地区在可供众多居民租用的住房、居民居住地点与其办公地点相隔距离以及交通基础设施建设等方面存在的有史以来最为严重的失衡问题而进行的投资的意图，尽管该规定仅适用于大巴黎这个问题特殊且非常严峻的地区，但并不存在任何违反平等原则的情况"⑤。在本案中，差别对待的内容符合其所追求的目标，宪法法官认定这种差别客观且理性。

此后，宪法法官又在后来的判决中使用"客观与理性标准"这一表述方式，并对该概念加以发展。基本上法官每次需要审查平等原则的遵守情况时都会套用该表述方式，以至于从此以后，无论在确定税基、课征对象或税率时，还是在决定法律规则的时间适用条件或给予税收优惠时⑥，

---

① Cons. Const. 29 déc. 1983, n°83 – 164 DC, cons. 7.

② Cons. Const. 29 déc. 1983, n°83 – 164 DC, cons. 10.

③ Cons. Const. 29 déc. 1989, n° 89 – 270 DC.

④ Idem. cons. 4.

⑤ Idem. cons. 5.

⑥ Cf. Cons. Const. 29 déc. 1983, n°83 – 164 DC; Cons. Const. 28 déc. 1990, n°90 – 285 DC; Cons. Const. 29 déc. 1993, n°93 – 330 DC; Cons. Const. 21 juin. 1993, n°93 – 320 DC; Cons. Const. 18 déc. 1997, n°97 – 393 DC; Cons. Const. 28 déc. 2000, n°2000 – 442 DC; Cons. Const. 7 nov. 1997, n°97 – 391 DC; Cons. Const. 28 déc. 1995, n°95 – 369 DC; etc.

凡对实行区别对待的法律规定实行违宪审查时就会使用"客观与理性标准"①。

如果说宪法委员会在大多数情况下会借助"客观与理性标准"来说明立法者采取区别对待的做法符合宪法，它也会对某些实施差别对待、但不符合该标准的税收措施毫不犹豫地宣布违宪②，尽管这种情况并不常见。

"客观与理性标准"这一要求已"被宪法委员会深深地嵌入了宪法判例之中"③，却并未成为审查的唯一准则。事实上，法官并不会"刻板地"仅引用此标准④，因为与其并存的还有"不同情况"及"公共利益"这两类传统标准。

宪法委员会发展出"客观与理性标准"并倾向于将其适用于大部分案件的理由似乎难以捉摸。委员会意图拥有更广泛的评审权限？还是希望开展比传统标准框架下的审查更加深入的审查活动？答案并非显而易见。

在我们看来，以"客观与理性标准"为要求并不意味着宪法法官力图对立法者所持标准的客观性及理性表态，从而去断定一项差别对待的合宪性。该标准也不是为了考察立法者对赋税平等原则的实际遵守情况或其立法措施的合理性。否则将导致"宪法法官以自己的税收公平概念和价值观取代立法者的观念"⑤。宪法法官或许希望通过"客观与理性标准"给自己配备一个使论证不再局限于纯粹法律领域的、具有弹性的评估工具，或拥有一个用于进行"强度较小的审查"⑥ 或"简单的、最小

① A. Frank, les critères objectifs et rationnels dans le contrôle constitutionnel de l'égalité, op. cit. p. 78.

② Voir, par exemple, Cons. Const. 18 déc. 1998, n° 98 – 404 DC. cons. 18 et 19.

③ G. Eveillard, L'exigence de critères objectifs et rationnels dans le contrôle de l'égalité devant l'impôt par le Conseil constitutionnel, op. cit. p. 10.

④ Idem.

⑤ Ibid. p. 12.

⑥ A. Frank, les critères objectifs et rationnels dans le contrôle constitutionnel de l'égalité, op. cit. p. 95.

程度的审查"① 的工具。在费迪南德·梅兰 – 苏克拉马尼昂看来，应用"客观与理性标准"可以使宪法委员会给予"立法者较大的评估自由裁量权，并仅仅撤销真正专断不公平的歧视做法"②。

实质上，"客观与理性标准"并未带来有关税收平等原则遵守情况的合宪性审查的进一步深化的后果，立法者在税收领域的自由裁量权继续得到维持。总之，"客观与理性标准"没有给立法者和宪法法官之间的微妙关系带来任何明显的改变。

最后同样需要指出的是，有研究显示自从 1998 年宪法委员会首次在非税收领域应用"客观与理性标准"开始③，该标准的使用已经"扩展到所有涉及平等原则的合宪性审查中"④。

二、公共负担平等原则

根据 1789 年《人权宣言》第 13 条的内容，公共负担应依照支付能力由全体公民分担。公共负担平等原则虽是由此衍生而来，却比税收平等原则具有更广阔的外延。事实上，该原则不仅适用于法国宪法第 34 条意义上的一切税收，而且还适用于包括社会分摊金在内的其他类型的强制性课征，而一项课征一旦不具有税收性质，税收平等原则则不再适用⑤。

赋税平等原则尤其意味着必须依据对公民负担能力的衡量结果制定税收规范。该衡量不得显著背离公共负担平等原则。最后，宪法委员会最近作出的关于"75% 税"的判决又给我们提供了观察宪法法官和立法

---

① G. Eveillard, L'exigence de critères objectifs et rationnels dans le contrôle de l'égalité devant l'impôt par le Conseil constitutionnel, op. cit. p. 15.

② F. Mélin-Soucramanien, Le principe d'égalité dans la jurisprudence du Conseil constitutionnel, Economica, 1997, p. 157.

③ Cons. Const. 10 juin 1998, n° 98 – 401 DC, cons. 33.

④ A. Frank, les critères objectifs et rationnels dans le contrôle constitutionnel de l'égalité, op. cit. p. 82.

⑤ Cons. Const. 7 déc. 2000, n° 2000 – 436 DC, cons. 43.

者之间的微妙关系的机会。

（一）对纳税人负担能力的衡量及税收的累进性

宪法委员会一直重申立法者在遵守宪法性原则并考虑每项税收自身特点的前提下，有权自由制定据以衡量纳税人负担能力的条款①。立法者对纳税人负担能力的衡量受到宪法法官的监督。宪法委员会在这一方面的判例可帮助我们理解宪法法官对"根据纳税人负担能力而公平分摊税负"所持的理念。

赋税负担能力的概念更符合所得税的特征，因为收入既是课征对象又是负担能力的衡量依据②。但1981年宪法法官对1982年财政法案创设大宗财产税是否符合宪法规定的问题进行裁判时，"并未认为必须保持这一逻辑关系"③。宪法法官认为，立法者希望通过创设大宗财产税，对因持有财产和财产带来现金或实物收益产生的负担能力进行课征。事实上，"大宗财产税由于其税率及年度性特征，通常要以应纳税财产所得进行缴纳"④。换言之，宪法法官从税率以及税负的周期性中得出结论认为该税收应该以资本收入进行缴纳，而资本收入正是衡量纳税人负担能力的依据⑤。根据对大宗财产税的这种理解，宪法委员会认定一项要求由用益权人支付大宗财产税的规定符合根据负担能力分配税收的原则。因为在该案中，"虚所有权人不具有税负负担能力；在某项财产的所有权与用益物权分离的情况下，实际享有该财产带来的收入或利益之人才是具有税负负担能力的人"⑥。同理，委员会也对一项针对没有因财产产生任何收益

---

① Cons. Const. 29 déc. 2009, n° 2009 – 595 DC, cons. 15；Cons. Const. 9 juill. 2010, Virginie M., n° 2010 – 11 QPC, cons. 4, etc.

② Cf. B. Castagnede, op. cit. p. 7.

③ Ibid.

④ Cons. Const. 30 déc. 1981, n°81 – 133 DC, cons. 7.

⑤ Ibid.

⑥ Cons. Const. n°81 – 133 DC, op. cit. cons. 12.

的虚所有权人征收大宗财产税的规定宣布了违宪①。

对宪法法官而言，如果一项法律规定既不考虑纳税人职业收入外的收入，也不考虑纳税人家庭其他成员的收入和该家庭需要负担的成员，那么从纳税人负担能力角度看，这项规定设立了过度负担，并由此在相关纳税人之间造成明显不公②。反之，对应纳税所得超过了所得税税率表中适用最高一档税率的额度的纳税人，取消其税收优惠的立法措施，宪法法官认为这有利于更好落实量能课税的要求③。

此外，宪法法官在对一项有关大宗财产税的优先性合宪问题审查案进行审理时认为：1789 年《人权宣言》第 13 条中不包含自动设置家庭收支商数制度的强制性要求，税负负担能力也可以采用其他方式来衡量④。在宪法委员会看来，立法者设立大宗财产税时认为纳税家庭的组成情况在决定纳税人负担能力时，对大宗财产税的影响与对所得税的影响不同。因为对所得税采用家庭收支商数制度可以减缓税收的累进速度。

目前，人们普遍认为累进税率的采用——至少在针对个人课税方面——对于遵守公共负担平等原则显得很有必要。宪法委员会也曾多次表达过这个观点⑤。因此，在另一案例中，即使一项法律措施对作为次要居住场所使用的住房设置了较高的累进税率，并对这类住房中房产租益价值高昂的住房设置了更高的税率，宪法法官依然宣布该法律措施符合公共负担平等原则⑥。

---

① Cons. Const. 29 déc. 1998, n° 98 – 405 DC, cons. 27 et 28.

② Cons. Const. 19 déc. 2000, n° 2000 – 437 DC, cons. 9.

③ Cons. Const. 28 déc. 2000, n° 2000 – 442 DC, cons. 5.

④ Cons. Const. 29 sept. 2010, Epx M, n° 2010 – 44 QPC cons. 14.

⑤ Cons. Const. 29 déc. 1989, n° 89 – 268 DC, cons. 33；Cons. Const. 21 juin 1993, n° 93 – 320 DC, cons. 32；Cons. Const. 19 déc. 2000, n°2000 – 437 DC, cons. 9.

⑥ Cons. Const. 29 déc. 1989, n° 89 – 268 DC, cons. 33. La disposition déférée porte l'institution au profit de l'Etat un prélèvement progressif sur les valeurs locatives des résidences principales et secondaires appartenant aux contribuables autres que ceux bénéficiaires des mesures de dégrèvement ou de plafonnement prévues par ladite disposition.

同理，尽管税前扣除因为其受到最高额制度的限制而只能依照法律局部且有限地进行，宪法法官却认为这并不影响自然人所得税整体金额的累进性质，因此也符合 1789 年《人权宣言》第 13 条的赋税平等原则①。该原则也并不妨碍立法者直接从一种税的税基中扣除另一种税的税金。这样的操作虽然减轻了纳税人的纳税负担，却不会造成在纳税人面前显著背离公共负担平等原则的后果②。

相反，宪法法官在 2012 年 12 月 29 日的判决中裁定 2013 年财政法案中的一项规定违宪。该规定继续维持适用于与投资活动相关的两类税收优惠、按与应税收入成比例计算最高限额，从而削弱了税负的累进性。而同一法律文件对大部分税收优惠则按定额方式规定总金额上限。宪法委员会认为立法者这样的措施会在造成显著背离公共负担平等原则的情况下允许部分纳税人限制所得税的累进速度③。最后，宪法法官在同一案件中对"75% 税"合宪问题作出的判决，提供了考察监督立法者是否考虑了纳税人负担能力要求的实例。

（二）"显著背离公共负担平等原则"

"显著背离公共负担平等原则"也是宪法法官经常使用的一种表述方式，用以在按照税收平等原则进行合宪审查时，宣布一项实行差别对待的法律规定合宪或违宪。

宪法法官在实行该类审查时必须判断是否存在显著背离公共负担平等原则的情况。但是，这种判断不可避免地"含有一定程度的主观性"④，而这正是我们观察立法者和宪法法官之间难以捉摸的微妙关系的着眼点。这种判断对于立法者在进行税收政策选择时形成一种威胁，因为根据不

---

① Cons. Const. 21 juin 1993，n° 93 – 320 DC，cons. 32.

② Ibid.

③ Cons. Const. 29 déc. 2012，n°2009 – 662 DC，cons. 122.

④ Cf. L. Favoreu, L. Philip, P. Gaïa, R. Ghevontian, F. Mélin-Soucramanien et A. Roux, Les grandes décisions du Conseil constitutionnel, op. cit. p. 539.

同类型纳税人实行区别对待的措施从本质上讲是"不平等的"措施。

当宪法法官需要实际判断是否存在显著背离公共负担平等原则的情形时，我们可以想象位于蒙邦锡耶大街的法官时常在"背离"是否"显著"这个门槛上的进退两难情形。

正因如此，法国宪法法官存在着一定程度上的自我约束①。此外，宪法委员会一直重申自己不享有同议会一般广泛的衡量与决定权②。

（三）"75%税"和税赋的罚没性质

奥朗德总统任期的象征性措施之一是创立一项针对极高收入职业进行课征的特殊团结税，该税制规定在 2013 年财政法案第 12 条中。该条规定，国家对从事职业所获得收入超出 100 万欧元的部分课征 18% 的特别税。加上其他措施（所得税最大边际税率和其他社会分摊金），该特别课征将导致总税率高达 75% 的税收产生。这项针对"超级富人"的课征受到合宪性审查在人们意料之中。审查申请者认为，一方面，该税率为 75% 的税收具有"罚没性质"；另一方面，它也违背了源自于 1789 年《人权宣言》第 13 条的赋税平等原则，因为该措施以个人而非纳税家庭为计税单位，既没有设置最高额制度或减税措施，也没有考虑家庭支出情况。

由于不具有同立法者性质相同的评估权，宪法法官没有去肯定该项特殊课征的"罚没性质"。否则，法官必须回答是否认为税率等于或高于 75% 的课征必然具有"罚没性质"——尽管在此之前宪法法官在该问题上已经有所表态：70% 的税率被认为不具有"罚没性质"③。如果税收具有罚没性质或者使某一类纳税人承受了超过其负担能力的税收负担，则

---

① Cf. F. Mélin-Soucramanien, le principe d'égalité dans la jurisprudence du Conseil constitutionnel. Quelles perspectives pour la question prioritaire de constitutionnalité? op. cit. p. ?

② Cons. Const. 15 janvier 1975, n° 74 – 54 DC, cons. 1.

③ Cons. Const. 19 déc. 2000, n° 2000 – 437 DC, cons. 34.

不符合公共负担平等原则。

　　宪法法官或许希望保持"政治上的轻松"①，所以最终倾向于仅在以家庭为纳税单位的问题上表态，而不需要审查申请人的其他诉讼请求，尤其是这项课征的罚没性引发的诉讼请求。鉴于此课征的特殊性，立法者坚持对自然人所得课征的原则而忽视家庭纳税单位的存在。宪法委员会则认为："该特殊课征的税基是职业年收入在100万欧元以上的自然人的职业所得，那么，根据收入在家庭纳税成员之间的分配情况，即使拥有相同的职业收入的两个纳税家庭也可能面临其中一家有缴纳此税的义务而另外一家免于此税的不同结果。"②的确，该项被提请审查的规定可能导致如下情况：一对夫妻之间有且只有一方从事职业、并且职业年收入为110万欧元的需要缴纳此税；夫妻双方都从事职业且双方各自的职业年收入都是99.9万欧元、即纳税家庭收入为199.8万欧元的，则无须缴纳此税。因此在宪法委员会看来，立法者没有遵守量能课税的要求，并因此违背了公共负担平等原则。

　　如果立法者的目标是向"超级富人"课征一项特殊税，为达到此目的，立法者本可以"听从最高行政法院的建议并优先考虑在所得税中设置一档附加税或提高现有税率"③。在这种情况下，宪法委员会将更难作出裁决。总之，在本案中，宪法委员会也本可以"认定该特殊税如同一般社会税一样，可以与所得税分开。"

　　综上所述，对税收平等原则遵守情况的监督于宪法委员会而言是一项棘手的任务，因为在实施过程中，委员会需要调和各种宪法性规则，尤其是把握宪法第34条赋予立法者的自由和1789年《人权宣言》第6

---

　　①　Alexandre Mangiavillano, Inconstitutionnalité de la 《 taxe à 75% 》: chronique d'une inégalité, Recueil Dalloz 2013, p. 19.

　　②　Cons. Const. 29 déc. 2012, n°2009 – 662 DC, cons. 73.

　　③　Cf. L. Favoreu, L. Philip, P. Gaïa, R. Ghevontian, F. Mélin-Soucramanien et A. Roux, Les grandes décisions du Conseil constitutionnel, op. cit. p. 541.

条和第 13 条所确定的税收平等原则之间的关系。当立法者使用税收干预权或追求税收以外的目的的情况下，宪法委员会的工作就更加不易。然而在我个人看来，宪法委员会懂得如何在与立法者之间关系上找到平衡，也在维护基本权利和自由方面成功扮演了保护者的角色。

正当程序理念下税收征管法的修改[*]

正当程序理念下税收征管法的修改[*]

◎朱大旗　胡　明[**]　著

税收征管法是一种通则性的税收程序法，要实现税收征管的公平正义，正当程序理念应是我国税收征管法修订的基本导向。税收征管法的正当程序理念，作为税收征管法律关系主体行为的正当性依归，承载了内在价值和外在价值的双重维度。我国税收征管法的进一步修订，应遵从税收征管法正当程序的价值向度，重点对本体性和救济性的税收征管法律程序机制进行建构与完善，才能规范税收征管与缴纳行为、保护纳税人的合法权益，从而夯实税收征管制度的正当性与合理性基础。

一、问题的提出

在现代税收法治国，财政是庶政之母，征税为财政之源。《税收征收管理法》（以下称《税收征管法》）作为国家获取税收收入的基本法律依据，既是对税务机关的征税行为予以规制之法，又是对纳税人的合法权

---

    * 本文系 2013 年国家法治与法学理论研究重点项目"《税收征管法》修订问题研究"（项目编号 12SFB1005）的阶段性成果。原文发表于《中国人民大学学报》2014 年第 5 期，第 97~106 页。

    ** 作者朱大旗，中国人民大学法学院教授、博士生导师，法学博士，中国财税法学研究会副会长；作者胡明，中国人民大学法学院博士研究生。

益进行保护之法，其重要性不言而喻。① 我国《税收征收管理法》制定实施已经超过 20 年，2001 年第二次修订通过的现行《税收征收管理法》及其实施细则也已运行十余载，由于经济情势、征管环境以及公民意识等方面的急剧转变，不管是从提高我国税收征管质量与效率的实践角度，还是从更新税收征管模式与理念的理论角度，审视我国《税收征管法》，作为税收正义精神之承载的法律品性不足已成为不争的事实。为适应新时期下税收征管工作需要，《税收征管法》修订自 2008 年起被列入十一届全国人大立法计划，历时五年之久，2013 年 6 月 7 日国务院法制办向社会公布《中华人民共和国税收征收管理法修正案（征求意见稿）》（以下简称"税收征管法修正稿"），较之 2001 年第二次修订通过并实施的《税收征管法》，主要进行了三个方面的修改②，其中关于立法修订的提前公开③、与其他法律的协调统一、税收征管范围的必要扩张以及税收征管权力的合理完善等无疑是《税收征管法》修订过程中的亮点，这些方面至少从立法规范、形式外观以及法律价值层面彰显出财税立法的进步性和条理性。但以前瞻性和批判性视角看待"税收征管法修正稿"，仍然存在不少问题：整个条文修改幅度过小，忽视了税收征管理念的升级，保留了许多保守与落后的成分；仅有的改动主要倾向于强化税收征管部门的权力，没有涉及纳税人权利保障的事项，未能迎合新时期税收征管国际化的趋势等。

---

① 中国正处于一个艰难的转型期，财政体制改革作为当下和未来中国政治体制改革的核心，如果能以"税收征管法"的修订为契机，实现对政府征税权力机制和纳税人权利保障体系的规范建构，将是我国财政体制深层变革的突破口。

② 一是，与行政强制法、刑法修正案（七）、行政许可法相衔接；二是，规定相关方信息报告义务，加大税源监控力度；三是，增加对个人纳税人的税收征管规定，加大征管力度。

③ 按照法律法规修改应公开征求意见的惯例，行政法规与部门规章草案由国务院法制办负责，而全国人大负责法律草案。这种在国务院拟定议案阶段就"提前公开"的方式，极为罕见，从而不难推测出《税收征管法》修订的重要性与复杂性，同时也充分体现了立法的公开性、参与性以及民主性。

在现代法治国，课税必须体现正当秩序而不得任意，税收正义堪称税收法治大厦的大宪章。① 正义形态下的税收征管体系代表着一种有规则、无偏见的税收征管秩序，而法治形态下的税收征管秩序取决于一定形式的正当征管过程，正当征管过程又主要通过正当稽征程序来体现，那么正当程序理念成了税收征管法的基础范畴。② 其实分析《税收征管法》的基本性质，主要表现为税收征管法律关系主体必须恪守的基本流程与规则，也是实体性税法实施过程中不可缺少的程序性配件与要素，总体上《税收征管法》同样应被定位为一种通则性的税收程序法。"程序是社会的保护神。只有程序才能保护无辜，它们是使人们融洽相处的唯一手段。"③ 因此，正当程序作为《税收征管法》的核心要素之一，它是规范税收征管与缴纳行为、保护纳税人合法权益的关键保证，《税收征管法》的继续修订应以正当程序理念为导向，综合分析税收征管程序存在的关键和热点问题，进而建构一套形式理性与价值理性相统一的税收征管程序机制，这是进一步升华《税收征管法》的程序性品格、充分落实税收征管的税收正义原则以及有效配置税收征管法律关系主体的权力（利）④ 义务责任法律关系的过程中必须予以高度重视的核心课题。

二、税收征管法正当程序理念的界定

正当程序理念（the due process of law）滥觞于英国普通法上一个古

---

① 陈清秀：《税法总论》，元照出版有限公司 2012 年版（第七版），第 27 页。

② See John Rawls, A Theory of Justice, The Belknap Press of Harvard University Press, 1971, pp. 235 –239.

③ ［法］邦雅曼·贡斯当：《古代人的自由与现代人的自由》，阎克文等译，上海世纪出版集团、上海人民出版社 2003 年版，第 236 页。

④ 从税权理论上说，国家的税权实际上包括税收权力和税收权利两个方面，在税收权力的背后，是国家的税收权利。在国家与纳税人之间，不仅存在着国家税收征管权力与纳税人权利之间的关系，也存在着国家税收征管权利与纳税人权利之间的关系。参见张守文：《财税法疏议》，北京大学出版社 2005 年版，第 181 ~ 183 页。

老的理念——自然正义理念（natural justice）①。根据丹宁勋爵的考证，正当程序的概念第一次在英国成文法上的出现，可能是源于1354年爱德华三世第28号法令第3章的规定②，其后北美殖民地人民承继了正当程序的法律理念，并最终将其载入1791年《美国宪法修正案》第5条和1868年《美国宪法修正案》第14条。③ 于是，正当程序理念逐渐为许多国家的宪法与宪法性文件所吸取，并成为了人权保障的基石，是现代西方宪法精神的核心体现。随着历史不断演变，正当程序理念的适用范围不断扩张，"正当程序的程序保障变成了另外的对专横立法的实体限制，防范行政专横的程序保障就演变成了对抗恣意行政行为的实体性限制。"④鉴于正当程序理念的重要性，同时税收征管法又是一部关涉基本人权⑤的民生性法律，那么挖掘税收征管法正当程序理念的内涵与功能⑥，实现税

---

① 对于自然正义的基本要义，至今未有完全令人信服的答案。但在英国行政法上，自然正义理念在经过法院解释之后，其内涵一定范围内得到确定，主要包含两项基本程序规则：一是任何人不能作为自己案件的法官（No man a judge in his own cause）；二是人们的辩护必须公平地听取（hearing）。See H. W. R. Wade, Administrative Law, Oxford University Press, 1988, p. 466.

② 1354年爱德华三世第28号法令第3章的规定："未经法律的正当程序进行答辩，对任何财产和身份的拥有者一律不得剥夺其土地或住所，不得逮捕或监禁，不得剥夺其继承权和生命"。参见［英］丹宁勋爵：《法律的正当程序》，李克强、杨百揆、刘庸安译，法律出版社1999年版，前言，第1页。

③ 伯尔曼在其巨著中也提到，"法律的正当程序"是一个14世纪用来描述自然法的英国词语，之后自然法的正当程序理论载入美国的实在法。参见［美］哈罗德·J·伯尔曼：《法律与革命》（第一卷），贺卫方等译，法律出版社2008年版，第12页。

④ ［美］约翰·V.奥尔特：《正当法律程序简史》，杨明成、陈霜玲译，商务印书馆2006年版，第60～61页。

⑤ 美国宪法修正案第5条明确提到，"未经正当法律程序，不得剥夺任何人的生命、自由和财产"。因此，财产保护是基本人权保障的核心范畴，征税作为一种关涉公民财产的侵犯或剥夺行为，那么规范征税行为的税收征管法无疑与基本人权保障具有紧密的关联性。

⑥ 例如，正当程序包含"实体正当"和"程序正当"两个方面。"实体正当"指作为租税使用途径的存在方式必须以"和平、福利为本位"，并应完善税收法定之理念，同时税务制度、税务行政的存在方式要求与宪法的量能课税原则相符合，如最低生活费非课税原则、一定生存权财产费应少课税原则等。"程序正当"的内容较多，如对更正、决定等课税处分以及税务调查，都应对纳税人加以告知、辨明、公示等程序予以保障等。参见［日］北野弘久：《日本税法学原论》（第五版），郭美松、陈刚译，中国检察出版社2008年版，第309～311页。

收征管法与正当程序理念的有机嫁接，将具有极其重要的作用与意义。

（一）税收征管法正当程序理念的内涵

查询美国法律辞典关于正当程序的释义，主要是指"表示规范的正规的执法的法律概念。正当程序建立在政府不得专横、任性地行事的原则之上。它意味着政府只能按照法律确立的方式和法律为保护个人权利对政府施加的限制进行活动。"① 税收征管法正当程序理念作为正当程序理念在税收征管法律制度内的具体化，承继了正当程序理念的本质内涵与精神导向。在税收征管法中，存在两个不同性质的权力（利）束——国家征管权和纳税人基本权，这两种性质的权力（利）束之间相互博弈并相互妥协，最终形成了税收征管的法律制度。税收征管法正当程序理念应是一种蕴含规范含义的法律概念，它意味着征管主体只能按照税收征管法确立的方式和对征管主体施加的限制进行活动。

（二）税收征管法正当程序理念的功能

根据我国《税收征管法》的立法目的②，国家征管权既要受到控制又应获得保障，纳税人基本权既要受到保护又应得到约束。如何按照正当程序理念的基本要求，使国家征管权和纳税人基本权的配置达到一个合乎正义的中道与平衡，将是正当程序理念下税收征管法发展的终极样态。因此，正当程序理念下的税收征管法，核心要义是要在理性认识国家征管权与纳税人基本权的性质和作用的基础上，通过国家征管权与纳税人基本权的合理配置，协调国家税收利益与纳税人基本利益之间的冲突，最终实现国家征管权与纳税人基本权之间的相互制约与平衡。③

---

① ［美］彼得·G. 伦斯特洛姆编：《美国法律辞典》，贺卫方等译，中国政法大学出版社 1998 年版，第 15 页。

② 《税收征管法》第一条对税收征管法的目的进行了界定，"为了加强税收征收管理，规范税收征收和缴纳行为，保障国家税收收入，保护纳税人的合法权益，促进经济和社会发展，制定本法。"

③ 张怡等：《衡平税法研究》，中国人民大学出版社 2012 年版，第 316～317 页。

进一步考察税收征管法正当程序理念的基本功能，它形同一个"过滤装置"，无论"纳税人基本权"还是"国家征管权"经过这个过滤装置后就更容易获得普遍性和正统性，通过这个连接国家与社会的装置，税收征管和税收缴纳本身在获得更为安定秩序的同时还可能具有更强的自省力。① 换言之，税收征管正当程序理念的一项重要功能是使税收征管行为趋向理性化。由于税收征管主体拥有较大的自由裁量权，通过正当程序的价值导向，使得行使税收征管权力（利）的主体能与承担纳税义务的主体之间形成理性对话与论证、说服等方式，从而压缩征管权行使过程中可能存在的恣意与专横之空间，进而保障纳税人的基本权益，提高税收征管的效能，增进纳税人对征管主体之信赖与遵从。

三、税收征管法正当程序理念的价值维度

富勒认为，程序是根本性的法律手段，他分析了程序本身的独立性、主导的目的性、结果的正当性、结构的道德性、过程的参与性以及程序引出的本质属性、功效条件、区别关联、道德限度等问题，提出程序本身是手段与"内在目的"的混合体，不仅具有某些工具性或手段性价值，如程序是实现某些法律目的之渠道，还包含某些重要的内在整体性价值，如法律程序具有正当性与道德性等。② 同理，税收征管法正当程序理念也蕴含内在价值（目的价值）和外在价值（工具价值）的双重向度③，内在价值是指税收征管法正当程序理念本身所应承载与拥有的独立、内在的道德品质；外在价值指税收征管法正当程序理念具有一种外在的、作

---

① ［日］谷口安平：《程序的正义与诉讼》，王亚新、刘荣军译，中国政法大学出版社1996年版，代译序，第 10 页。
② ［美］罗伯特·萨默斯：《大师学述：富勒》，马驰译，法律出版社 2010 年版，第 130～135 页。
③ 外在价值，即该事物是达到一个善的目的之必要、充分或既必要又充分的手段。内在价值，即某一事物自身所拥有的一些独立的内在优秀品质。参见陈瑞华：《程序正义理论》，中国法制出版社 2010 年版，第 135～136 页。

为手段的有益之善，它作为一种技术工具应有贡献或有助于税收正义终极目标的实现。

（一）税收征管法正当程序理念的内在价值

内在价值是衡量法律自身合理与否的标准和实现法律终极目标的制度性保障，在此意义上，税收征管法正当程序的内在价值成为评价程序自身正当以及实现税收正义的尺度。当前对于正当程序理念的内在价值之论述颇多①，但笔者认为税收征管法正当程序理念的内在价值至少应包括开放性、经济性、中立性三重维度。

1. 开放性

正当程序理念下税收征管法必须强调对程序参与主体的开放性，通过倡导开放性价值能打破传统意义上命令与服从式的税收征管法律关系。首先，税收征管程序要求程序的分化和独立②，只有形成不同税收征管程序彼此独立与相互承接的格局，才能控制税收征管中可能出现的恣意裁量行为。其次，税收征管过程的公开，它要求税收征管所经历任何阶段和步骤都以看得见的方式进行，即除涉及国家秘密、商业秘密和个人隐私外，应当将与征税权行使有关的事项向纳税人和社会公众公开。"如果

---

① 例如，美国学者贝勒斯认为，正当程序的价值主要包含七大类：和平原则、自愿原则、参与原则、公平原则、可理解原则、及时原则、止争原则，参见［美］迈克尔·D. 贝勒斯：《法律的原则——一个规范的分析》，张文显等译，中国大百科全书出版社 1996 年版，第 32～37 页；而泰勒（Tom Tyler）认为，正当法律程序的内在价值包含六个要素：当事人能否参与程序和有关的程序性决定、裁判结果是否与裁判过程一致、司法者是否独立而中立、司法过程是否符合效率的要求、是否具有纠错设置、是否符合一般的伦理观念。See Tom Tyler, What is Procedural Justice, (US) Law and Society Review 1988, Vol. 6, p. 22；德国学者 Volker H. Schmidt 提出了程序正义的六个最低标准：广泛性、信息敏感性、发言权、程序公开性、可解释性、可修改性（可逆性）。See Volker H. Schmidt, Procedural Aspects of Distributive Justice, Klaus F. Rohl, Stefan Machura：Procedural Justice, pp. 174 – 175.

② 分化和独立是程序的灵魂，分化是指一定的结构或者功能在进化过程中演变成两个以上的组织或角色作用的过程。参见季卫东：《法律程序的意义——对中国法制建设的另一种思考》，中国法制出版社 2004 年版，第 24 页。

公正的规则没有得到公正的适用，那么公众的压力常能够纠正这种非正义。"① 在征税主体行使征税权时，公开性品质既可以保障纳税人的知情权，又能发挥公众力量来监督、控制一些有违税收正义的行为。最后，"在实体的正义被相对化、纠纷所涉及的关系越来越复杂的当代社会中，以利害关系者的参加和程序保障为中心内容的程序正义观念在其固有的重要意义基础上获得了前所未有的重要性。"② 税收征管本质上反映了对公民财产权利和经济自由权利的剥夺或限制，发挥纳税人的主观能动性来实现对税收征管过程的直接参与，能最大限度地获取纳税人的遵从与信任。③

2. 经济性

税收征管程序的设计和运行应当符合经济性的要求，税收正义相伴于稽征经济而生。经济性作为税收征管法正当程序理念的内在价值：一方面是基于税收征管资源有限性的实践考虑，即在兼顾公平与平等征管的原则下，应简化税收征管程序，减少纳税人的遵从成本；另一方面是立足于税收征管的比例原则，即在不损害国家税收利益的前提下，要求征管主体选择对纳税人损害最少的征管方式，方才符合比例原则。归纳之，税收征管法正当程序的经济性品质要求有三：一是简化税收征管程序；二是降低税收征管成本；三是公正与平等的征管。④

3. 中立性

在保证稽征正义得以实现的各种原则和制度中，"中立性"处于显要的地位，它不仅仅是一种税收征管观念或道德上的要求，而且是税收征

---

① Michael D. Bayles, Procedure Justice, Publishing company, 1990, p. 42.
② ［日］谷口安平：《程序的正义与诉讼》，王亚新、刘荣军译，中国政法大学出版社1996年版，第22页。
③ 拉德布鲁赫认为，"民众对法律生活的积极参与会产生对法律的信任，对法律的信任同时又是他们主动参与这类活动的前提。"参见［德］拉德布鲁赫：《法学导论》，米健译，商务印书馆2013年版，第177页。
④ 黄茂荣：《法学方法与现代税法》，北京大学出版社2011年版，第261～262页。

管程序正当性的内在体现，贯穿于税收征管法的始终。按照程序中立性的衡量标准①：首先应树立税收征管程序设计的中立观，明确征纳双方法律地位平等的基本准则，以扭转税务机关和纳税人之间的不对等状态。其次，应采取审慎态度对待税收征管具体程序制定的委托，不能随意将有涉部门自身利益的税收征管规则完全委托给税务部门来制定。再次，应要求税收征管人保持中立，能平等对待税收征管中的各方当事人，要保证参与、听证、调查等程序的有效性。对于不同纳税义务人，应同等对待，设立回避制度等。最后，应强化税务机关的独立地位②，应尽量杜绝按照上级下达的"刚性化"指令或指标征税而架空税收征管法的现象。

（二）税收征管法正当程序理念的外在价值

卡尔·拉伦茨在剖析卢曼关于《透过程序的正当化》的学术理论之时提出，"只有当程序本身是以'妥当'的程序原则为基础，换言之，只有当程序本身符合所谓的'正当'程序的要求，它才能'正当化'（以其固有的、规范性意义来理解）依该程序所作的决定"。③ 如何使税收征管程序本身符合正当程序之要求，需要挖掘税收征管法正当程序理念的外在价值。④ 这种外在价值之存在取决于税收征管程序产生了税收正义的结果，税收征管程序作为实现稽征正义的工具或手段必须是有用、有效的。要判断一种税收征管程序是否具有外在价值，关键是要挖掘外在价值的衡量标准，任何一种税收征管程序如果不具备这些标准，就不符合

---

① 一是与自身有关的人不应该是法官；二是结果中不应含纠纷解决者个人利益；三是纠纷解决者不应有支持或反对某一方的偏见。参见［美］马丁·P. 戈尔丁：《法律哲学》，齐海滨译，生活·读书·新知三联书店 1987 年版，第 240 页。

② 决定人的独立性包含两个因素：不受有利害关系的某方当事人或某个群体的控制，不将作出决定的职能和其他一些与此种职能不相容的职能相混合。参见［美］迈克尔·D. 贝勒斯：《程序正义——向个人的分配》，邓海平译，高等教育出版社 2005 年版，第 35 页。

③ ［德］卡尔·拉伦茨：《法学方法论》，陈爱娥译，商务印书馆 2003 年版，第 82 页。

④ 无论是作为实现实体税法规定之结果公正的手段，还是作为体现税收征管制度之实质正义的工具，正当程序都始终不能或者说不应该脱离它必须具备的外在价值，外在价值被认为是税收征管法为实现其目的价值（税收正义）应具备的基本属性或共性价值。

税收征管程序的外在价值。笔者认为，这些标准应当包括以下几个方面。

1. 法定性

税收征管程序是税收征管法律关系主体广泛遵守与普遍适用的准则，其外在价值首先应符合法定性，必须通过合乎立法规范的操作把税收征管法的正当程序理念嵌入税收征管法律制度中，才能从形式正义上保持一个相对稳定的税收征管秩序，为纳税人提供最大限度的可预期性，从而促使纳税人最终依法履行纳税义务。

2. 平衡性

税收征管程序只能是一般性的规范，而不能完全考虑税收征管个案的事实与情节。税收征管程序必须为税务机关严格适用法律规则与适当行使自由裁量之间预留一定空间，需要在体现普遍性的征管形式正义方面与实现个别性的征管实质正义方面保持平衡。一项税收征管程序如果能保障税务机关在法定范围内借助合理的日常经验法则、严密的逻辑规则以及科学的理论原则等，尽可能地收集资料、线索、依据，对与纳税人具有利害关系的税收事实和关系进行客观且全面的甄别、审查、认定，甚至为了更好地实现个案的税收正义，只要未超过一般性的税收征管规则，在自由裁量的范围内选定最符合实质课税原则的税收征管方法，来确定纳税人的具体纳税义务，那么这种税收征管程序则具备产生实质正义结果的能力，这才是税收征管程序外在价值的体现。

3. 可操作性

相异于一般的工具或手段，具备良好外在价值的税收征管程序在形成税收正义结果方面具有不可替代性。税收征管程序作为动态性的规范集合，必须能将理论上的税收正义转化为现实中的正义结果，这种可操作性堪称税收征管程序的生命力，是税收征管程序不可或缺的外在价值之衡量准则。也就是说，一项税收征管程序需要植入充分的实践理性，必须审视税收征管程序设计合理性和现实操作性的契合程度，才能引导税收实质正义由理论形态向现实形态转化，这种结果正义乃是税收征管程序所要达到的理想状态。结果正义主要表现在两层：一是正确认定征税要件事实，征税决定必须建立在真实、准确的应税事实基础之上；二是严格适用法律，符合形式正义要求，合理行使征税裁量权。①

四、税收征管法正当程序理念的制度表达

税收征管法正当程序理念的制度表达，既是通过规范化来对具体的税收征管程序做时间和事务方面的划分，又是借助制度化功能，保障税收征管机关能够落实行使征管权所需要的人力、物力和手段等方面的条件。② 对于税收征管程序法正当程序理念的制度化走向，应依照其内涵功能的要义，秉承其基本价值维度，夯实税收征管制度的正当性基础。按照我国现行《税收征管法》的基本体例，税收征管程序可分为本体性程序和救济性程序：本体性程序是确认、执行或保障税收征管法律关系主体间的权力（利）义务责任关系的步骤和方式，包括税收管理程序、税款征收程序以及税务检查程序；救济性程序服务于本体性程序，它是维护、救济或恢复税收征管法律关系主体间权力（利）义务责任关系的方法和手段，包括税收复议程序与税收诉讼程序。笔者拟以本体性和救济性程序作为分析框架，对税收征管程序的核心内容予以评析，并提出改善建议。

（一）本体性税收征管程序的评析与完善

1. 税务管理程序

我国《税收征管法》第15条至第27条主要规定了税收征管的税务

---

① 施正文：《税收程序法论——监控征税权运行的法理与立法研究》，北京大学出版社2003年版，第63~65页。

② ［德］汉斯·J.沃尔夫、奥托·巴霍夫、罗尔夫·施托贝尔：《行政法》（第2卷），高家伟译，商务印书馆2002年版，第200页。

管理程序,它作为税款征收的前置性程序,主要体现为纳税义务人及关系人应承担的协力义务,包括登记、记账及保持账簿义务、取得与保存凭证、申报义务等。① 简评我国当前的税务管理程序,税务管理权背后缺乏法律程序之合理控制,未能明确纳税人承担协力义务的要求或限度,易于出现税务机关恣意加重纳税人负担的行为,甚至影响到纳税人享有的实质性与程序性之权利。

(1) 税务登记程序。税务登记是纳税人履行纳税义务以及税务机关进行税收征管的首要条件,它既是税务机关对纳税人信息的统计与对特定申报事项的审核,同时也是税务机关以书面的税务登记证件形式依法确认征纳双方税收法律关系的成立。一方面,考察"税收征管法修正稿",第 15 条新增两款规定——个人纳税人应当办理税务登记和税务机关应当建立纳税人识别号制度,两者都意味着税收征管范围的拓宽,税收征管成本的降低,将促使我国税收征管模式由"以票管税"逐渐向资金流监控的过度。但是,纳税人识别号制度的构建作为一项系统工程,税收法律条款的简单增加基本上只能起到宣示作用,仅依靠税务主管部门单方行动也难以实现最初的立法目的。另一方面,按照当前我国《税收征管法》,存在税务登记严重受制于工商登记以及税源监管受限于信息不足的问题。例如,按照《税收征管法》第 15 条第 1 款、第 16 条的规定,从事生产、经营的纳税人应先办理工商登记,才能办理税务登记;税务登记的变更、注销都需以工商登记的变更、注销为前提。

鉴于上述问题,《税收征管法》的继续修改,应发挥税收征管法正当程序理念导向性作用:需重视税收征管法正当程序的外在价值——法定性与可操作性,纳税人识别号制度的构建必须依赖多个部门的联动配合、

---

① 税务登记义务的功能在于掌握纳税义务人;而记账及保持账簿义务、取得与保存凭证义务的功能在于保存必要之证据方法,使税务机关得于事后查核;申报义务在于使掌握纳税资料之纳税义务人自行诚实申报缴纳,并使税务机关得以获取纳税资料。参见黄士洲:《税务诉讼的举证责任》,瀚芦图书出版有限公司 2002 年版,第 25 页。

其它法律规范的配套修改以及一系列具体的程序性规范等，才能强化对纳税人登记信息的监督管理。同时，应以开放性与经济性的内在价值为准则来实现税务登记程序的合理设计，使税务部门与工商部门、税务部门与金融部门以及国税与地税之间能形成及时准确的信息联系与共享，甚至可以考虑将工商登记与税务登记进行合并处理，从而提高税务机关的税收征管效率，以及为纳税人提供更易于遵守的制度规则，降低企业经营成本。

（2）账簿与凭证管理。保存账簿与凭证的行为，既是纳税人的一种法定义务，又是税务机关用以确定应缴税收的证明方法，还是纳税人保护自己合法权利的主要证据。账簿与凭证管理的优劣与税收征管效率的高低成正比。税收征管法的修订，需要对账簿与凭证管理的范围、内容、标准进行明确，并对账簿凭证管理方的权力与责任、权利与义务予以明晰。

（3）纳税申报程序。"所谓纳税申报，是指对申报纳税方式之税收，纳税人根据税收法规的规定，向税收行政机关提交纳税申报书的行为。"① 由纳税人或扣缴义务人提供应纳税额的依据，既可以培养纳税人诚信纳税的意识，又能提高征管效率、降低征管成本以及减少税务机关自由裁量权的滥用。对于纳税申报更应体现税收征管法正当程序的基本价值——开放性、经济性以及可操作性等，才能实现纳税申报程序的合理化规定。

第一，申报方式。对于申报方式的诟病，主要是《税收征管法》第26条规定了纳税人可以自由选择申报方式（直接申报、邮寄申报、数据电文申报等），但是《实施细则》第30条却为纳税人的自行选择设置了前置条件——"经税务机关批准"。为避免下位法对上位法形成冲突，需要废除申报方式的核准制度。鉴于网上申报方式的便捷性，应重点对网上申报方式予以明确规定。

第二，延期申报。我国《税收征管法》第27条对延期申报的规定过

---

① ［日］金子宏：《日本税法》，战宪斌、郑林根等译，法律出版社2004年版，第421页。

于简单，应根据延期申报理由（如不可抗力、特殊困难等）进行区别对待，对于客观的不可抗力则应采取自动延期制度，而对于特殊困难应采用酌定延期制度，通过这种区别化的程序性处理，才能体现延期申报制度的公平性。①

第三，修正申报与更正请求。我国《税收征管法》的进一步修改，可考虑增加修正申报与更正请求的相关规定。修正申报是一种不利于纳税人自己的变更，《日本国税通则法》第19条第1项对其进行了详细规定②；更正请求则是一种有利于纳税人自己的变更，《日本国税通则法》第23条对其进行了精细规定。③

2. 税款征收程序

税款征收程序是指税务机关实施税款征收权和纳税人履行税务缴纳义务时的步骤、方式等。它作为税收征管程序的核心内容，可界分为两部分④：税的交纳程序和税的征收程序⑤，滞纳处分程序⑥。考察"税收征管法修正稿"，零星的修改未能适应税款征收实践的发展趋势，亟须在

---

① 对于酌定延期和自动延期具体是指：酌定延期需要经过税务局的审查，延长标准不统一；自动延期则不在税务局的自由裁量范围内，只要按照规定申请，就可以自动获得批准。参见熊伟：《美国联邦税收程序》，北京大学出版社2006年版，第35页。

② 《日本国税通则法》第19条第1项规定了4种修正申报的情形：（1）记载于先前提交的纳税申报中的应缴税额，出现不足时；（2）先前的纳税申报中所记载的纯亏损等金额过大时；（3）先前的纳税申报中所记载的相当于退还金数额的税额过大时；（4）先前提交的纳税申报中未记载已被确定的应缴税额的情况下，存在着应缴纳的税额时。

③ 更正请求包括两类原因：因申报中所记载的课税基准或税额等有误和因后发理由导致课税基准或税额等的计算基础出现变动。

④ 关于这种界分的具体理论论述可适当参见［日］金子宏：《日本税法》，战宪斌、郑林根等译，法律出版社2004年版，第451～513页。

⑤ 税收的交纳程序是指由纳税人、扣缴义务人按照法律、行政法规规定的期限和方法缴纳税款的程序。税收的征收程序是指税务机关依照法律、行政法规规定的期限和方式要求纳税人履行确定的纳税义务之程序，主要包括纳税告知（告知纳税义务）和纳税催告（催促履行义务）两大部分。

⑥ 滞纳处分程序是指纳税人在交纳期限内未完纳税款或有提前逃避纳税义务的行为时，税务机关对纳税人财产进行保全（在于预防、制止和控制逃税行为的发生）和强制（在于迫使纳税人履行纳税义务）的程序。

税收征管法正当程序理念的导向下，大力完善税款征收的具体程序。

（1）延期缴纳税款程序。对于延期缴纳税款，《税收征管法》第31条第2款规定了需经省级税务机关批准的前置程序。在具体过程中，由于省级税务机关难以正确把握纳税人的真实情况，那么由省级税务机关进行审批只是徒增了操作难度，而且对于存在"特殊困难"的纳税人而言，三个月的延缴期限也难以真正缓解纳税人的窘迫境地。在《税收征管法》的修改中，既要将延缴税款的审批权限适当下放到市级局或县级局，上级局有权进行督察，又要对申请延缴的情形（"有特殊困难"）进行明确解释，税务机关可根据实际情形予以不同程度的延缴优惠措施。例如，根据税款延缴期限的长短，对纳税人规定分期缴纳的不同比例。

（2）税收核定程序。税收核定条款是大多数国家普遍设立的税收征管法律条款（我国主要为《税收征管法》第35～37条），但具有适用情形的特殊性和适用规则的复杂性，具体是指税务机关不能依据法定的账簿、收入凭证、费用凭证等直接纳税资料来确定税基之时，税务机关依据各种间接纳税资料来合理估定税基与应纳税额的程序。对于我国税收核定行为准则的完善，应遵从正当程序理念下开放性价值的导引，重点对税收核定调查程序、税收核定听证程序、税收核定辩论程序、税收核定公示程序以及税收核定争议救济程序等进行规范构建。同时，应体现税收征管程序的平衡性价值，合理预设税收核定程序的自由裁量空间，厘定税收核定权力与责任、权利与义务机制的作用范围，以发挥税收核定主体的能动性和灵活性，从而保障税收核定的结果最大限度地接近实质课税的税收要义。

（3）税收强制执行程序。对于税收强制程序的完善，应植入税收征管程序的可操作性、法定性以及开放性等基本价值，不断融合《行政强制法》的立法精神与相关规定，实现《税收征管法》税收强制制度与《行政强制法》行政强制制度的有机衔接。一方面，《税收征管法》税收保全措施与《行政强制法》行政强制措施的衔接。按照《行政强制法》第三章的"行政强制措施实施程序",《税收征管法》的修订应增加:实施税收保全措施的程序规则（如告知强制理由与救济途径、引入见证人制度、听取陈述申辩）,查封、扣押、冻结的具体程序（如查封、扣押发生的保管费用由谁承担）。另一方面,《税收征管法》税收强制执行与《行政强制法》行政强制执行的衔接。根据《行政强制法》第35、36、37、42、45、46条,《税收征管法》的修订应补充税款、罚款以及税款滞纳金的强制执行程序:（1）税务机关依法加处罚款或者滞纳金,① 应当书面催告,载明履行期限等;（2）收到催告书后,当事人有权陈述申辩,税务机关应当听取意见等;（3）特殊情形下可与纳税义务人达成协议,约定分阶段履行;（4）纳税义务人逾期且无正当理由仍不履行,税务机关可以作出强制执行决定。

3. 税务检查程序

税务检查程序,指征税机关依据税法及其他有关法律的规定而对纳税主体履行纳税义务或扣缴义务的情况进行检验、核查以及监督的程序,一般包括选择和确定对象、实施检查、及时审理和送达执行等具体步骤。② 其目的在于通过对有关事实进行调查,以查明纳税人是否存在纳税义务与税收违法行为,同时了解纳税人的生产管理、经济核算、内部管理等情况。因此,税务检查作为一项刚性较强的税收执法行为,它的继续完善必须增进其法定性与经济性,才能减少对纳税人合法权益的损害:首先,应对纳税人当然负有的调查协力义务予以法定。"协力义务,不只对课税事实之阐明,纳税人与稽征机关负有共同之责任;同时相对应于

---

① 《行政强制法》第 45 条第 2 款规定"加处罚款或者滞纳金的数额不得超出金钱给付义务的数额",而《税收征管法》第 65 条规定罚款数额为欠缴税款的 50%～5 倍。对于这种冲突性的现状,《税收征管法》的修订应降低罚款比例,细化每个罚款区间的适用条件,不应对纳税人合法私益进行不当侵蚀。

② 具体可见国家税务总局 2009 年 12 月 24 日印发的《税务稽查工作规程》。

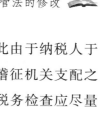

协力义务者，为协力权，亦即信息参与及提供之权利，此由于纳税人于稽征程序中立于与稽征机关相对之程序主体地位，非受稽征机关支配之程序客体。"① 其次，按照税收征管程序的经济性品质，税务检查应尽量采取对纳税人损害最小的方式。对此，应严格规范税务检查机关的权力与责任，应明确规定纳税人、扣缴义务人以及有关单位与个人的权利和义务。最后，如果在税务检查中发现纳税人有逃避纳税义务的行为，税务机关应该被赋予采取税收保全措施和税收强制执行的权力，才能便于税务机关及时追缴税款。

（二）救济性税收征管程序的评析与修正

鉴于国家与纳税人之间在税收征纳法律关系上是一种特殊"法定的公益信托和自益信托相混合的关系"②，纳税人作为信托的委托人当然有权对不符合法律规范的税收征管行为申请复议或提起诉讼，几乎所有国家的纳税人如果不满税务机关作出的决定都有权获得行政机关和司法机关的救济③。因此，通过固化税收征管程序的基本价值，实现税收救济程序的合理打造，将是《税收征管法》继续修订必须重视的部分。

1. 税收复议程序

税收复议既是一项基本的纳税人权利救济方式，也是解决税收争议的重要途径。我国《税收征管法》第88条第1款规定了"清税前置"程序（必须先依照税务机关的纳税决定缴纳或者解缴税款及滞纳金或者提供相应的担保）和复议前置程序。纳税义务人如果对税收处罚、强制执行以及税收保全存在不满，第2款规定当事人可对复议程序与诉讼程序进行自由选择。对于上述规定，优点在于税务复议具有税务诉讼无法比

---

① 葛克昌：《行政程序与纳税人基本权》，北京大学出版社2005年版，第11页。

② 朱大旗："国家预算的特质论我国《预算法》的修订目的和原则"，载《中国法学》2005年第1期。

③ ［美］维克多. 瑟仁伊：《比较税法》，丁一译，北京大学出版社2006年版，第215页。

拟的优势①；弊端在于该项条款过于注重国家税收利益的保护，阻碍了纳税人权利的救济，也违背了税捐正义与程序的开放性价值的基本要求。② 笔者认为，国家追求税收利益目的必须以无损于税收正义目的之合理手段去实现，决不能为单纯以保护税收利益之目的，而以不正当手段剥夺纳税人的救济权。其实按照我国《行政复议法》第 21 条与《行政诉讼法》第 44 条分别关于行政复议与行政诉讼期间原则上都不停止具体行政行为的规定，即使当事人进入行政复议程序，税务机关同样有权予以强制执行，当然复议机关也认为确有必要同样可停止执行，这就意味着国家税收利益的保护与"清税前置"程序不存在实质性关联。按照正当程序理念的中立性价值，《税收征管法》的进一步修改应废除"清税前置"的规定，纳税人有权自由选择行政复议或行政救济。同时，为充分发挥行政复议的救济功能，应提高我国复议机关的独立性，使其脱离与税务征管部门的隶属关系，可以考虑设立专门的税收复议机构。

2. 税收诉讼程序

防止征税权的滥用和保护纳税人权利都依赖于司法救济，税收诉讼程序是规范税收征管行为并可被法院适用于具体诉讼过程的法律规则的总和。"税收征管法修正稿"几乎未对税收诉讼程序作任何修改，导致许多税务纠纷只能停留在司法救济大门之外。对于当前的税收诉讼程序，应注重从以下四个方面进行完善：首先，应扩张税务行政诉讼的受案范

---

① 例如熊伟教授分析了美国税务行政复议的优势：税务复议可以节约费用开支，缩短争议解决时间；税务复议不适用证据规则，有利于纳税人举证；税务复议更有利于处理关联案件，还可以处理其他年份的税收问题；税务复议便于注册会计师和注册税务师充任代理人；税务复议可以满足穷尽行政救济原则；税务复议解决争议的成功率高；税务复议可以保障纳税人隐私，防止公众形象遭受贬损。参见熊伟：《美国联邦税收程序》，北京大学出版社 2006 年版，第 193～194 页。

② 关于此方面的论述可参见 Ruth Hofman, Die Bewertung des Vermögens, in: Steuerrecht und Verfassungsrecht, 1989, S. 152 ff. 转引自黄俊杰：《纳税者权利保护》，元照出版有限公司 2008 年（第二版），第 13 页；刘剑文：《重塑半壁财产法：财税法的新思维》，法律出版社 2009 年版，第 184～185 页。

围，对此需突破《税收征管法》第88条关于税收行政诉讼范围的列举性规定（如税收争议、税务处罚、强制执行、税收保全），受案范围应拓宽到税收征管的整个过程，可采取概括性与列举性相结合的规定方式。其次，应撤销税务行政诉讼原告的限制。我国《税收征管法》第88条规定了三类税务行政诉讼原告（纳税人、扣缴义务人、纳税担保人），税收征管法的修改应撤销关于税务行政诉讼原告资格的限制，任何遭受侵害的纳税人都应被赋予诉讼资格。再次，应规范税收诉讼的举证责任。一般而言，基本课税要件事实是课税的基础，有关该项争议，税务机关承担绝对举证责任；对应纳税额事实，税收机关承担课税加重的举证责任，纳税人承担税负减轻的举证责任;① 对税收保全措施与强制执行，按照一般行政诉讼规则分配举证责任；对税收核定，基于公共利益和税收公平之考量，应适当减轻税务机关的证明程度。② 最后，应考虑引入小额税务诉讼。2012年新修订《民事诉讼法》第162条正式确立了小额诉讼程序，如果《税收征管法》能适当吸收小额诉讼制度，可以为纳税人的小额税款纠纷提供制度上的救济渠道。小额税收诉讼的价值和目标在于弥补正式税收诉讼程序在便民诉讼方面的缺陷、减轻纳税人的诉讼成本以及提高诉讼效率。结合我国国情，小额税收诉讼的程序设置应与税收案件类型相适应，提起应以违反税法程序与错误适用征管规则为必要条件，它的裁判方式应采用"调解与速裁"的模式。③

---

① 陈少英、曹晓如：《税务诉讼举证责任研究》，见刘剑文主编：《财税法论丛》（第10卷），法律出版社2009年版，第248~250页。

② 例如，德国财务法庭针对纳税人与税务机关对税收事实的共同证明责任，如纳税人未按规定履行阐明事实之协力义务时，财务法庭将弹性地减轻税务机关的证明程度，在纳税人所属的生活领域内，所掌握之事实或证据方法越多者，所担负的事实阐明责任也越高。BFH BStB. 83, 760, 761; 87, 679, 680; 90, 993, 996. 转引自黄士洲：《税务诉讼的举证责任》，瀚芦图书出版有限公司2002年版，第206页。

③ 章武生："简易、小额诉讼程序与替代性程序之重塑"，载《法学研究》2000年第4期；范愉："司法资源供求失衡的悖论与对策——以小额诉讼为切入点"，载《法律适用》2011年第3期；傅郁林："小额诉讼与程序分类"，载《清华法学》2011年第3期。

五、结论

对于法律的程序化，拉德布鲁赫曾形象地比喻道："如果将法律理解为社会生活的形式，那么作为'形式的法律'的程序法，则是这种形式的形式，它如同桅杆顶尖，对船身最轻微的运动也会作出强烈的摆动。"① 诚如其喻，税收征管法作为一部程序法，正当程序理念的价值维度的充分表达是实现税收正义无法替代的方式。税收征管的制度化表达应遵循正当程序理念，这种导向性的作用不仅为税务机关行使征管权设立了基本界限，而且为纳税人提供了权益表达渠道。

从我国现实的"税收征管法修正稿"修订详情来看，本体性税收征管程序关系、救济性税收征管程序关系以及相互之间的关系仍然没有厘定清楚，税收征管程序未能分化、税收征管人行为随意②、纳税人权利规定不足以及税收征管争议解决乏力，未能充分体现"纳税义务人和税收征管人对等"的税收征管理念。正基于此，"税收征管法"到底将会作如何修改（学界俗称的"大修""中修"或者"小修"）仍难以预见，昭示着推进税收征管程序法治道路的扑朔迷离。不过，众所认同的是，税收征管法的修改应削弱"部门立法"的色彩③，税收征管法治的改革趋势已

---

① ［德］拉德布鲁赫：《法学导论》，米健译，商务印书馆 2013 年版，第 170 页。

② 根据 2011 年 6 月 27 日审计署办公厅公布的《国家税务局系统税收征管情况审计结果》（2011 年第 34 号），显示受税收计划影响或地方政府干预，2009～2010 年，15 个省区市有 62 家国税局通过违规批准企业缓征、少预征税款、多退税款等方式，少征 287 户企业当期税款，影响年度收入 263 亿元；9 个省区市有 103 家国税局通过违规提前征收、多预征税款等方式，向 397 户企业跨年度提前征税 33.57 亿元。

③ 例如，此次"税收征管法修正稿"第 90 条带有浓重的"部门立法"色彩，"纳税人、扣缴义务人有权委托税务师事务所办理税务事宜"，这将导致注册税务师对税务代理市场的垄断，势必将限制律师、注册会计师以及其他代理人在税务代理领域的职业资格，同时"注册税务师和税务师事务所的管理办法由国务院税务主管部门另行制定"，将与《行政许可法》第 12、14、15 条相冲突，涉及提供公众服务并且直接关系公共利益的职业、行业等资格的许可应制定法律或行政法规，税务总局应无权设定行政许可。

不可逆转，当前涌动的税收征管国际化潮流不仅是明证，也为"税收征管法"修订和税收征管的法治化提供了实践经验和宝贵契机。当然，如何借鉴本土与域外的税收征管经验，对税收征管法正当程序理念予以界定，对其价值维度进行深入挖掘以及予以制度化的合理表达，都将是一项长期的系统工程，许多问题仍有待更为深入的分析和研究，而本文的探究仅为这方面的初步尝试与引玉之砖。

2013 "中国与法国的合宪性审查"
国际学术研讨会实录

◎周 威 整理[*]

2013 "中国与法国的合宪性审查"国际学术研讨会,由中国人民大学法学院、中国宪法学研究会、法国宪法学研究会、艾克斯－马赛大学法学院共同举办,于 2013 年 11 月 5~6 日在中国人民大学明德法学楼 601 会议室召开。本次研讨会的主题是中国与法国的合宪性审查制度。来自艾克斯－马赛大学、艾克斯政治学院、孟德斯鸠－波尔多第四大学、中国政法大学、中国社会科学院、北京大学、清华大学、南开大学、中国青年政治学院、郑州大学和中国人民大学的 50 多位宪法学者应邀与会。此次研讨会,除开幕式和闭幕式外,共设六个单元,每个单元包括主题发言、评议和自由讨论三个环节。

研讨会开幕式 2013 年 11 月 5 日上午 9 点开始,由中国人民大学胡锦光教授主持。中国政法大学廉希圣教授、孟德斯鸠－波尔多第四大学费迪南德·梅兰－苏克拉马尼昂（Ferdinand Mélin-Sourcramanien）教授和中国人民大学韩大元教授分别致辞。

廉希圣教授致辞:法国是欧洲第一个制定宪法、实行宪政的国家,

---

　　* 周威,郑州大学法学院讲师。研讨会实录由孙如意、王国良、周威记录,周威整理校对,部分发言者本人未审阅实录中的相应发言内容。

对其他国家产生重大影响，逐步建立其违宪审查制度，基本功能是对国家机关行使权力行为和立法规范进行合宪性审查，保障宪法实施，维护宪法权威，保证正确适用宪法。我记得 2008 年中法两国也在中国人民大学召开过相关主题的会议。国情不同，形成了不同模式的违宪审查制度，或者叫合宪性审查制度。法国合宪性审查制度源于法国 1958 年宪法，是法国为保障宪法实施长期思考的产物，也是法国第五共和国的一项制度创新，独具特色。宪法委员会成立之初属于政治机构，主要处理机关之间的权限争议，但自 1971 年结社自由法案和 1974 年宪法修改以来，其角色已经发生了根本性的转变，发展成为公民权利和自由的捍卫者，体现了违宪审查制度的发展规律，对中国违宪审查制度的发展，具有重要的借鉴意义。在中国，违宪审查制度也有一个历史演变过程。违宪审查制度在 1954 年宪法中尚不成熟，1975 年宪法和 1978 年宪法基本无贡献，1982 年宪法真正建立了违宪审查制度。但必须清醒地看到，我们的违宪审查制度尚不够科学规范，表现为具体审查机构的缺失和法律程序的不足。合宪性审查制度关系到宪法实施，关系到国家全局，具有战略意义，一直受到宪法学界的关注，也是一块硬骨头，有关该主题的研究占有较大的比重，几乎成为永恒的主题。因此，我衷心希望，通过中法两国学者的交流，能使中国学者得到启发，增加智慧，获得学术正能量，使得中国宪法制度既立足于国情，又不游离于世界。最后，预祝大会成功，同时送给各位专家学者同志们一份非物质性的礼物，"健康"，希望大家别把它弄坏了，谢谢各位！

费迪南德·梅兰 – 苏克拉马尼昂（Ferdinand Mélin-Sourcramanien）**教授致辞**：正如廉教授所言，合宪性审查制度是个硬骨头，不仅中国，法国也是一样。本次研讨会的召开有两个直接因素，一是上半年王蔚论文答辩，其论文题目是《中国的合宪性审查制度——以法国经验为依托》，二是弗雷德里克·吕埃达（Frédérique Rueda）女士学习中文，我们感受到法国对中国公法的发展状况知之甚少。在法国，制宪者所预想的宪法委员会的真正用处在于保证宪法第37条第2款和第41条的有效性，即负责基于政府的请求将议会限制在法律的范围内。但法国宪法委员会随后发生了两次变化，使之转变成法国当今基本权利的公认裁判者。第一次变化是20世纪70年代的两个连续的事件，分别是1971年宪法委员会的结社自由案，和1974年修改宪法第61条，后一件事使得60名国民议会议员和60名参议院议员能提请宪法委员会进行合宪性审查。第二次变化是2008年修改宪法，增加第61–1条，设置合宪性先决程序。经过这两次变化，法国宪法委员会已经与制宪者当初的设想出现了很大的不同。还有一个想法，如果提交本次论文的各位作者同意的话，我们打算将提交的论文译成法文并在法国出版，希望各位作者能够在接下来两三个月内进一步完善各自的论文。最后，特别感谢中国宪法学研究会的邀请，相信两国宪法学者在接下来一天半的时间里会就合宪性审查问题进行深入交流。

韩大元教授致辞：刚才两位教授都充分说明了本次研讨会选题的重要意义，我们此次开会还有些特殊的意义。第一个特殊意义是，我们偶然发现狄骥的《法国宪政通诠》1913年6月被译成中文并在中国出版，今年正好是一百年。1913年时，中国刚刚进入民国，并向西方学习实施宪法，法国宪法对中国的影响是非常广泛的。再一个，明年1月27日是中法两国建交五十周年，距离现在有两三个月，刚才法国宪法学会副会长也讲到，两国宪法学界将开展一系列学术交流活动。第三个意义是，在19世纪末，中国就开始关注法国宪法解释制度，今天的讨论是一百多年来中国关注法国宪法制度的延续。第四个意义，2008年法国宪法修改以来，法国宪法委员会的实践，有利于中国学者思考违宪审查的普遍性问题并完善中国违宪审查制度。希望两国学者通过一天半的讨论分享各自的经验和研究成果。我前天刚从法国访问回来，感到两国并不遥远，坐飞机也就十多个小时，两国虽然制度不同文化不同，但两国人民都希望人类社会幸福安全健康，人类的共同价值可超越任何一种制度，任何一种文化。在这一点上，宪法学者的工作有利于保护人类的尊严，是非常有意义的，希望两国宪法学研究会能够有更多的交流，共同推动人类的法治和宪政的实践。历史有很多偶然性。狄骥终身供职于波尔多大学，今天也来了很多波尔多大学的教授，你们一定会感到很自豪。中国第一个获得法国法学博士学位的女留学生叫郑毓秀，正好是宪法学博士，1924 年获得博士学位，1959 年在美国去世，是当时主张人权宪政的非常著名的宪法学家，同时还是一名人权律师。可能现在很多人不了解这个人，但她在法国用法文写的博士论文，是比较早地研究中国宪法和法国宪法的著作。各种偶然性也带来了某种必然性，我们今天讨论的问题对于中国未来宪法制度建设是非常有意义的。非常感谢各位的到来。最后祝愿与会代表身体健康、工作顺利，祝愿法国教授们在北京期间顺利，谢谢！

第一单元 9 点半开始，由中国政法大学李树忠教授和孟德斯鸠 – 波尔多第四大学弗雷德里克·吕埃达（Frédérique Rueda）教授共同主持。主题发言环节，孟德斯鸠 – 波尔多第四大学法布里斯·乌尔克比（Fabrice Hourquebie）教授讲"法律合宪性审查的产生与司法权的虚弱性"，中国人民大学胡锦光教授讲"宪法的司法适用性与司法权能"。由艾克斯政治学院安德烈·鲁（André Roux）教授、中国人民大学石佳友副教授、中国人民王旭副教授和中国政法大学王蔚助理教授评议。

李树忠教授主持：女士优先，建议弗雷德里克·吕埃达（Frédérique Rueda）教授主持主题发言环节。

弗雷德里克·吕埃达（Frédérique Rueda）教授主持：很高兴和李教授共同主持，本单元将讨论合宪性审查标准、司法权是否有权进行合宪性审查和司法权的虚弱性等问题，分别由斯·乌尔克比（Fabrice

Hourquebie）教授和胡锦光教授作主题发言，有请法布里斯·乌尔克比（Fabrice Hourquebie）教授发言！

法布里斯·乌尔克比（Fabrice Hourquebie）教授主题发言： 谢谢各位，很高兴在中国人民大学发言。接着会长刚才所言，在法国一直有个传统，对国民的信赖和对法官的怀疑，拒绝提高司法权的地位，司法权不能与立法权和行政权处于同等地位。法国大革命创造了法律绝对主义的神话，法律是公意的表达，是国民的全部神圣性和正当性的化身，法律的神圣化带来法官的边缘化。追本溯源，司法不信任来自旧制度时期的法院与国王的反复对峙，这导致革命者对司法权的不信任。革命者根据孟德斯鸠的分权理论认为，分权应当成为一个不可逾越的障碍，防止将司法树立为真正的权力。因此，法律绝对主义的神话，以及革命者的法律为公意之表达的信条，才是司法职能"什么也不是"的原因。但我们在法国宪法史中经常忽略一点，即孟德斯鸠曾在"权力"这个术语前加上司法这一定语。在1958年宪法起草过程中，这种拒绝司法权的态度曾表现得非常具体。在第五共和国时期，宪法委员会的裁判权尽管未得到1958年宪法的完全承认，但这种裁判权在判例中得到默示的宪法化，逐渐创立了一个支持法律合宪性审查有效展开的空间，并且提出了合宪性审查的法官必然与裁判权发生关系的问题。从宪法裁判机关以及合宪性审查的独立自主程度中，可以揭示两个要素：一是审查的进行越抽象且越涉及冲突规范的调整，裁判机关的自主程序就越高，并且会赋予冲突规范的调整以更多的政治性；二是合宪性决定的效力越是普遍，判决的规范力就越拘束其他机关。

胡锦光教授主题发言： 我的题目是"宪法的司法适用性与司法权能"。法院审理案件有两个环节，一是查明案件事实，二是选择法律规范。目前，最高法院关于选择宪法规范且涉及宪法的文件共有三个，一是1955年的批复，规定不得直接引用宪法作为刑事案件的依据；二是

1995 年批复列举法院裁判的依据，没有列举宪法；三是 2008 年最高法院通知各地法院，不得引用宪法作为判案的依据。法院裁判过程中涉及宪法通常有四种情况，一是若无合宪性问题的争议，选择一般法律规范作为判案依据，法律是依据宪法制定的，法官应当从宪法层面理解法律，不应当仅仅从法律层面理解法律，如"上海孟母堂案"和"北京在家接受教育案"涉及如何理解宪法规定的受教育权的权利和义务属性。二是宪法作为判断法律规范的依据，当事人认为作为判案依据的法律规范违反宪法，《立法法》第 90 条规定，法院有权请求全国人大常委会审查相关法律规范的合宪性问题。但是实践中，最高法院从未提出相关请求，如"北京大学博士学位案"涉及国家学位条例是否符合宪法，如男女退休不同龄的规定是否违反宪法规定的平等原则。三是把宪法和法律平行地共同作为判案的依据，通常出现在名誉权案中，我认为不恰当，混淆宪法和法律的功能差异和效力位阶差异。四是若无具体法律的规定，是否可直接适用宪法作为判案依据，如"北京饭店王春丽选举权案"，法院不予受理，如"齐玉苓案"，冒名顶替上大学，大学毕业后继续冒名顶替工作，最高法院 2001 年作了批复，引起巨大的争论。我的结论是，一是 2008 年最高人民法院废止 2001 年有关"齐玉苓案"批复是无必要的，因为不是宪法解释，是民事案件；二是应肯定最高法院试图适用宪法的努力，选择这个案件作为第一案是错误的；三是在推进宪法实施和违宪审查方面存在很多值得改进的地方，法院，特别是最高法院，应当负主要责任。

李树忠教授主持：对于违宪审查制度，大家有很多话要说，但时间有限，为了保障午餐，建议每位发言时间控制在 8 ~ 10 分钟。下面有请安德烈·鲁（André Roux）教授评议。

安德烈·鲁（André Roux）教授评议：同意法布里斯·乌尔克比（Fabrice Hourquebie）教授的分析，但需要补充两点。一是宪法委员会的地位在制定 1958 年宪法过程中是有争议的，至少和现在的情况是不一样的，二是宪法解释者应当有一个独一无二的机构，还是应当有多个，法国不能接受美国的做法。对胡锦光教授有关最高法院不申请审查的介绍，我很不理解，为什么最高法院不申请审查，这不属于其职权范围吗？

石佳友副教授评议：希望法布里斯·乌尔克比（Fabrice Hourquebie）教授解释法国的双重过滤解释机制，以及法国宪法委员会未来会否演变成真正的宪法法院？

王旭副教授评议：学习法布里斯·乌尔克比（Fabrice Hourquebie）教授的文章，有三点体会。一是裁判权和法院的分离，法国不信任的不是裁判权，而是法院；二是法律若违反宪法，则可修改宪法，和中国经验颇为类似，庄子说"无用之用，是为大用"；三是解释权为法院行使裁判权的前提。同意胡老师文章的结论，宪法权威不振的重要原因在于最高法院，中国现有的协作模式更加符合中国国情，但目前过于消极被动，反对鸵鸟政策。

王蔚助理教授评议：很高兴在北京再次见到自己的法国导师，同时非常感谢韩大元教授和中国人民大学的邀请。法布里斯·乌尔克比（Fabrice Hourquebie）教授非常清晰地梳理了法国合宪性审查的两大障碍，即人民主权和对司法权的不信任，这为我国合宪性审查制度进行了同构化搭建。但也有两点，我不大同意，一是形式上，标题和内容不能完全匹配，二是内容上，忽略了法国宪法学方法论的觉醒对合宪性审查制度的影响。胡锦光教授结合宪法事例研究中国宪法，这是中国人民大学法学院一直提倡的研究方法，非常有意义。请问胡锦光教授，最高人民法院是否存在违宪的法律解释，若存在，能否对其进行合宪性审查？

法布里斯·乌尔克比（Fabrice Hourquebie）教授回应：法国宪法委员会本身有一个过滤的机制，行政法院也有个过滤的机制，对于有关的审查请求，决定是否移交于宪法委员会，属于非正式审查。法国宪法委员会过去是政治性机构，前总统是其当然成员，备受质疑，现在已成为实质意义上的裁判机构。

胡锦光教授回应：如果说法国法院虚弱，那么中国法院就是极度虚弱。法国的法院无权判断立法行为是不是违反宪法，行政行为是不是违反法律，但法国法院仍然能够独立地依照法律对民事案件和刑事案件进行审判，而中国法院不一定能做到完全依据法律对民事案件和刑事案件进行审判。目前，社会治理当中，是否要实施宪法，尚存在争论，当然参加本次会议的人持肯定态度，但持某种观点的学者或者某些政治家看来，宪法并未取得独一无二的地位。法院对于完成社会功能的认识不清晰，在中国目前解决纠纷主要靠警察，而不是法院，对于司法机关最终解决纠纷的认识也是不清晰的。我们国家解释法律不同于其他国家，在个案中进行司法解释，还有立法性司法解释，存在违宪的可能性，这使得最高法院不能处于超脱的地位。不过最高法院近年开始转向发布指导性案例。

李树忠教授主持：感谢两位教授的精彩回应，还有点时间，下面进入自由讨论环节。

甘超英副教授讨论：最高法院不是不提请审查，而是通过打电话发公函等非正式方式与全国人大常委会沟通，所以老百姓看不到。刚改革开放时，最高法院经常求教于法学专家，比如民法学界的佟柔先生。现在少了。还有，我觉法布里斯·乌尔克比（Fabrice Hourquebie）教授好像在去政治化，把法国宪法委员会变成一个司法机关，这好像没什么必要，德国法上就明确规定宪法法院为政治机构，但是通过司法程序处理的。和法国不同的是，宪法法院法官或者是法官，或者是大学教授，不包括前总统，往往是宪法法院院长退休后当总统。

韩大元教授讨论：想确认一下，2008 年修改后的法国宪法第 61 - 1 条中，"当事人"包括哪些，"和"字该如何理解，合宪性先决程序会否被滥用，有哪些限制性条件？

李树忠教授主持：本单元到此结束，感谢各位讲者。

第二单元中午1点开始，由北京大学湛中乐教授和孟德斯鸠－波尔多第四大学费迪南德·梅兰－苏克拉马尼昂（Ferdinand Mélin-Sourcramanien）教授共同主持。主题发言环节，郑州大学苗连营教授讲"行政行为的合宪性审查"，孟德斯鸠－波尔多第四大学让·迪布瓦·德·戈迪颂（Jean du Bois de Gaudusson）教授讲"法律合宪性审查的起源：行政行为的宪法争讼"。由艾克斯－马赛大学金邦贵教授、北京大学甘超英副教授和中国人民大学喻文光助理教授评议。

湛中乐教授主持：我来自北京大学法学院，主要研究行政法，本单元的主题是"合宪性审查与行政行为"，和我的专业比较接近。建议费迪南德·梅兰－苏克拉马尼昂（Ferdinand Mélin-Sourcramanien）教授主持主题发言环节，我主持评议和自由谈论环节，不知道费迪南德·梅兰－苏克拉马尼昂（Ferdinand Mélin-Sourcramanien）教授同意与否？

费迪南德·梅兰－苏克拉马尼昂（Ferdinand Mélin-Sourcramanien）**教授主持**：感谢湛教授，我们的讨论看来越来越深入了，有请苗连营教授发言。

苗连营教授主题发言：感谢主持人，我发言的题目是"行政行为的合宪性审查"，主要讨论的是宪法和立法法有关行政行为的合宪性审查问题。众所周知，行政权基于宪法居于重要位置，同时又是非常危险的，必须通过宪法和法律控制行政行为。行政行为的合宪性审查主要包括审查对象，审查主体和审查程序三个方面。根据中国行政法学界的通说，行政行为分为抽象行政行为和具体行政行为，抽象行政行为又分为制定行政法规与规章的行政立法行为，和制定其他规范性文件的行为。这些规范性文件中，即使是效力等级最高的行政法规，与宪法之间还隔着法律，由此产生一个理论问题，即行政行为的合法律性与合宪性的关系，或者说，能否越过行政行为的合法性而直接审查其合宪性。法国曾经存在 "法律—屏障" 理论，即法国行政法官拒绝审查某一可能违反宪法但符合法律的行政行为的合宪性，从而法律在行政行为和宪法之间竖起了屏障，阻碍了宪法对行政行为在司法领域的直接作用。虽然我国宪法明确排除了法律作为屏障的可能性，但行政规范性文件数量极其庞大，这使得对所有种类的行政行为均进行合宪性审查几乎是不可能的，任何一种单一的审查机制都不可能承担如此庞大的审查任务。因此，行政行为的合宪性审查必定分散在多元并行的审查机制当中。中国的宪法和行政法设置了对行政行为进行审查的三种机制，即来自国家权力机关的审查，来自行政机关的内部审查，以及来自审判机关的司法审查。虽然审查机制有多种，但每种都存在着内部环节的设计不合理，和外在运行环境的障碍。合宪性审查的激活，远不在于选择一个合适的审查对象那样简单，更取决于审查程序的自身设计、国家权力结构的调整、政治生态和历史机遇等因素，是一个漫长的过程。

费迪南德·梅兰–苏克拉马尼昂（Ferdinand Mélin-Sourcramanien）**教授主持**：让·迪布瓦·德·戈迪颂（Jean du Bois de Gaudusson）教授来中国好几次了，目前正在参与一项计划，称为 "埃菲尔计划"，为赴法外国留学生提供奖学金和帮助，当然优先考虑中国留学生，尤其是中国人民大学的博士生和硕士生。现在有请让·迪布瓦·德·戈迪颂（Jean du Bois de Gaudusson）教授发言！

让·迪布瓦·德·戈迪颂（Jean du Bois de Gaudusson）**教授主题发言**：非常荣幸来到中国人民大学参加这次学术研讨会。不过，我现在是独立发言，不代表 "埃菲尔计划"。我 1989 年 3 月第一次来中国，是行政法老师，也是宪法老师。现在让我们回到主题。必须重新回到这样一种在法国公法中长期遭到忽视的观念：合宪性审查并非人们想当然的那样只是 "法律" 的合宪性审查，随着确保法律符合宪法成为可能的各种规则和机制的确立和发展的基础，这种对合宪性审查的狭隘理解已经难以成立，在实践中"法律—屏障"理论也受到批评。法国法在宪法争议的裁判处理方面已经发生相当可观的变化：由于缺少行使这一权限的专门法院，正是行政法官逐渐地成为唯一的宪法法官，当然只限于行政行为的争讼。无论如何，在保证宪法得到遵守的过程中，在保证法律对于行政的优越性的过程中，以及在保护公民权利的过程中，行政法官都具有必不可少的作用。直到第五共和国以前，在没有宪法委员会的情况下，最高行政法院完全独立地行使着宪法使命并铸造了宪法上的功绩。随着第五共和国的到来和宪法委员会的设立，行政法官的宪法地位及其对行政行为的审查并没有消失，但各级行政法院在履行自身职能过程中就直接或间接处于宪法委员会的拘束之下。即使宪法委员会不是一个最高法院，行政法院和司法法院也很难不考虑宪法委员会的解释。宪法委员会在涉及宪法规范的认可和解释方面具有最后发言权。最近法国法引入的合宪性先决程序不仅认可了宪法委员会的地位，还认可了普通法院及其最高法院的地位。在某种意义上，行政行为的宪法争讼也经行政法院转而到达宪法委员会。谢谢各位！

费迪南德·梅兰－苏克拉马尼昂（Ferdinand Mélin-Sourcramanien）**教授主持**：行政法院和宪法委员会的关系，是由历史形成的，可能不尽如人意。中国的同事正顶着压力，努力做一些改变。非常感谢两位教授的主题发言。主题发言环节到此结束，现在进入评议环节，请湛教授主持。

湛中乐教授主持：谢谢，听了两位教授的发言，深有感触。在评议开始前，我想请大家注意中国有关行政法院制度的讨论和实践。第一是1914年《行政诉讼条例》的颁布，第二是我国台湾地区和澳门特别行政区行政法院的实践，第三是中国大陆正在修改行政诉讼法，有人主张设立自成一体的行政法院。下面有请我的老朋友艾克斯－马赛大学金邦贵教授评议。

金邦贵教授评议：又回到人大，回到国内，感觉很激动，昨晚没睡着，一方面是时差的原因，但主要还是再次见到老朋友的激动。由 1982 年宪法、立法法和组织法等共同设置的行政行为的合法性审查制度，很多问题通过内部工作程序解决，其效果并不理想，没有发挥应有的作用。我认为，法国的制度比较符合中国，法律的合宪性审查交给专门机构进行，行政行为的合法合宪审查由专门机构负责。在 1989 年，我和湛教授都参加行政诉讼法的起草工作，我的问题是，这次修改行政诉讼法能否将抽象性行政行为纳入其中？

甘超英副教授评议：苗连营教授指出人大备案审查规范性文件困境出现的原因，那就是数量太多。2006 年监督法明确规定了国家权力机关如何监督宪法和法律的实施，全国人大常委会是主权机关，具有不可挑战的权威，排除任何主体对其文件进行违宪审查。但我不同意苗连营教授关于李慧娟法官做法的评价，李慧娟不是勇敢而是无知，对立法法和宪法的无知。还有一个疑问，法国行政法院将来会否逐渐退出宪法解释体制？

喻文光助理教授评议：首先，如何理解行政行为的合宪性审查，其具体含义、审查范围和审查主体都值得我们作深入探讨分析，这是展开对话和比较研究的前提和基础。其次，应当区分行政行为的合法性审查和合宪性审查，并建构完善行政行为合宪性审查制度。在我国，对行政行为的合法性审查是较为全面的，但合宪性审查非常少。对抽象行政行为而言，只有立法法第 90 条规定的对行政法规的合宪性审查，依据《规章制定程序条例》第 35 条对规章也只是合法性审查。对具体行政行为法院也只进行合法性审查。但建构行政行为合宪性审查的制度是非常必要的。例如，在一些行政诉讼案件中，原告提出了对具体行政行为或具体行政行为的依据进行合宪性审查的请求。法院采取回避的态度不可取。立法法规定的由最高院提请审查的模式需要完善，例如，可借鉴法国的宪法问题先决程序或德国的具体规范审查之诉，简化程序并由主审法院提起合宪性审查。最后，请教对于行政行为合宪性审查和合法性审查有重要理论意义的法国法上的"法律—屏障"理论。

苗连营教授回应：制度建构不是当代核心问题，已经建构的制度没有发挥应有的作用才是，比如，即使建立新设想的行政法院制度，谁又能保证能很好地运转呢？李慧娟法官不是无知，而是无奈。立法法规定了提请审查的程序，但实践中，最高人民法院从未向全国人大常委会提请审查。另外，立法法和组织法也能为李慧娟法官的做法提供根据。

让·迪布瓦·德·戈迪颂（Jean du Bois de Gaudusson）**教授回应**：在法国，行政法官的作用很重要，审理行政案件可适用宪法条款，但不得直接适用宪法委员会的判例。公民不得直接向宪法委员会提出合宪性审查的请求，别的国家可以，法国不行。最高行政法院和宪法委员会的办公地点距离很近，但与最高司法法院距离较远。

湛中乐教授主持：现在已经超过预定结束时间，自由讨论环节就不得不省略了。

第三单元下午 3 点开始，由中国社会科学院陈云生教授和孟德斯鸠–波尔多第四大学法布里斯·乌尔克比（Fabrice Hourquebie）教授共同主持。主题发言环节，孟德斯鸠–波尔多第四大学弗雷德里克·吕埃达（Frédérique Rueda）教授讲"1958 年宪法中最初的法律合宪性审查"，清华大学林来梵教授讲"中国违宪审查制度的概念与特色"。由孟德斯鸠–波尔多第四大学费迪南德·梅兰–苏克拉马尼昂（Ferdinand Mélin-Sourcramanien）教授、郑州大学周威讲师和法国高等社会科学院博士候选人王芳蕾评议。

陈云生教授主持：几年前参加过一次中法宪法制度的研讨会，当时法方参加者中有宪法委员会成员，有最高行政法院副院长，也有大学教授，连续讨论三天，获得相当多的信息。请法布里斯·乌尔克比

（Fabrice Hourquebie）教授主持主题发言环节。

法布里斯·乌尔克比（Fabrice Hourquebie）**教授主持**：谢谢陈教授，要不要审查法律的合宪性，如何审查法律的合宪性，这是个问题。让我们听听弗雷德里克·吕埃达（Frédérique Rueda）教授和林来梵教授的高见。

弗雷德里克·吕埃达（Frédérique Rueda）**教授主题发言**：首先是感谢，感谢中国人民大学法学院，感谢中国宪法学研究会。有关法国宪法委员会的很多内容在第一单元和第二单元都讲过了，我这里就简单叙述一下法国宪法委员会在当初制定1958年宪法时是怎么讨论的。凯尔森认为宪法司法保障的功能首先是捍卫规范秩序，其次是保护最高位阶规范确认的权利。在19世纪，除美国外，很多国家尝试宪法司法保障，都失败了。直到20世纪，宪法司法保障才真正得以发展。最早的当数1920年奥地利宪法创设由专门法官抽象审查规范的宪法法院，法律的合宪性审查制度真正普遍化发生于"第二次世界大战"后，但法国一直游离于欧洲之外。其原因，前面已经谈到，就是法国坚持"立法至上""法律中心主义"，不信任司法权。这一推理显然过于简单化，忽略了宪法也是人民意志体现的基本事实。1946年宪法试图改变这种状况，但以失败告终。在制定1958年宪法时，戴高乐将军仍然坚持认为，设想中的宪法委员会仅仅负责裁决国家机构之间的纠纷，绝不可能是一个具有一般管辖权的宪法捍卫者。事实上，宪法委员会的人员构成和职权范围，甚至名称的使用，都证明其政治机构的属性。在此背景下，法国宪法委员会一直小心谨慎地认真地执行法律，温顺地服从行政权力，削弱议会权力，通过解释自我限制以保证不损及行政权力。宪法委员会宣布无权审查戴高乐总统以国家元首身份适用宪法第11条的行为，甚至无权审查在宪法第16条适用期限内对所提交的不信任投票动议的可接受性。直到1971年结社自由案和1974年宪法修改，法国宪法委员会的角色才真正开始转变。

林来梵教授主题发言：在中国，有关违宪审查制度的研究至少可追溯到 20 世纪 70 年代，用于指代违宪审查的相关术语有十来个。研究发现，在 2001 年以前"宪法监督"居于主流地位，2001 年后"违宪审查"取而代之，近两年"合宪性审查"被宪法学界频繁使用，本次会议主题即"中国与法国的合宪性审查"。根据一份颇为系统的研究报告，所统计的 179 个国家中，81 个国家建立美国式违宪审查制度，52 个国家建立德国式违宪审查制度，12 个国家建立了法国式违宪审查制度，22 个国家建立非典型的违宪审查制度，5 个国家无违宪审查制度。中国属于前述 22 个非典型国家之一，其实就是由"最高国家权力机关"以及"国家立法机关"及其"常设机关"所实行的部分性的违宪立法审查制，其特色就体现在审查的主体、对象、方式和程序等方面，但缺陷也存在于这几个方面。如何推动中国违宪审查制度的实效化和活性化，仍是一个悬而未决的重大课题。就现实的难题而论，一是为政者或许担忧违宪审查制度的彻底完善，可能冲击或者打破迄今在现实中形成的政治权力分配格局，改变现实中的政治力学关系；二是在许多人看来，30 年来的改革开放及市场经济建设，一旦确立动真格的违宪审查制度，则反而捆绑了改革的手脚。就理论的难题而言，即使最为切实可行的方式，即在全国人大或其常委会之下设立宪法委员会来进行专门的富有实效性的违宪审查，其结果必然会涉及审查全国人大及其常委会本身的立法是否违宪的问题，这或许难以与中国现行的人民代表大会制度相协调。因此中国违宪审查制度的发展，不得不面向不确定性的未来。

法布里斯·乌尔克比（Fabrice Hourquebie）教授主持：在欧洲，法国宪法委员会也是非典型性的，不知道林教授所讲非典型违宪审查具体是什么情况。1929 年法国图卢兹宪法学讨论，影响了法国现在的宪法委员会制度。下面有请迪南德·梅兰－苏克拉马尼昂（Ferdinand Mélin-Sourcramanien）教授。

费迪南德·梅兰－苏克拉马尼昂（Ferdinand Mélin-Sourcramanien）**教授评议**：如林教授所言，中国合宪性审查是非典型性的，法国也不同于其他欧洲国家。法国和中国都是大国，"有实力的大国"，这样说我们都会很高兴，一般不会采用别国模式，力图建构自己的模式，我们应当从历史中寻找资源和灵感。但无论如何，自己审查自己，行不通，必须从外部进行审查。在中国，全国人大常委会进行合宪性审查，在法国拿破仑时代，立法机关组成部分之一元老院负责护宪，实效性也不强。

周威讲师评议：宪法就像济公口中的佛法，能让一个国家起死回生，百病皆除，长治久安。在中法两国建交五十周年即将到来之际，两国宪法学者聚会于中国人民大学探讨合宪性审查制度，也是一种缘分。正如韩老师所言，当政者应改"摸着石头过河"为"摸着宪法过河"。会前拜读了弗雷德里克·吕埃达（Frédérique Rueda）教授的文章，刚才又聆听了弗雷德里克·吕埃达（Frédérique Rueda）教授的主题发言，我有两点发现和四个问题。第一点发现是，前总统是宪法委员会当然成员，实际是为科蒂总统而设；第二点发现是，法国1971年结社自由法案的判决，和戴高乐总统个人有直接关系。四个问题分别是，第一，合宪性审查的两项职能，是否有先后之分；第二，文章所引巴丹戴尔的言论是其个人观点，还是代表宪法委员会成员这个群体的心声；第三，文章提到19世纪的理论推理过于简单，但为何还长期处于主流地位；第四，宪法在一国规范体系中的地位，是政治宣言，还是法律规范。

博士候选人王芳蕾评议：中国政治现象很复杂，受法国大革命的影响。目前，中国违宪审查制度的困境，法国也曾经遭遇。但法国结合历史传统和世界潮流，形成了独具特色的宪法委员会模式。法国宪法委员会成员年龄通常较大，9年任期结束后，一般不再谋求政治上的发展，这种年龄结构有利于独立性。我们全国人大形式上权力很大但实际并不大，自己不能做自己的法官。

柳建龙副教授提问：在中国，设置宪法委员会是否会出现"太上皇政治"？

陈云生教授主持：由于时间关系，两位主题发言教授就不必回应了。需要说明的是，中国文化强调"内圣外王""能人政治"，现实的就是合理的，中国合宪性审查制度需要走外在性超越路线。本单元到此结束，谢谢！

第四单元下午 5 点开始，由清华大学林来梵教授和艾克斯－马赛大学金邦贵教授共同主持。主题发言环节，艾克斯政治学院安德烈·鲁（André Roux）教授讲"法律的合宪性审查与共和国单一性的维持"，中国政法大学李树忠教授讲"合宪性合法性审查和保证共和国单一性的比较"。由孟德斯鸠－波尔多第四大学让·迪布瓦·德·戈迪颂（Jean du Bois de Gaudusson）教授、南开大学李晓兵副教授和中国人民大学法学院博士后研究人员黄明涛评议。

林来梵教授主持：很高兴和老朋友金邦贵教授再次谋面，建议金教授主持主题发言环节。

金邦贵教授主持：和林教授有十多年的交情了，当时林教授还在香港城市大学工作。下面有请艾克斯政治学院安德烈·鲁（André Roux）教授发言。

安德烈·鲁（André Roux）教授主题发言：非常高兴再次来到中国人民大学。1958 年法国宪法第 1 条规定"法兰西是一个不可分割的共和国"，这显然遵从了 1791 年以来的宪法连续性。单一性和不可分割性是法国的传统和基础，1791 年宪法、1793 年宪法和 1946 年宪法都有明确的规定。1958 年虽然没有明确提及单一性概念，但并不意味着放弃这一原则。单一性和不可分割性原则作为最初被肯定为针对吉伦特派联邦主义的解毒剂，到第五共和国已经具有了一种本质性的政治和观念功能。单一性和不可分割性意味着国家中央集权，行政机构同质，适用于整个国土的法律的一致性，国土的完整性和不可侵犯性。但在法兰西第五共和国 50 多年的变迁中，单一性和不可分割性能否得以延续？自 20 世纪 80 年代开始强化地方自治团体的权限和自治，以及 2003 年修改宪法明确承认共和国的地方分权属性，改革已然发生了。宪法委员会努力在共和国的单一性与不可分割性以及地方自治团体的自治原则之间进行协调。维持单一性是共和国的奠基性原则，主要包括主权的不可分割性和法兰西人民的独一性两个方面。承认多样性是维持单一制国家的保障，主要包括地方组织的多样性和法律的地方化两个方面。戴高乐将军 1968 年认识到"几个世纪的中央集权努力，对现实和维持法兰西统一曾是长期必需的，但从今以后，尽管各省的分歧不断纠缠着法兰西，中央集权已经不再必要了"。50 多年后，在内容焕然一新的单一制原则和已经受到强调但在适用中有所克制的地方自治之间，一个令人满意的宪法平衡显然已经找到。

李树忠教授主题发言：原打算讲的题目是"论香港特别行政区法院的'违基审查权'"，现在调整为"合宪性合法性审查和保证共和国单一性的比较"。我们国家在历史上就是单一制国家，统一的时间比分裂的时间长，人民代表大会制度受苏联宪法的影响，而苏联宪法又受卢梭"公意"理论的影响。现行宪法第 1 条和第 2 条都可以说是单一性的体现，第 3 条和第 4 条明确规定中央和地方的关系。现行宪法和立法法设计的是两级多层次的立法体制，在地方上，有直辖市、经济特区、较大的市、开发区和自贸区，还有民族自治地方和特别行政区。宪法如何在特别行政区实施，以及宪法和基本法的关系，都是比较有争议的问题。理论上宪法效力适用全国，但实践上难以获得实施。基本法第 11 条规定，基本法根据宪法制定，香港的各项制度以基本法为依据，即不以宪法为依据。香港的各项制度不可违反基本法，反之，则可违背宪法。基本法是全国性的法律，全国人大常委会有解释权，因其适用特别行政区，由常委会

授权香港法院进行解释。两者解释可能不一致。全国人大常委会进行了
四次解释，两次主动进行解释，两次没有按照启动程序进行解释。香港
基本法第 23 条规定了立法的禁止性范围，涉及国家统一和领土完整。在
单一制问题上国家法治化程度很低。在中国，不实行分权制衡的体制，
合宪性审查缺乏应有动力。中央和特别行政区的关系上应注意法制化的
处理。中国有集权的传统，这种传统制约着政治现代化和国家现代化。
更麻烦的是台湾问题，如何保持单一性的前提下处理好台湾问题，长期
以来在考验两岸中国人的政治智慧。对于违背上位法的规范性文件，有
的进行事前审查，有的进行事后审查。自治区的自治条例和单行条例需
要报全国人大常委会批准后生效，批准的过程可视为审查的过程，但实
践中，很不乐观。目前，合宪性审查合法性审查未起到应有的作用，法
治化程度较低，更强调政治上的作用，如军队、财政和人事等。人民代
表大会和其他机构的关系类似于家长和家庭成员的关系。最后，希望各
位别失望，要有耐心，有信心。

金邦贵教授主持：对于国家单一性和不可分割性，法国宪法委员会
提出了解决方式。实际上，国家的单一性和地方的灵活性，这种平衡很
难掌握。给予一个自治的政权以立法权和司法权，这是否会危及单一性，
事实上，中国实行的是联邦制。有请林教授主持评议和自由讨论环节。

林来梵教授主持：我们在治国方式上是属于菜鸟级别的，中国对以
法律治理国家缺乏传统，违宪审查制度对中央和地方关系演变的影响极
少。大家都在关注十八届三中全会的召开。下面有请孟德斯鸠－波尔多
第四大学让·迪布瓦·德·戈迪颂（Jean du Bois de Gaudusson）教授
评议。

让·迪布瓦·德·戈迪颂（Jean du Bois de Gaudusson）教授评议：
对于李教授有关新前景的介绍，我非常感兴趣，我们比较的难度确实在
加大。不过，我们的相似之处也是有的，法中两国都是单一制国家，同

时面临很多难题。我们经常需要按照自己的道路前行,"摸着石头过河"。香港与中国大陆的关系,使中国更像是联邦制国家。在法国,海外领土也不同于本土,对于法属波利尼西亚问题,采取区别对待的方式。我们要保持单一性,必须尊重多样性。合宪性审查在国家单一性方面作用还是非常明显的。在现实实践中,中央和地方的关系如何在宪法上展开,中央的宪法如何在地方发生作用,既保证国家的统一性,又保证不限制地方政府的自治自由,须开发出自己的理论,应该大胆地实施多元性,而不是在集权的范畴下进行。

李晓兵副教授评议:前几年翻译法国宪法文本时,不大理解第 12 章和第 13 章有关海外省的规定。安德烈·鲁(André Roux)教授通过宪法原理和合宪性审查实践给我们展示了单一制下的多样性问题,很有启发,很有深度。李树忠教授简明扼要地给我们介绍中国单一制的复杂性,同时宪法实践又面临一定的浅薄性。我们更多地依赖非法治的手段,没有充分利用宪法提供的足够的空间和资源。事实上,在中央与地方关系方面,民族自治区,特别行政区,自由贸易区,都需要宪法的支撑。在国家统一问题上,法国实践给我带来很多启发,比如台湾问题,如何既要坚守一国两制又要灵活处理,如何将海峡两岸统一到宪法体制之下。受法国实践的影响,我提出一个想法,一国两制可否作为一个更高的原则来统合两岸的宪法,进而实现两岸宪政秩序的协调。

博士后研究人员黄明涛评议:安德烈·鲁(André Roux)教授通过很多事例说明法律的地方化,李树忠教授也提到香港问题的复杂性,我发现单一制这个概念已经发生变化,中法两国对此有很强的可比较性。借此机会,向两位发言人各提一个问题。问安德烈·鲁(André Roux)教授的是,法国宪法委员会判决不承认法国境内少数人群体行使独特的权利,如语言权或者文化权利,是否违反当今普遍认可的人权理念,法国国内是否有批评的声音?问李树忠教授的是,一国两制方针是否已经修正了传统上理解的单一制，是否有必要讨论宪法除第 31 条外在香港的直接适用问题，有何标准来识别在香港适用的宪法条文？

甘超英副教授讨论：安德烈·鲁（André Roux）教授说法国 1958 年宪法并未明确提到单一制问题，我想是否和阿尔及利亚问题尚未解决有关，法国还有实现联邦制的可能，如果是这样的话，类似于我们的 1982 年宪法，也没有明确规定单一制，因为当时我们也在讨论是否变成联邦制国家。

安德烈·鲁（André Roux）教授回应：法国自 2003 年修改宪法，倾向于放权，部分海外领土享有较法国本土更大的自治权，但国家仍是不可分割的。在制定法国现行宪法时，未将单一性写入宪法，可能是忘了。曾经设想合并阿尔萨斯辖下的两个地区，但遭到当地人民的反对。放权也是有底线的，不能无限制的，地方政府不能有立法权，不能涉及国际法。目前新喀里多尼亚是唯一有自主权的海外领土。革命者提出所有公民都是平等的，不能有任何区别，这种平等只给个体，不给群体，不允许用方言教学，只能用法语，这就是法兰西人民的单一性。

李树忠教授回应：我们国家目前具有联邦制的色彩，但在理论上一定是单一制的。另外，我认为，理论上的统一，认识上的统一，比法律上的统一更重要。无论是否修正了单一制，即使是在联邦制国家，联邦宪法也能够在成员国适用。至于识别标准，这是个很难的问题，有人在研究是否可通过区分法律的效力和法律的适用来解决这个问题。

林来梵教授主持：非常感谢，我个人受益匪浅。在历史上和宪法上，中法两国有很多共性。今年暑假，我游历法国巴黎，特意参观了先贤祠，专门找到卢梭墓，在卢梭墓前沉思良久，心想您确实很伟大，但也给我们带来不少麻烦啊！最后，我想中国菜比中国宪法更有味道，本单元到此结束。

第五单元 11 月 6 日上午 8 点半开始，由中国社会科学院莫纪宏研究

员和孟德斯鸠 – 波尔多第四大学让·迪布瓦·德·戈迪颂（Jean du Bois de Gaudusson）教授共同主持。主题发言环节，北京大学王磊教授讲"法律的合宪性审查与基本权利保障"，孟德斯鸠 – 波尔多第四大学费迪南德·梅兰 – 苏克拉马尼昂（Ferdinand Mélin-Sourcramanien）教授讲"法律的合宪性审查与基本权利的保护"。由孟德斯鸠 – 波尔多第四大学法布里斯·乌尔克比（Fabrice Hourquebie）教授、中国社会科学院曲向霏副研究员和中国政法大学张莉副教授评议。

莫纪宏研究员主持：很高兴，今天上午的讨论现在开始，这一单元有两位主题发言，三位评议人，下面请让·迪布瓦·德·戈迪颂（Jean du Bois de Gaudusson）教授主持主题发言环节。

让·迪布瓦·德·戈迪颂（Jean du Bois de Gaudusson）**教授主持**：合宪性审查是宪法制度的核心，基本权利的保护是合宪性审查的核心，因此保护基本权利就成了核心的核心，重新定义当代民主，就要考虑如何更好地保护公民权利。有请北京大学王磊教授发言。

王磊教授主题发言：我的题目是"法律的合宪性审查与基本权利保障"，这涉及四个具体问题。第一个是我国宪法所规定的公民基本权利是否限于人身权和财产权。我国宪法规定的公民基本权利有十多种，如平等权、选举权、言论自由、通信自由、宗教自由、受教育权和劳动权，但法律可能克减宪法所规定的公民基本权利，例如我国《行政诉讼法》第 11 条规定法院受理的行政案件限于保护公民的人身权和财产权。显然行政诉讼法和宪法是不一致的。该如何处理？我们国家将通过修改行政诉讼法的方式达到宪法的要求，而不像法国，由宪法委员会作出是否合宪的决定。第二个问题，宪法所有条文是否都需要法律条文才能得到保护。如一些消极权利，言论自由，宗教信仰自由，是宪法保留的，不需要其他立法保护，政府不作为，公民即自由，如瑞典为防止国会立法克减公民的消极权利而将《出版自由法》和《表达自由法》视为宪法的一部分。美国在宪法第一条修正案中明确规定国会不得制定有关确立国教或者禁止信仰自由等事项的法律。第三个问题，下位法违反上位法，可能会侵犯公民权利，如何适用？有学者提出国务院制定的《城市流浪乞讨人员收容遣送办法》违反宪法，国务院因孙志刚案于 2003 年自行废止该文件。第四个问题，宪法中有规定，但法律中无规定，是否能直接适用宪法？法国民法典第 4 条规定，禁止法官拒绝受理案件，否则可以拒绝审判罪起诉。宪法规定了劳动权，但当时无劳动法，宪法规定受教育权，但当时无教育法。我国尽管宣布建成了社会主义法律体系，若存在宪法有规定但无具体法律时，多数学者认为可以直接适用宪法。2001 年最高人民法院有关"齐玉苓案"的批复，即是很好的例子。但非常遗憾的是，最高人民法院 2008 年无理由地废止了该批复。

费迪南德·梅兰 – 苏克拉马尼昂（Ferdinand Mélin-Sourcramanien）**教授主题发言**：法国制宪者创立宪法委员会的真正目的在于限制议会的地位，同时维护总统和行政权的权威，具有典型的政治机构的属性。宪法委员会在成立后十多年里很少收到违宪审查的申请，且事实上自我限定为议会和政府职权的调解机关。但之后，宪法委员会发生两次转变。第一次是 1971 年结社自由法案，直接适用宪法序言进行裁判，以及 1974 年修改宪法第 61 条，使得 60 名国民议员和 60 名参议员有权向宪法委员会提请合宪性审查；第二次是 2008 年 7 月 28 日修改宪法增设第 61 – 1 条，创设合宪性先决程序，这一改革使得宪法委员会的判决数量大增。宪法委员会在今天占据了法国司法组织的制高点，因而有人担心宪法委员会将置于最高司法法院和最高行政法院之上，变成最高法院。为此，我们可首先回顾宪法委员会适用的基本权利宪章的内容。除 1958 年 10 月 4 日宪法文本外，宪法委员会适用的基本权利宪章包括 2008 年 7 月 23 日修改后载有 108 个条款的文本、1789 年人权宣言的 17 个条文、1946 年宪法序言的 18 项内容和 2004 年环境宪章的 10 个条款等。总之，法兰西共和国书面意义上的宪法是由 153 个条款组成的 "宪法团"。法国宪法不单就机构和公共权力作出相关规定，同时亦就第一代宪法基本权利到第三代宪法基本权利做了全面的规定，这使得法国宪法成为一部现代宪法文本。然后，我们来考虑宪法委员会保护基本权利的判例在法国法律体系中的有效性。1971 年结社自由案使得宪法委员会变得更为重要。事实上，宪法委员会深深改变了法国法律体系，使得宪法成为法国政治生活所必需的调和剂与规制者。1974 年修改宪法第 61 条使得大部分重要的法律，特别是财政法，均提交宪法委员会进行合宪性审查。自 2010 年以来，通过宪法第 61 – 1 条赋予宪法委员会决定合宪性先决问题的可能，通过司法法院或行政法院向宪法委员会提请废止由其裁定违宪的且已公布的法律，最终一个真正的宪法诉讼成为可能。在拥有较长合宪性审查历史的国家，宪法已成为所有部门法的首要且基本渊源，如世俗主义与共和平等的变化，赋予外国人在市镇选举中以选举权，重新寻求更大的财税正义，加强环境保护的必要性等，在当下必须被置于宪法术语之首。鉴于宪法委员会地位的上升，尤其在基本权利保护方面地位的上升，我们难道不应该反思总统组成宪法委员会成员的规则，在宪法委员会管辖权的重大转变中，共和国的前任总统们已不再适合充当宪法委员会的当然成员，且被任命的成员必须主要根据其拥有的法律知识而不是出于其他考量获得任命。为了实现法国大革命的理想，我以 1789 年人权宣言序言最后一段优美的格言作为总结："公民们今后根据简单而无可争辩的原则所提出的各种要求，总能导向宪法的维护和导向全体的幸福"。

让·迪布瓦·德·戈迪颂（Jean du Bois de Gaudusson ）**教授主持**：在保护公民基本权利方面，法国进行了有益的探索。下面请中国社会科学院莫教授主持评议和讨论环节。

莫纪宏研究员主持：时间有限，每人评议 5 分钟吧，有请孟德斯鸠 – 波尔多第四大学法布里斯·乌尔克比（Fabrice Hourquebie ）教授。

法布里斯·乌尔克比（Fabrice Hourquebie）**教授评议**：5 分钟正好，可能还不需要 5 分钟。对于基本权利的保护，我有三个问题，一是合宪性审查是否有必要到基本权利领域，二是最高权力机关是否愿意审查自身的违宪行为，最有效的可能还是外部保护，三是宪法可不可以作为依据来保护公民的基本权利。

曲相霏副研究员评议：赞同两位教授的观点，我认为，目前立法的不作为和过度作为都比较严重。在立法不作为情况下，我们的司法机关应当发挥积极性和能动性，应当适用宪法，甚至国际人权法，来推动人权的保障。听了费迪南德教授的报告，很有感触。中国宪法目前遇到的很多问题法国也曾经遇到，第一，宪法文本数量都很多，不断的制定新的宪法，但宪法又长期没有获得相应的地位；第二，法国宪法和法律冲突时，总是修改宪法以维护法律；第三，立法机关处于至上地位，阻碍违宪审查制度的发展；第四，司法权力受到削弱和怀疑。中国文化和法国文化曾经相互吸引，伏尔泰非常尊崇孔子，20 世纪初我们把法国看作人权思想的摇篮。令人高兴的是，费迪南德教授谈到法国已经开始转向，更多地理性地看待宪法尊重宪法。借此机会，提两个问题，一是法国合宪性审查的突破口为何是权力制约问题，不是保障基本权利？我认为，以保障基本权利为突破口，可以解决合宪性审查动力不足的问题。二是如何解决宪法委员会可能存在的僵化和民主性不足问题，合宪性审查到底能走多远走多深？我认为，可借鉴加拿大法院和议会之间的对话机制。

张莉副教授评议：王磊教授提到宪法适用的问题，我觉得中国学者尚未找到答案。两位教授的发言，给我们展示了宪法适用的不同发展阶段。费迪南德教授很好地回应了王磊教授提到的问题，回答了宪法和法律如何衔接。不过，中国尚处于法律至上的阶段，宪法尚未发挥作为根本大法的作用。我常说，宪法应走下神坛，进入现实生活，应去政治化。我认为，应当利用现有的法律资源，通过部门法和具体案例先运作起来，使得宪法贴近生活，从政治宣言走向真正的法律规范。这样中国宪法学才有出路，才有未来。

王磊教授回应：法布里斯·乌尔克比（Fabrice Hourquebie）教授的问题是中国宪法在司法过程中能否被引用。这个问题应分为两个层次，一是宪法在法院判决中能否被提到，二是法院能否依据宪法审查法律法规的合宪性。目前，第二个层次在中国还谈不上，但第一个层次应该能做到，就是在法院判决中能提到宪法。遗憾的是，在法院判决中提到宪法，仍然比较困难，因为有学者质疑和反对在法院判决中提到宪法。我认为，学者实际上阻碍了宪法的实施，这是令人绝望的事儿。我认为，法院不能在判决中提到宪法，那么宪法就不再是法。

费迪南德·梅兰 – 苏克拉马尼昂（Ferdinand Mélin-Sourcramanien）**教授回应**：在法国，宪法委员会曾尝试自我限制自我审查，但运行不下去。宪法是人民意志的终极表达和最高表达，议会是人民的代表。对议会立法进行合宪性审查，被认为损害议会主权和民主。最终，法国进行外部合宪性审查，逐步去政治化，去掉神圣性，逐渐保护公民权利。

第六单元上午 10 点半开始，由中国人民大学胡天龙副教授和艾克斯政治学院安德烈·鲁（André Roux）教授共同主持。主题发言环节，艾克斯 – 马赛大学金邦贵教授讲 "法律的合宪性审查与财税平等原则"，中国人民大学朱大旗教授讲 "正当程序理念下中国税收征管法的修改"。由中国社会科学院莫纪宏研究员、孟德斯鸠 – 波尔多第四大学弗雷德里克·吕埃达（Frédérique Rueda）教授和中国人民大学徐阳光副教授评议。

胡天龙副教授主持：10 年前和金邦贵教授就有接触，记得当时金教授有关中国税制改革的建设性建议中提到 "穷人少缴税，富人多缴税" 的原则和税收平等原则。一会儿让我们来分享金教授的高见。中国人民大学朱大旗教授是中国税收征管法律的专家和研究的领先者。下面有请金邦贵教授发言。

金邦贵教授主题发言：由于我的论文是用法文写成的，我也用法语宣读。我的题目是"合宪性审查与税收平等原则"。我在法国大学工作15 年了，直接地观察到法国宪法委员会在法国宪法概念变迁过程中扮演的重要角色。事实上，有了宪法委员会，宪法才成为"活生生的，不断创造权利和自由的文件，其对最常被援引的公平宪法原则内涵的扩展就是一个例子"。议会立法行为已经不再不可触碰，议会税收领域的立法也要受到宪法委员会的监督。赋税平等原则、税收法定原则和税收适度原则构成了税收领域的三大基本原则。立法者是否遵守这些原则，都要受到宪法法官的监督。宪法委员会主要从公共负担角度对税收平等原则进行合宪性审查，并发展出"客观与理性标准"。宪法委员会第一次提出客观与理性标准的要求可追溯至 1983 年 12 月 29 日关于 1984 年财政法案的判决，这一提法直到 1989 年才再次出现。在费迪南德教授看来，应用客观与理性标准可以使得宪法委员会给予立法者较大的评估自由裁量权，并仅仅撤销真正专断不公平的做法。有研究显示，宪法委员会自从 1998年首次在非税收领域应用客观与理性标准。赋税平等原则尤其意味着必须依据对公民负担能力的衡量结果制定税收规范，且不得显著背离公共负担平等原则。宪法委员会最近作出的关于 75% 税的判决又给我们提供了观察宪法法官和立法者之间微妙关系的机会。在我看来，宪法委员会懂得如何在与立法者之间关系上找到平衡，也在维护基本权利和自由方面扮演保护者的角色。

朱大旗教授主题发言：作为非宪法学者参加宪法学研讨会，感到很荣幸，我报告的题目是"正当程序理念下中国税收征管法的修改"。我国税收征管法实施 20 年来，公平正义精神不足是不争的事实，为此主要想谈三个方面。第一，税收征管法是通则性的税收程序法，当前行政权力膨胀，要实现税收的公平正义，正当程序是修订我国税收征管法的基本导向。第二，正当程序是税收征管法律关系的正当性依归，承载了内在价值和外在价值的双重维度，内在价值方面应包括开放性、中立性、经济性，外在价值包括法定性、平衡性、可操作性。第三，应完善本体性和救济性的税收征管法律机制和程序，税收行政复议的前置性违背税收正义，为此应提高税务部门独立性，应扩张税务诉讼的受案范围，应引入税收公益诉讼，应规范税收的举证责任，应引入小额税收诉讼。

安德烈·鲁（André Roux）教授主持：现实中存在很多不平等，如巴黎和外省的不平等，巴黎各地区之间的不平等。税收平等问题，在法国和中国都很敏感，程序正义也是核心问题。征收机构和纳税人之间的关系，纳税人总是处于弱势地位，官僚主义也不断强化这种状况。所以有必要为正当程序辩护。税负若不合理，纳税人是否有防御权？前不久，在法国布勒塔尼，就发生了暴力抗税事件。法国大革命也是因税收而起的。宪法委员会是否能够实现两者的平衡？首先请莫纪宏研究员评议。

莫纪宏研究员评议：听了金老师和朱老师有关税收征管的介绍，有三点感受，首先是呐喊，呼唤宪法理念，呼唤正当法律程序，这是学者的使命；然后是消除明显的违反宪法的情况；最后才能谈得上建立合理的税收法治。

弗雷德里克·吕埃达（Frédérique Rueda）教授评议：现代国家经历很大变革，税收方面应当进行合宪性审查，且唯独法官才能进行，其有效性业已得到体现。在税收面前人人平等，表现出税收选择和平等选择。税收的程序设计中也要考虑平等原则，毕竟纳税人处于弱势地位。法官进行判案时不会对税收制度进行评判，但会对征税行为进行个案评判。宪法委员会的法官对税收合宪性审查更加具体。在中国，困难的问题恐怕是法官的位置。

徐阳光副教授评议：金教授通过法国宪法法院与税收相关的个案来介绍量能课税原则的法律适用，有很全面的归纳和分类，提出了很多有启发的观点，国内的相关研究还比较欠缺，这对中国有很重要的参考价值。我想作者如果能从个案中提炼出认定公共利益的标准，将对中国有更大的现实参考价值，但似乎这是很难完成的工作。我认为，要实现税收公平正义，仅强调税收法定还不够，还需要一个合宪性审查机制，法国有这样的机制，中国没有，中国的税收立法目前还是关注形式上的税收法定较多，对税收法定背后的公正即立法的正当性追问较少。而对欠缺违宪审查的中国来说，特别需要多一些正当性的追问，否则，一旦符合了形式意义的税收法定，税收立法就难以变更。因此，在中国，需要有宪法学、经济法学、财税法学、行政法学的学者来积极参与税收立法的过程，让实质正当的问题尽可能在立法前和立法中来解决，让税负痛苦指数能够有一个合理的限度。

金邦贵教授回应：宪法委员会法官不能抽象出一个标准。因为先是立法者立法，然后有争议，宪法委员会才能介入。宪法委员会不能将自身的意志强加立法者，也不能替代立法者。

朱大旗教授回应：我的本意是提高税务法官在税务行政诉讼中的作用，希望推动更多的税务行政诉讼，但现实中有三个主要原因阻碍税务行政诉讼的进行，一是制度上，提起行政诉讼者须提供担保或者先清税等前置程序，二是纳税人不敢提起行政诉讼，三是税务部门抵制行政诉讼。但要审查税收征管法是否合宪，我感觉中国目前还做不到。

研讨会闭幕式 12 点半开始，由中国人民大学张翔教授主持。孟德斯鸠－波尔多第四大学费迪南德·梅兰－苏克拉马尼昂（Ferdinand Mélin-Sourcramanien）教授和中国人民大学胡锦光教授代表双方宪法学者致辞。

费迪南德·梅兰－苏克拉马尼昂（Ferdinand Mélin-Sourcramanien）**教授致辞**：以个人名义，同时代表在座法方教授，再次感谢中国人民大学法学院，感谢中国宪法学研究会。本次研讨会，内容丰富，安排周密，想必会增加两国宪法学者的相互了解，推进中法两国宪法学的比较研究。

2013"中国与法国的合宪性审查"国际学术研讨会得以成行并成功召开，得益于厦门大学王建学副教授和中国政法大学王蔚助理教授的积极联络，并花大力气翻译法国教授提交的论文。在此过程中，中国人民大学法学院宪法学与行政法学专业的部分博士生和硕士生也付出辛勤的努力，让我们对他们的工作表达衷心的感谢。

（2014 年 1 月 21 日 整理完成）